Zu diesem Buch

Die Frauenbewegung löste sinnvolle und
konstruktive Diskussionen über die Erziehung
von Mädchen aus.
Allerdings wurde bei all den Bemühungen,
Benachteiligungen von Mädchen abzubauen,
stillschweigend angenommen, den Jungen ginge
es gut, sie wüchsen in Freiheit und Zufriedenheit
auf.
Die beiden Autoren zeigen, daß das nicht der Fall
ist. Die Ergebnisse ihrer Arbeit verlangen nach
einem neuen, positiven Konzept der
Jungenerziehung.

Genaueres zu den Autoren auf Seite 269.

Dieter Schnack
Rainer Neutzling

Kleine Helden in Not

Jungen auf der Suche
nach Männlichkeit

Rowohlt

Unseren Eltern

123.–142. Tausend Januar 1995

Originalausgabe
Veröffentlicht im Rowohlt Taschenbuch Verlag GmbH,
Reinbek bei Hamburg, Juli 1990
Copyright © 1990 by Rowohlt Taschenbuch Verlag GmbH,
Reinbek bei Hamburg
Lektorat Jürgen Volbeding
Redaktion Thomas Gebhardt/Heike Wilhelmi
Umschlaggestaltung Thomas Henning (Foto Irma Schreiber)
Satz Times (Linotronic 500)
Gesamtherstellung Clausen & Bosse, Leck
Printed in Germany
1690-ISBN 3 499 18257 2

Inhalt

Vorwort 7

Die ersten Jahre

Logisch: Mama ist an allem schuld 9
Paradise now: Mit siebzehn (Monaten) hat man noch Träume 13
Mutterliebe: Du mußt doch nicht um deinen Jungen weinen... 20
Triangulierung: Vati kommt später heute 25

Alles, was hart macht

Homo erectus: Der Mythos der männlichen Überlegenheit 35
Weder Tod noch Teufel:
Wie kleine Jungen zu Drachentötern verbogen werden 43
HeMan: Der Psychopath im Kinderzimmer 52
Haut'se, haut'se, immer in die Schnauze:
Eine Vater-Sohn-Geschichte 59

Familienbande

Unser Sohn: Doppelbotschaften, Delegationen und Erwartungen 64
Der Vater in der vaterlosen Gesellschaft – Eine Bastelanleitung 72
Väter – eine Negativliste 76
Mütter – eine Negativliste 86

Das starke Geschlecht

Fakten zur seelischen und körperlichen Gesundheit von Jungen 101
Psychosomatische Erkrankungen 113

Ich kriege keine Luft: Asthma bronchiale **117**
Ein Mann, ein Wort: Stotterer **122**

Die eine Hälfte des Himmels

Mit links: Jungen in der Schule **127**
High Noon im Jugendheim: Skizzen zur Sozialarbeit **148**

Im Prinzip männlich

Wie Pech und Schwefel:
Freundschaften, Anführer und Gefolgsleute **164**
Von der Unverwüstlichkeit des Körpers:
Sport, Gewalt und andere Leidenschaften **182**
Handbetrieb: Sexuelle Erfahrungen pubertierender Jungen **192**
«Komm, ich zeig dir was Schönes!»:
Sexueller Mißbrauch an Jungen **200**
«Du schwule Sau!»: Die Angst vor der Homosexualität **210**

Das Kind im Manne

Selbstfahrer – Der Mann und das Auto **217**
Der große Schluck: Das Männliche und der Alkohol **222**
Mantelklapper und Kinderschänder:
Was Jungen pervers machen kann **228**
Mein ist die Rache: (Sexuelle) Gewalttäter **238**
Bauchschuß für Little Joe: Eine Umfrage **244**

Gesucht: Starke Männer 258

Nachwort zur 8. Auflage **265**
Danksagung **265**
Literatur **266**
Bildnachweise **271**
Die Autoren **272**

Vorwort

Ein ganzes Buch über Jungen! Ein subjektives und parteiliches Buch. Wir wollen es vor allem den Jungen recht machen, nicht so sehr den Müttern und Vätern oder anderen Erziehungsgewaltigen. Denn aus der Sicht der Jungen gibt es noch viele Fragen und Forderungen an uns und andere Erwachsene.

Es ist noch gar nicht lange her, da schrieben wir für Familienredaktionen bei Presse und Hörfunk immerzu über die Probleme von «Kindern», während sich viele unserer Kolleginnen mit der besonderen Lebenssituation von Mädchen beschäftigten. Auf die eigentlich naheliegende Idee, daß auch ein Jungenleben seine geschlechtsspezifischen Besonderheiten hat und das Leben es mit ihnen längst nicht immer gut meint, kamen wir erst sehr allmählich. Zu unangenehm war wohl der stille Verdacht, daß die kleinen Helden – und besonders die in Not – viel über uns «gestandene» Männer mitzuteilen haben.

Der Groschen fiel, als wir feststellten, daß die Mehrzahl der «schwierigen Kinder» unserer Gesellschaft Jungen sind. Ob in der Familie, im Kindergarten, in der Schule oder im Freizeitheim – Jungen bereiten die meisten Schwierigkeiten und oft auch ratloses Kopfschütteln: Was ist nur mit dem Jungen los?

Wir wurden neugierig und erfuhren, daß Jungen in Erziehungsberatungsstellen, Sonderschulen und Jugendgefängnissen weitaus häufiger anzutreffen sind als Mädchen. Das gilt auch für die Behandlungszimmer der Kinderärzte und sogar für die Stationen kinderpsychiatrischer Krankenhäuser. Wir mußten einsehen, daß es um die körperliche und seelische Gesundheit von Jungen beileibe nicht so rosig bestellt ist, wie wir es uns mit dem Klischee vom stets gesunden und kernigen Jungen gerne vorgaukeln. Jungen sind häufiger krank als Mädchen. Ihre Sterberate liegt in jeder Altersgruppe höher. Sie sind sozial erheblich auffälliger, und sie haben eine Menge Probleme damit, ein Mann zu werden. Ihr größtes Problem: Sie dürfen keine Probleme haben. Fragen drängen sich auf:

Was überfordert Jungen? Wovor haben sie Angst? Was brauchen sie? Was haben die Erwachsenen ihnen über Männlichkeit zu sagen?

Den offenen Blick auf die Jungen haben wir erst üben müssen. Wir meinen den solidarischen Blick, der zeigt, daß man verstehen will, was in einem Jungen vor sich geht – und sei er noch so ein Kotzbrocken. Wir sind dabei auf unser eigenes «Kind im Mann» gestoßen und haben uns seiner Lebendigkeit und seiner Klagen erinnert. Es geht gar nicht anders. Ein Mann, der vergessen hat, daß auf dem Weg eines Jungen unzählige, riesige Stolpersteine herumliegen, kann einem Jungen bei der Suche nach Männlichkeit nur schwer helfen.

Wir glauben nicht, daß es Mädchen besser geht als Jungen, nur weil sie weniger krank und weniger sozial auffällig werden. Mädchen haben andere Probleme. Uns interessiert die Frage, ob ein Junge nicht gerade deshalb ein Problem hat, *weil* er ein Junge ist. Um einer Antwort nahezukommen, haben wir aus pädagogischer, psychologischer und medizinischer Fachliteratur alles zusammengetragen, was wir zum Thema «Jungen» finden konnten. Wir haben uns Geschichten von Jungen und Männern erzählen lassen und die Augen so weit wie möglich aufgemacht, um uns die Jungen noch einmal – und anders als gewohnt – anzuschauen. Diese Arbeit war spannend, aufregend und aufwühlend. Das Buch ist es hoffentlich auch.

Köln im Januar 1990

Die ersten Jahre

Logisch: Mama ist an allem schuld

> «Der ‹Ödipus› ist ... die Geschichte des unbewußten sexuellen
> Begehrens: sehr schön oder sehr traurig, je nachdem ob man sie
> als Vorläufer jeder späteren Liebesgeschichte nimmt oder sie für
> alle Schwierigkeiten in der Liebe verantwortlich macht.»
> (Christiane Olivier in: Jokastes Kinder)

In der griechischen Tragödie ‹König Ödipus› von Sophokles, die Sigmund
Freud als Vorlage diente, um besondere Probleme der psychosexuellen
Entwicklung von Jungen zu beschreiben, erfährt Ödipus, daß er seinen
Vater Laios getötet hat und mit seiner Mutter Jokaste schläft. Die Familie
hatte sich damals aus den Augen verloren, Ödipus erkannte weder seinen
Vater, als er ihn umbrachte, noch seine Mutter im Bett. Wer hat schuld?
Die Geschichte des Ödipus findet sich auch im deutschen Volksliedgut,
bereinigt um die Wollust und die Gewalt. In dieser Gestalt ist Ödipus kein
sexuell begehrender Mann, sondern ein kleiner Stöpsel, der dabei ist,
flügge zu werden und das warme Nest der Mutter zu verlassen:

> Hänschen klein ging allein
> In die weite Welt hinein
> Stock und Hut stehn ihm gut
> Er ist wohlgemut
>
> Doch die Mama weinet sehr
> Hat jetzt gar kein Hänschen mehr
> Da besinnt sich das Kind
> Und kehrt heim geschwind

Das deutsche Volkslied fällt, vielleicht aus Mentalitätsgründen, sehr viel
undramatischer aus als die griechische Tragödie. Eigentlich passiert hier
auch nichts Unanständiges oder Verwerfliches, kein Totschlag wird aufge-

deckt, kein Inzest bemerkt. Im Gegenteil. Das Lied vom kleinen Hänschen ist sehr tröstlich, denn es ist schön zu wissen, daß man geliebt wird und heimkehren kann. Vielleicht ist der kleine Hans nach seiner Rückkehr sogar heilfroh. Nun muß er nicht mehr den großen Mann auf Wanderschaft spielen. Ganz sicher wird er glücklich sein, daß er noch eine Zeitlang bei seiner geliebten Mutter bleiben kann.

Andererseits ist auch Hänschens Geschichte von großer Tragweite und kann weitreichende negative Folgen für den kleinen Ausflügler haben. Hänschen kann nicht in die Welt hinausgehen, weil er durch die Gefühle der Mutter zurückgerufen und festgehalten wird. Stock und Hut und Mut – das alles nützt ihm nichts, die Liebe seiner Mutter ist stärker. Als Bübchen hat er ein Riesenglück gehabt, daß er noch bei seiner Mutter bleiben kann. Als Hänschen, aus dem einmal ein Hans werden will, hat er sich eine deftige Niederlage eingefangen. Wenn er dieses Erlebnis seiner zarten Kinderzeit zur unbewußten Richtschnur seines Handelns macht, wird es ihm in seinem Erwachsenenleben schlecht ergehen.

Er mag die Verkleidung wechseln und nicht mehr Stock und Hut, sondern einen italienischen Anzug tragen, vielleicht auch eine Uniform und einen Helm. Möglicherweise geht er auch nicht mehr zu Fuß, sondern kauft sich einen schnellen Porsche. Gleichwohl wird ihn jeder Weg hinaus in die weite Welt zurück zu seiner Mutter führen und ihn zum kleinen Hänschen machen, selbst wenn der Porsche 300 km/h Spitze bringt. Er wird viele Frauen kennenlernen, und er wird sie allesamt runterputzen, weil er sich ihnen gegenüber trotz Bodybuilding und Karriere zu klein findet, und er wird sie eine wie die andere für die falsche halten, weil keine so schön weint wie damals die Mama.

Man sieht, die Konsequenzen sind weitreichend –unabhängig davon, ob man wie die klassische Psychoanalyse die sexuellen Verstrickungen der frühen Kindheit oder eine Störung der Autonomieentwicklung in den Mittelpunkt der Betrachtung stellt.
Eltern lieben ihre Kinder. Dem Ödipus soll es gut ergehen und dem Hänschen auch. Und wenn es ihnen schlecht ergeht, dann stellt sich die Frage, wer daran schuld ist, ganz automatisch. In Hänschens Fall findet sich recht schnell eine Antwort: Mama ist schuld. Der kleine Kerl, mag er vier oder fünf Jahre alt sein, ist überhaupt noch nicht schuldfähig, und außer Hänschens Mama ist gar niemand da. Zu ihrer Entlastung kann man mög-

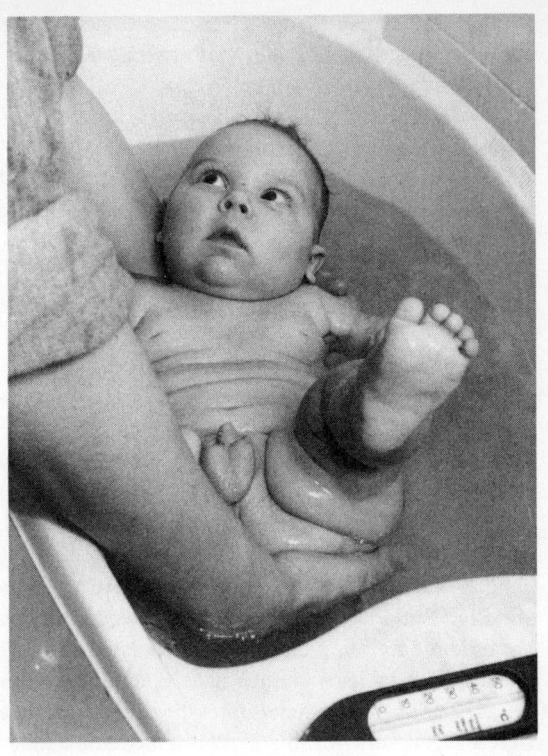

licherweise anführen, daß sie in einer verzwickten Situation steckte. Hätte sie Hänschen laufen lassen sollen? Und wenn ihm was passiert wäre? Und wer will es ihr verdenken, daß sie weinte, weil sie befürchtete, ihren geliebten Sohn zu verlieren? Was also kann man ihr vorwerfen?

Sie hätte ihr Kind irgendwie anders lieben müssen. Nicht so doll, daß es nicht loskommt von ihr. Andererseits aber auch nicht so wenig, daß es sich aus dem Nest geschubst fühlt. Und ihre Liebe hätte selbstloser sein müssen. Natürlich aufrichtig und von Herzen, aber eben selbstlos und nicht auf ihr Bedürfnis ausgerichtet, das Hänschen «zu haben». «Deine Kinder sind nicht deine Kinder», schreibt Kahlil Gibran, «sie sind die

Kinder der Sehnsucht des Lebens nach sich selbst.» Das hätte sie mal berücksichtigen müssen, die Mutter vom Hänschen!

Wir befürchten, daß unsere Vorwürfe und Ratschläge bei Hänschens Mutter wenig bewirken werden.
Wir haben sie auch nicht im Ernst aufgeschrieben. Wenn man sich Hänschens mißglücktes Ablösungsdrama nämlich genauer anschaut, dann ist die Geschichte viel komplizierter.

Schon die Umstände seines Ausfluges sind ausgesprochen fragwürdig. Vor allem: Warum mußte der kleine Junge «allein» losziehen? Warum hat ihn niemand an die Hand genommen und vielleicht gesagt: «Laß die Mama mal zu Hause, die wird froh sein, wenn wir weg sind, dann kann sie in Ruhe etwas für sich tun.»
Vielleicht hätte dieser Jemand – nennen wir ihn einmal vorsichtig und versuchsweise Vater – sogar Spaß daran gehabt, mit seinem Sohn zu gehen! War Hänschen ein Einzelkind, oder hatte er Geschwister? Wohnen in seiner Straße noch andere Jungen in seinem Alter? Wie sieht seine nahe Welt aus? Macht es Spaß, sie zu entdecken, oder ist sie so trostlos und kinderfeindlich, daß einem aufgeweckten Jungen gar nichts anderes übrigbleibt, als «die weite Welt» zu suchen?
Hänschens Bereitschaft, sich nach einem einzigen heftigen Gefühlsausbruch seiner Mutter wieder unter ihre Fittiche zu begeben, wirft ebenfalls viele Fragen auf. Vor allem: Was hat er auf seiner Reise erlebt? Hat er Freunde gefunden oder nur Konkurrenten? Ist er freudig aufgenommen oder von groß gewordenen Hänschen verlacht worden, was er denn für ein kleiner Fuzzi sei? Oder welche Gründe gab es sonst, daß er die Nähe zur Mutter den Abenteuern in der Welt vorgezogen hat? Ist nicht ein Zusammenhang zu vermuten zwischen der Macht des mütterlichen Lockrufes und der Unwirtlichkeit der übrigen Welt?

Und die Mutter, die bitterlich weint, weil sie gar kein Hänschen mehr hat? Was hat sie sonst noch im Leben? Warum hat sie nicht gesagt: «Der kommt schon wieder, jetzt habe ich endlich einmal Zeit für mich oder kann in Ruhe mit meinem Mann ins Bett gehen.» Welche Abenteuer kann sie erleben? Meister Propper und ein Kreuzworträtselheft? Ob sie neidisch war auf ihren Sohn, weil sie selbst kaum vor die Tür kommt? Ihr Hans beim Frühschoppen oder beim Arbeitsessen mit Parteifreunden, und jetzt geht auch noch Hänschen weg? Dabei ist nicht einmal sicher daß Hänschen ernsthaft weg wollte. Vielleicht ging es ihm auch darum, seiner Mutter zu zeigen, was für ein großer Kerl er schon ist. Jetzt, nach seinem Ausflug, kennt er die Welt und kann seine Mutter noch besser beschützen als vorher. Hänschen und seine Mutter, ein schönes Paar! Ob sie stolz auf ihn ist?

Wenn doch endlich, so wird man spätestens an dieser Stelle für das kleine Hänschen wünschen, wenn doch endlich ihr Mann nach Hause käme!
Nehmen wir an, er kommt. Es ist nicht sicher, daß er erkennt, was in seiner Abwesenheit seinem Sohn und seiner Frau widerfahren ist. Denn wenn er durchzählt, sind noch alle da. Wenn er spüren kann, was geschehen ist, dann wird er erleichtert aufatmen, weil seinem Jungen nichts passiert ist. Vielleicht aber auch, weil er heilfroh darüber ist, daß sein Sohn die emotionalen Bedürfnisse seiner Frau auch weiterhin abdecken wird: Der mächtige Sog der Mutter gilt nicht ihm, sondern dem kleinen Hänschen.
Es verdichten sich die Verdachtsmomente, daß der Satz: «Mama ist an allem schuld» von Hänschens Papa stammt und daß er ihm in einem Moment eingefallen sein muß, als er gerade mal kein Hans, sondern ausnahmsweise wieder ein Hänschen gewesen ist.

Paradise now: Mit siebzehn (Monaten) hat man noch Träume

> «Mein Leben war eine einzige Anstrengung, dich zu ersetzen, dich nicht mehr zu brauchen.» (Tilman Moser über seine Mutter in: Grammatik der Gefühle)

Die sorgenfreie, ausschließlich «glückliche» Kindheit gibt es nur in den Wünschen liebender Eltern und in der sentimentalen Erinnerung erwachsener Menschen. Der verständliche Wunsch nach allzeit glücklichen Kindern kann sogar sehr negative Auswirkungen haben: wenn die Kinder versuchen, den Erwartungen ihrer Eltern zu entsprechen, und plötzlich nicht mehr wissen, wohin sie sich mit ihrem Unglück wenden sollen. Der Tatsache, daß zur Kindheit ernste und schwierige Konflikte gehören, können Eltern nicht ausweichen, selbst dann nicht, wenn sie mit aller Anstrengung versuchen, in der Erziehung ihrer Kinder *alles* richtig zu machen. Im Gegenteil. Eltern, die alles richtig machen wollen, leben, «als ob jeden Augenblick ein Psychiater bei ihrem Fenster vorbeifliegen würde» (Fritz Redl zit. nach Cheryl Bernard 1987). Und die Sorte Psychiater, die am Fenster vorbeifliegt, ist meistens unerbittlich. Solche Leute fragt man nicht nach dem Flugwetter, sondern man registriert mit Herzklopfen und hochrotem Kopf, daß sie sich jedesmal etwas aufschreiben, wenn sie durchs Fenster hineinschauen. – Doch wie kann ein Kind gedeihen, wenn der fliegende Psychiater so viele Erziehungsfehler in seinem Buch notiert? Was wird der strenge Mann erst sagen, wenn das Kind, das sich doch auch mit ganzer Kraft müht, richtig zu sein, einmal etwas falsch macht?

Auch die beste Mutter wird ihr Kind nicht vor dem Schmerz bewahren können, das Paradies der ersten symbiotischen Jahre verlassen zu müssen. Jeder Säugling kennt Gefühle von Verlassenheit, Angst und Enttäuschung, weiß ein müdes von einem überforderten, ein ärgerliches von einem freudigen Mutter- oder Vatergesicht zu unterscheiden. Keinem Kind bleibt es erspart, Gefühle quälender Abhängigkeit und trotziger Selbstbehauptung zu erleben. Auch der liebendste Vater wird (hoffentlich!) von seinem Sohn einmal als Konkurrent um die Liebe der Mutter erlebt werden. (Letzten Endes werden selbst die tollsten Eltern von ihren Kindern verlassen werden – und dann aller Voraussicht nach schon ziemlich alt sein.)
Eltern können ihre Kinder nicht vor den Dramen der ersten Lebensjahre bewahren, sie können ihnen nur helfen, sie durchzustehen. Eine problemlose Kindheit gibt es nicht. Was kleine Kinder im zarten Alter erfahren, sind «allgemeine Zumutungen des Lebens» (Fritz Riemann 1979), grundlegende Lebensprobleme, die auch im Erwachsenenalter eine entscheidende Rolle spielen.

Der Junge, der sich danach sehnt, wieder eins mit seiner Mutter zu sein, wird sich vor Ich-Verlust und Abhängigkeit fürchten. Trotzig wird er versuchen, sich als eigenständiger Mensch zu behaupten, und bemerken, daß ihm nun Ungeborgenheit und Einsamkeit drohen. Jeden Tag muß er aufs neue Regeln der Gemeinschaft erlernen. Er wird stolz sein, daß ihm diese Anpassung gelingt, und gleichzeitig spüren, wie er in seiner Freiheit eingeschränkt wird. Er wird immer wieder spannende Abenteuer erleben, die ihm Gefühle der Unsicherheit bescheren.

Das erste Liebesobjekt im Leben eines jeden Menschen ist eine Frau, die Mutter. Für beide Geschlechter, für Jungen und für Mädchen, sind die größten Freuden, Lustgefühle und Enttäuschungen in der ersten Zeit des Lebens mit einem weiblichen Körper verbunden. Unabhängig davon, wie sich Männer und Frauen die Arbeit aufteilen, die mit der Versorgung des Neugeborenen verbunden ist, werden die Kinder von ihren Müttern ausgetragen, geboren und in aller Regel gestillt. Die Beziehung zwischen Mutter und Kind ist leiblich begründet. Auch wenn sich ein Vater sehr um sein Kind kümmert, nachts aufsteht, es wickelt, füttert und mit Küssen überhäuft – der Besonderheit, der «Exklusivität» der frühen Mutter-Kind-Beziehung können all diese sinnvollen Aktiväten nichts anhaben. Manche Männer kultivieren in diesem Zusammenhang ihren Gebärneid. Wahrscheinlich sind die meisten froh, daß sie ein gutes Argument gefunden haben, um sich von der anstrengenden Versorgung des Neugeborenen zurückzuziehen.

Donald W. Winnicott beschreibt die Fähigkeit, sich in den ersten Wochen intuitiv auf die Bedürfnisse eines Kindes einzustellen, als «primäre Mütterlichkeit». Dieser Zustand des «Entrücktseins oder Dissoziiertseins» sei «fast einer Krankheit vergleichbar» (zit. nach Andreas Hermann 1987, S. 84).
Feministische Sozialisationsforscherinnen wie Elena Belotti (1975) oder Ursula Scheu (1977) kritisieren vor dem Hintergrund empirischer Untersuchungen, daß Jungen in den ersten Lebensmonaten von ihren Müttern gegenüber den Mädchen bevorzugt werden. Zum Beispiel würden Jungen bei den einzelnen Mahlzeiten und insgesamt länger gestillt. Andere Untersuchungen belegen allerdings genau das Gegenteil (vgl. Carol Hagemann-White 1984, S. 50). Solche Unstimmigkeiten zeigen, wie schwer es ist, verallgemeinerbare Aussagen über die ersten Lebensjahre von Jungen und Mädchen zu treffen. Einen – empirisch wohl kaum beweisbaren – Vorteil dürften die Jungen zu Anfang ihres Lebens gegenüber den Mädchen allerdings mit Sicherheit haben: Ihr Paradies hat als zusätzliches Glücksmoment die Farbe der Begierde. Die Psychoanalytikerin Christiane Olivier schreibt: «Ich vertrete nicht allein die Auffassung, daß das Geschlecht des Säuglings für das Begehren im Blick des erwachsenen Erziehers in keinem Moment gleichgültig ist... Die Tatsache, daß die gleiche Mutter sich um den Jungen und um das Mädchen kümmert, erzeugt eine grundlegende Asymmetrie der Geschlechter: das männliche Geschlecht verfügt von Geburt an über ein adäquates Sexualobjekt, das an-

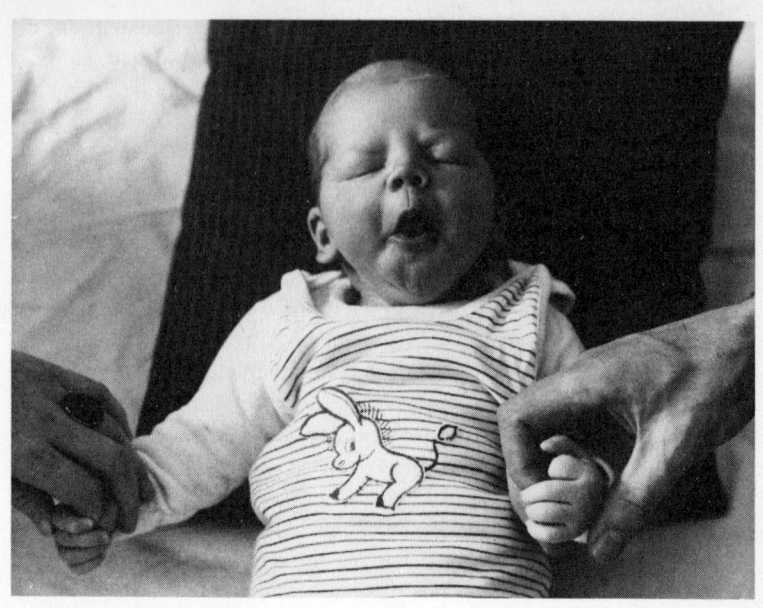

dere nicht.» Die Mutter sei «die Wegbereiterin der Erotik», das Kind antworte «mit seiner Lust auf die Lust der Mutter» (1988, S. 69).

Bekanntermaßen unterscheiden sich die sexuellen Bedürfnisse von Kindern sehr von der genitalen Sexualität der Erwachsenen.

Für die Mädchen hat nach Christiane Olivier die Tatsache, daß sie vor allem von einer gleichgeschlechtlichen Person betreut werden, eine bittere Konsequenz: Warten, warten, warten. «Wo begegnet sie dem Mann, der sie und ihr Geschlecht begehrt? Bestimmt nicht auf der Wickelkommode. Auch nicht in der Kinderkrippe, dem Reich der Frauen.» Der Vater ist zwar in der Regel bereit, «die verschiedenen Hauptdarsteller des Dramas, das sich unter seinem Dach abspielt», zu bezahlen, aber ansonsten hält er sich auch heute noch weitgehend von den Kindern fern: «Alles in allem wünscht der Mann es nicht» (S. 66).

Für die Jungen wird die Situation dann schwierig, wenn sie sich aus der engen symbiotischen Beziehung mit ihrer Mutter lösen müssen. Während Mädchen die intensive Beziehung zur Mutter verändern können, indem sie sich mit ihr identifizieren, stellen Jungen ihre Andersartigkeit fest.

Mädchen sagen: «Ich bin wie Mama.» Jungen bemerken: «Ich bin nicht wie Mama.» Das meiste, was der Junge bis jetzt erlebt und empfunden hat, kam von seiner Mutter. Mit ihr hat er sich auf das engste verbunden gefühlt. Bis etwa zum zehnten Monat konnte er noch nicht einmal zwischen sich und seiner Mutter unterscheiden. Und nun soll er plötzlich ein anderer sein? Aber was für einer bloß?

Für einen Jungen bedeutet das Ende der symbiotischen Phase, so die Psychoanalytikerin Sigrid Günzel (1989), «daß er im zartesten Alter einem Identitätsbruch ausgesetzt ist und sich genötigt sieht, alle seine Energie zum Aufbau einer neuen Identität zu verwenden» (S. 223).

Carol Hagemann-White (1984) beschreibt die Versuche des Jungen, sich in seiner geschlechtlichen Identität zu finden, als die «Vermittlung der Männlichkeit durch doppelte Negation». Seine Männlichkeit wird ihm durch Abgrenzung von seiner Mutter vermittelt: «Diese ihm am nächsten stehende Erwachsene ist das, was er nicht sein darf, um ein Mann zu werden. So wird sein Geschlecht als Nicht-nicht-Mann bestimmt» (S. 92).

Die, von der er sich abgrenzt, um sich selber zu definieren, ist viel größer und mächtiger als er. So stürzt er sich auf die wehrhaften Rollenangebote einer patriarchalischen Gesellschaft und verwandelt sich in einen Polizisten, einen Soldaten oder Cowboy. Je weniger ihm einfällt, sich gegen die Mutter zu behaupten, und je weniger Möglichkeiten er weiß, um sich in seiner Geschlechtlichkeit zu empfinden, um so eher wird er auf die Idee kommen, seine Mutter und das Weibliche überhaupt abzuwerten.

Andererseits liebt und braucht er seine Mutter. Doch sosehr er sein Begehren spürt, ihr wieder ganz nahe zu sein, und das ihre, ihn wieder ganz nahe bei sich zu haben, sosehr spürt er auch, daß er nicht mehr in die Symbiose mit ihr zurückkehren kann, es sei denn, er verzichtete darauf, ein eigenständiger unabhängiger Mensch und ein Mann zu werden.

Natürlich: Ein Ausweg wäre es, die Mutter zu heiraten. Schließlich ist sie eine Frau, und er ist ein Junge. Wenn er nur nicht so klein wäre! Außerdem ist sie schon verheiratet. Was wird sein Vater sagen, daß er ihm die Frau ausspannen will? Egal, trotzig gibt er seiner Mutter Widerworte, eben nicht nur, um sich in seiner Autonomie gegen die mächtige Mutter zu behaupten, sondern auch, um zu erproben, ob er als Partner bestehen könnte. Als Sandkastenrocker ist er auch ein moderner Ritter, der sich darin übt, die zu beschützen, die ihm am liebsten ist – um sie zwischendurch voll aggressiver Lust totzuschießen.

Alle Größenphantasien können jedoch nicht über die Tatsache hinwegtäuschen, daß er klein, abhängig und ziemlich ausgeliefert ist. Wie wird seine Mutter darauf reagieren, wenn er sich seinem und vor allen Dingen ihrem Bedürfnis nach inniger Nähe verschließt? Was meint sie, wenn sie, zum Beispiel in der Sauberkeitserziehung, etwas von ihm fordert? Will sie nur etwas Bestimmtes von ihm, oder will sie ihn ganz? Inzwischen hat er längst herausgefunden, was ihn deutlich von seiner Mutter unterscheidet, wie er sich positiv, also nicht nur in Abgrenzung und Negation ihrer Eigenschaften, definieren kann: «Ich bin ein Junge, ich habe einen Penis.» Wenn sie etwas von ihm will, von ihm fordert, will sie dann letztlich sein Geschlecht? Die Psychoanalyse nennt diese Furcht «Kastrationskomplex».

Insgesamt zeigt sich, wie bedroht und unsicher die geschlechtliche Identität eines Jungen im Kleinkindalter ist und wie schwierig sich aufgrund eines erzwungenen Identitätsbruches die Ablösung von der Mutter gestaltet. Erwachsene neigen dazu, solche Probleme von Kindern – nicht nur von Jungen – in ihrer Bedeutung herunterzuspielen. Diese Verharmlosung verwundert, leben doch in unserer Gesellschaft ganze Industriezweige davon, erwachsenen Männern und Frauen Produkte zu verkaufen, anhand derer sie sich ihrer geschlechtlichen Identität versichern und sie anderen gegenüber zum Ausdruck bringen können. Bei Kindern wird oft die Ernsthaftigkeit übersehen, mit der sie ihrerseits versuchen, sich in eindeutiger Weise als Angehörige ihres Geschlechts auszuweisen. Zwar hat unsere Gesellschaft ausgesprochen ambitionierte und oftmals widersprüchliche Entwürfe parat, was ein richtiger Junge, was ein richtiges Mädchen ist, doch die eigenen Anstrengungen der Kinder, den erwachsenen Erwartungen zu entsprechen, werden nur zu oft belächelt, korrigiert und abgewertet.

Die «Frauen von heute», so resümiert die Werbung einer Frauenzeitschrift, machen aus der «Mode eine Schau». Niemand käme auf die Idee, all den teuren Firlefanz in Frage zu stellen und den Konsumentinnen von Mode Unsicherheit in ihrer geschlechtlichen Identität zu unterstellen. Das fünfjährige Mädchen, das sich mit Zöpfchen, Röckchen und Rüschen ausdrücken will, muß aufpassen, daß sich kein Erwachsener über sie lustig macht. Der Marlboro-Cowboy gilt als ernsthafter und erfahrener Mann. Niemand würde ihm eine Belehrung über die zwischenmenschliche Bedeutung des Pazifismus erteilen, die einem Vierjährigen in regelmäßigen Abständen droht.

Sowenig die Kinder ernst genommen werden, so sehr ist es in Mode gekommen, Probleme von Erwachsenen mit Ereignissen der Kindheit zu erklären. Wenn man es darauf anlegt, kann man aus den frühen Konflikten eines Jungen eine Menge männlicher Befindlichkeiten ableiten: Härte, Bindungsunfähigkeit, Gewalt, Frauenverachtung, überhaupt die Abwertung alles Weiblichen. Die Klage über die erlittenen Zumutungen der Kinderzeit ändert allerdings nichts daran, daß Erwachsene für ihr Leben verantwortlich und keine unschuldigen Kinder mehr sind – gemein, aber wahr.

Mutterliebe: Du mußt doch nicht
um deinen Jungen weinen...

«In der erotischen Liebe vereinigen sich zwei Menschen, die bisher getrennt waren; in der Mutterliebe werden zwei Menschen, die vorher eins waren, getrennt.» (Erich Fromm in: Die Kunst des Liebens)

«Warum setzt man überhaupt Kinder in die Welt? Andere fahren dreimal im Jahr in Urlaub, schlafen am Wochenende, so lange sie wollen, und geben ihr Geld für sich aus, anstatt für Kinderklamotten, Spaghettieis und Plastikhubschrauber. Wozu das Ganze, all die vollgeschissenen Windeln, die Plackerei, die Sorge?» Solche Bekenntnisse hört man selten. Wir haben es von einer Mutter, die einige Gläser Wein zuviel getrunken hatte.

Im nüchternen Zustand wird Elternschaft in unserer Gesellschaft als selbstlose Angelegenheit betrachtet. Kosten-Nutzen-Rechnungen sind verpönt, vor allem wird vermieden, Eltern als Nutznießer der Kinder zu definieren. Was Eltern von ihren Kindern bekommen, wird als Geschenk

angesehen. Eltern wollen auch nichts von, sie wollen etwas für ihre Kinder, und meistens nur das Allerbeste. Und weil Elternschaft ein mühsames Unterfangen ist, vor allem, wenn die Kinder klein sind, wünschen sich Eltern nichts sehnlicher, als daß ihre Kinder groß und selbständig werden. Jeder noch so kleine Entwicklungsfortschritt der Kinder wird freudig begrüßt.

So aufrichtig diese Freude sein kann – ein wenig Trauer ist durchaus angebracht. Jeder Entwicklungsschritt ist eben immer auch ein Fort-Schritt. Die Kinder hauen ab – und nehmen das Leben mit. Auch wenn Heintje, der ödipale Schnulzenheini, schon vor über zwanzig Jahren mit der gegenteiligen Aufforderung die Hitparaden eroberte: Mama hat fraglos Grund, um ihren Jungen zu weinen. Seine wachsende Selbständigkeit bedeutet einen Verlust an Nähe und Einfluß und kann zu sehr irritierenden und ambivalenten Gefühlen führen.
Ist er nicht, wie Christiane Olivier anmerkt, «das einzige männliche Wesen, daß sie je bei sich gehabt hat»? (1988, S. 87). Hat die Mutter ihn nicht zumindest in einer Intensität bei sich, die den meisten erwachsenen Männern Angst und Schrecken einjagen würde? Wo wird sie je wieder so einen offenen, hingebungsvollen und zärtlichen Mann treffen, wie sie ihn in ihrem Sohn gefunden hat? Kann er sie nicht für das entschädigen, was eine patriarchalische Gesellschaft ihr an Belastungen auferlegt? Ist er nicht im geheimen ein besserer Mann als der, mit dem sie zusammenlebt? Und ist es nicht faszinierend, die eigene Person um einen kleinen, eng verbundenen Menschen erweitert zu sehen, der anders ist, weil er ein anderes Geschlecht hat? Kann dieses Anderssein «den Jungen für die Mutter nicht auch im narzißtischen Sinne bedeutungsvoll machen»? Verfügt er nicht über Eigenschaften, «die die Frau keinesfalls konfliktlos in sich zulassen könnte»? (Ulrike Schmauch 1987, S. 84).

Kann eine Mutter nicht in einen kleinen, noch formbaren Jungen genau den Mann hineinträumen, den sie sich schon immer gewünscht hat? Was wird aus dem Helden, den sie zur Welt gebracht hat, einmal werden? Hauptsachbearbeiter mit Pensionsanspruch? Schriftführer im Hundezüchterverein? Oder wird er, der doch jetzt schon etwas von James Dean in seinen Augen hat, mit neunzehn auf seiner Kawasaki durch die Straßen brettern – unabhängig, stolz, kräftig und ohne Angst? Alle Frauen werden ihn lieben. Und sie, die ihn geboren hat, soll ihn freudig abgeben? Ihre Liebe soll weniger wert sein als die einer anderen Frau?

Bei aller verständlichen Klage über Windeln und Wäscheberge: Was mag nach der Liebesgeschichte zwischen Mutter und Sohn kommen? Jahre der Dürre? Ein Ehestreit? Oder ein erfülltes Liebesleben mit dem eigenen Mann? Kann nicht ein kleiner, fast hoffnungslos verliebter Mann ein reizvoller Ersatz für einen großen, müden Mann sein? Ist nicht für viele alleinerziehende Frauen ihr Sohn der einzige Mann im Haus, zumindest der einzige, auf den sie sich verlassen können?

Nicht nur für den kleinen Jungen, auch für seine Mutter bedeutet die Aufgabe der symbiotischen Beziehung Abschied und Verzicht. Es beginnt nicht nur ein neues, deutlich weniger enges Kapitel einer Liebesgeschichte. Die Autonomiewünsche ihres Sohnes gefährden auch die Phantasien und Ideale, die mit ihm verbunden werden können. Die Sozialwissenschaftlerin Ulrike Schmauch schreibt: «In dem Maß, in dem sich Kinder den Eltern als definitiv eigene, andere Wesen zeigen, müssen die elterlichen Idealisierungen und narzißtischen Zuweisungen ins Wanken geraten, vielleicht sogar einstürzen» (S. 300).
Des weiteren stellen die heftigen Bemühungen des Jungen um Selbständigkeit die möglicherweise vorhandenen Machtansprüche der Mutter in Frage. Je mehr er selber entscheiden und ohne ihren Einfluß erleben möchte, um so weniger hat seine Mutter zu sagen. Der landläufig als «Trotzphase» beschriebene Machtkampf zwischen Mutter und Sohn ist jedenfalls nicht nur von der psychischen Befindlichkeit des Sohnes abhängig.

Und welcher Schutzengel sollte eine Mutter davor bewahren, den Geschlechterkampf der Erwachsenen auch in das Verhältnis zu ihrem Sohn einzubringen?
Die Mutter, die ihrem sechsjährigen Sohn die Schuhe zubindet und ihm abends den Schlafanzug anzieht, wird sich möglicherweise über das «Paschaverhalten ihres Herrn Sohnes» beschweren. Aber wird sie auch in Betracht ziehen, daß es vielleicht ihren eigenen Wünschen entspricht, ihn klein und abhängig zu halten? Vielleicht gestattet sie ihm die Allüren eines erwachsenen Herren ja gerade deshalb, damit niemandem auffällt, daß das Hauptinteresse dieses Arrangements in der größtmöglichen Abhängigkeit ihres Sohnes liegt. In wie vielen Frauenleben ist die Macht über die Kinder nicht die einzige Macht, die sie überhaupt haben?
Es gehört zu den wohlmeinenden Illusionen um die Elternschaft, daß Eltern auf die Abhängigkeit ihrer Kinder nur mit Schutz und Fürsorge

reagieren und nicht in der Gefahr stehen, ihren Kindern gegenüber Besitzstreben und Machtbefugnisse auszuleben. Sich solche Bedürfnisse bewußt zu machen, anstatt sie empört von sich zu weisen, dürfte eine wichtige Voraussetzung sein, seinem Kind die notwendige Autonomieentwicklung zu ermöglichen.

Wir haben hier einige Motive zusammengetragen, die Mütter dazu verleiten können, nicht nur das Wachstum und die Selbständigkeit ihres Sohnes zu wünschen, sondern gleichzeitig auch das Gegenteil. Häufig führen diese widersprüchlichen Wünsche zu ambivalentem Verhalten gegenüber dem Sohn, der seiner Mutter gegenüber ähnlich ambivalente Gefühle hat. Manche Mütter wünschen sich abwechselnd einen kleinen Kuschelliebling und einen großen Jungen, mit dem Ergebnis, daß letztendlich keiner der beiden richtig ist.

Ulrike Schmauch (1987), die vier Jahre lang in einer von Eltern organisierten Krabbelgruppe arbeitete, erlebte die Folgen solch widersprüchlicher Gefühle nicht als plötzliche Ausstoßung des Jungen in eine forcierte Männlichkeit, sondern als eine «von früh an die Liebe durchziehende

Ambivalenz, die sie den kleinen Jungen – im übertragenen Sinne – mit der einen Hand ‹hochputschen›, mit der anderen verwöhnen und mit beiden Händen manchmal vehement abwehren» ließ (S. 303).

Sich gleichzeitig einen kleinen und einen großen Jungen zu wünschen kann zu einer fatalen Trennung zwischen drinnen und draußen führen. Während von dem Jungen erwartet wird, daß er sich zum Beispiel im Kindergarten durchsetzt und sich schon früh auf die harte Männerwelt vorbereitet, existiert daneben die «passiv-regressive Abhängigkeit im Separée mit der Mutter» (S. 302). Bei seinen Kumpels aus der Bauecke des Kindergartens, in der Förmchenbande, wird er sich hüten zu offenbaren, daß er daheim Mamas kleiner Liebling ist. Während er zu Hause durch effektvoll eingesetztes Weinen und Brüllen auf regressive Weise seinen Willen durchsetzt, muß er hier beweisen, daß er der kleinkindhaften Abhängigkeit längst entwachsen ist.
Viele Jungen sind zu Hause anschmiegsam und kuschelig, und draußen lehnen sie jede zärtliche Geste ab. Diese Anordnung aus der Kindergartenzeit bleibt für viele Männer ihr ganzes Leben lang richtungweisend. Während es im Berufsleben darauf ankommt, sich keine Blöße zu geben und dem Konkurrenten ein Förmchen auf den Kopf zu hauen oder ihm in seine Hoden zu treten, werden im Privatleben offen regressive Wünsche ausgelebt. Das Recht der Väter, im Familienleben zum kleinen Sohn zu regredieren und den eigenen Kindern Konkurrenz zu machen, leitet sich dann irrigerweise von der Härte der von den Männern selbst gestalteten Außenwelt ab. Der große kleine Held vollbringt in seiner Abteilung, seiner Amtsstube, seiner Fabrikhalle derart große Taten, daß er zu Hause den Weg bis zum Kühlschrank nicht mehr schafft, geschweige denn noch Kraft genug in seinen Armen hat, um die Waschmaschine zu füllen.

Die für viele Jungen früh einsetzende «Doppelexistenz» führt nicht nur dazu, daß sie ihre häuslichen Erfahrungen mit der Mutter vor gleichaltrigen Spielkameraden verbergen möchten, sondern andererseits auch zu dem Tabu, die außerhäuslichen Regeln der Jungenwelt gegenüber der Mutter anzusprechen. So manche Mutter fiele aus allen Wolken, wenn sie erführe, wie rigide, am Recht des Stärkeren orientiert die Jungennormen etwa auf dem Schulhof einer Grundschule sind und wie wenig sie zu dem auf Harmonie bedachten innerhäuslichen Idyll passen.

In der feministisch orientierten Erziehungsliteratur wird häufig argumentiert, daß moderne emanzipierte Frauen weder Zeit noch Lust hätten, Kinder an sich zu binden und in einer nicht altersgemäßen Abhängigkeit zu halten. Dieser Hoffnung stehen wir ziemlich skeptisch gegenüber, denn was die französische Psychoanalytikerin Christiane Olivier beschreibt, gehört auch heute noch zum Alltag jeder bundesrepublikanischen Erziehungsberatungsstelle: «Wie viele Male habe ich sie in meinem Büro gesehen, ihre Blicke gefangen in denen der Mutter. Diese stummen Münder, während sie sich darüber ausließ, was das Kind alles getan oder gesagt oder was es nicht getan oder gesagt hätte. Sobald die Mutter gegangen ist, setzt sich das Kind wieder, nimmt ihren Platz ein und antwortet mir. Und bei dieser anscheinend so harmlosen Frage: ‹Also, was meinst du denn so?› hat sie noch immer die Macht, dem kleinen Jungen die Tränen in die Augen zu treiben, wenn er antwortet: ‹Es ist mit ihr...›, oder ihn in ohmächtige Wut zu stürzen, wenn er eingesteht: ‹Es ist wegen ihr...›» (1987, S. 137).

Triangulierung:
Vati kommt später heute

«Der Vater braucht... nur minimal im Alltagsleben des Kleinkindes und nur minimal an der direkten Pflege beteiligt zu sein, um doch ein spezifisches Bindungsobjekt für das Kind zu werden.» (Michael Rotmann in: Die Rolle des Vaters im Leben des kleinen Kindes)

Alle Beschwörung der überkontrollierenden, begehrenden, zwiespältigen und überfordernden Mutter kann nicht darüber hinwegtäuschen, daß der Ausweg aus dem ödipalen Konflikt für den Jungen auf einen Mann weist – auf seinen Vater. Der Vater hilft dem Jungen, die Dyade mit der Mutter zu lösen.

Also: Licht aus, Spot an – der Retter kommt. Sobald er die Bühne betritt, wird er mit tosendem Beifall begrüßt. Daß er überhaupt erschienen ist, wird ihm hoch angerechnet. Was er tut, jeder Blick, jede Geste, jedes Wort scheinen von großer Bedeutung zu sein, denn es braucht offenbar insgesamt nur sehr wenig Vater, um seiner so heilsamen Wirkung teilhaftig zu werden. Leiser Trommelwirbel ertönt, wenn er zu einer seiner entscheidenden Taten ansetzt: Ohne jede Furcht, möglicherweise selber gefressen zu werden, kommt er herbei und entreißt seinen Sohn den Klauen der gierigen und verschlingenden Mutter und führt ihn hinaus in die Welt.

Mag sein, daß er scheitert gegen die Macht des Weibes. Jeder Held kann scheitern. Wenn man ihn dann Jahre später in einer Erziehungsberatungsstelle wiederfinden sollte, weil sein Kind nicht zur Zufriedenheit gedeiht, dann wird das Stück, das gegeben wird, dasselbe sein. Er wird mit großem Beifall bedacht werden, daß er sich überhaupt bereit erklärt hat, mitzukommen. Mit verschränkten Armen und skeptischem Blick sitzt er da. Einige Sitzungen lang wird er therapeutisch mit Traubenzucker versorgt, er wird aufgebaut. Seine Familie erfährt, was für ein guter Kerl er ist. Schließlich erhält er die Aufgabe, sein Kind aus der Verstrickung mit der Mutter zu retten, die ihrerseits die Empfehlung bekommt, an der Volkshochschule das Handwerk der Seidenmalerei zu erlernen.

Niemand wird ihm vorhalten, daß die Verhältnisse in seiner Familie so unglücklich geraten sind, weil er sich über Jahre hinweg aus ihr verdrückt hat, und niemand wird ihn fragen, ob er nicht schon längst seinen Arbeitsplatz verloren hätte, wenn er sich dort genauso benommen hätte wie in seiner Familie.

Seit einiger Zeit wird in den Medien viel über Väter und ihre positive Bedeutung für das Gefühlsleben der Kinder (Jungen und Mädchen) berichtet. Allerdings scheint es, daß die «Wiederentdeckung des Vaters» (Michael Lukas Moeller 1989) weniger mit einem geänderten Verhalten der Männer und sehr viel mehr mit einem deutlichen Mangel an konkret gelebter Väterlichkeit zu tun hat. Rollen wir also den roten Teppich, der für den erwarteten Vater ausgebreitet worden ist, wieder ein und sehen nach, was sich alles darunter angesammelt hat.

Die klassische Psychoanalyse ging davon aus, daß ein Vater im Leben seiner Kinder erst ab dem dritten Lebensjahr Bedeutung erlangt, für einen Jungen als Rivale um die Gunst der Mutter und als Identifikationsobjekt. Neuere Ansätze (vgl. z. B. Michael Rotmann 1984) zeigen jedoch, daß Väter schon sehr viel früher für ihre Kinder wichtig sind – eigentlich eine Selbstverständlichkeit, wenn man bedenkt, daß es sich bei dem Verhältnis zwischen Vater, Mutter und Kind im Grunde vom Tag der Zeugung an um ein Dreiecksverhältnis, um eine Triade, handelt.

Schon die «primäre Mütterlichkeit», von der Donald W. Winnicott spricht, die Fähigkeit also, sich intuitiv und emphatisch auf die Bedürfnisse eines Säuglings einzustellen, hängt sehr vom Engagement und der Einstellung des Vaters ab. Mütterlichkeit ist schließlich kein Naturereignis, wie wir es im Biologieunterricht gelernt haben – vergleichbar mit dem Wissen der Graugans, so zu schnattern, daß alle Küken vertrauensselig hinter ihr hertappen. Mütterlichkeit wird von vielen sozialen und lebensgeschichtlichen Umständen geprägt. Winnicott beschreibt die Aufgaben des Vaters in den ersten Lebensmonaten sehr schlicht und einleuchtend: «Als erstes möchte ich sagen, daß der Vater in der Familie nötig ist, damit sich die Mutter körperlich wohl und seelisch glücklich fühlen kann» (zit. nach Andreas Hermann 1987).

Nicht der Eifer also, «alles genausogut» wie die Frau zu können, macht unter diesem oft vergessenen Blickwinkel einen guten Vater aus, sondern die Bereitschaft und die Fähigkeit, Mutter und Kind eine glückliche Zeit zu ermöglichen. Die Sozialwissenschaftlerinnen Sigrid Metz-Göckel und Ursula Müller (1985) haben in einer breitangelegten Untersuchung allerdings festgestellt, daß sich die Mehrheit der Väter in der Bundesrepublik dieser Aufgabe nur wenig stellt und sich gerade nach der Geburt eines Kindes verstärkt auf den Beruf konzentriert und zu Hause weniger verfügbar ist.

Ausgestattet mit dem sicheren Wissen, daß sie in den ersten Jahren ihrer Kinder nicht so wichtig sind, machen sie sich auf die Flucht – und hinterlassen nur zu oft überforderte Mütter, die zwischen Überversorgung, Wut und Schuldgefühlen hin- und hergerissen sind. Der Psychoanalytiker Michael Lukas Moeller faßt die Folgen in einem Satz zusammen: «Die enttäuschte Mutter ist die Mutter der Enttäuschung.» Wie sollte es auch anders sein?

Der Vater kann nicht nur wesentlich die Bedingungen einer geglückten Mutter-Kind-Beziehung beeinflussen, er kann auch seinem Kind vom ersten Tag an selber Lust, Wärme und Befriedigung geben; nicht in Konkurrenz zur Mutter, sondern zu ihrer Entlastung und Ergänzung und zum eigenen Vergnügen. Schon nach wenigen Lebensmonaten kann ein Säugling zwischen Vater und Mutter unterscheiden. Zum Lächeln für die Mutter kommt schnell ein Lächeln, das nur für den Vater da ist (vgl. Michael Rotmann 1984).

Gegen Ende des ersten Lebensjahres lernt ein Kind zum erstenmal deutlich den eigenen Körper vom Körper der Mutter zu unterscheiden. Wenn man es auf den Arm nimmt und sich mit ihm vor einen Spiegel stellt, wird es voller Spannung und Interesse feststellen, daß da zwei Menschen zu sehen sind. Es interessiert sich nun immer mehr für seine Umwelt und entwickelt das Bedürfnis, intensiven Kontakt zur Objektwelt außerhalb der Dyade Mutter–Kind aufzunehmen. Die Mutter wird in dieser Zeit zunehmend ambivalent erlebt, sie ist nicht mehr nur gute Mutter. Sie geht manchmal weg, hat keine Zeit oder macht nicht, was das Kind gerade möchte. Während sich das Kind bei einer Versagung oder Enttäuschung vorher nur unwohl fühlte und keine von ihm getrennte Ursache für dieses negative Gefühl ausmachen konnte, so kann es jetzt empfinden: «Mama ist weg. Mama gibt mir nicht. Mama hilft mir nicht.»

In diesem Lebensabschnitt braucht ein Kind viele weiche Kuscheltiere und viel Vater. Der Vater ist der Dritte – daher auch der Begriff «Triangulierung». Er soll dem Kind helfen, die enge Beziehung zur Mutter zu lockern: «Es gibt noch jemand anderen, bei dem ich mich ganz sicher fühlen kann und mit dem ich spannende Sachen erlebe. Wenn Mama böse

ist, gehe ich zu Papa. Wenn ich bei Papa bin, finde ich auch zu Mama zurück, weil Papa und Mama zwar auseinander, aber auch zusammen sind.»

Je vertrauter sich Vater und Kind zum Zeitpunkt dieser frühen Triangulierung sind, um so freudiger und sicherer wird es sich an der Hand seines Vaters weg von seiner Mutter bewegen. Je besser das Verhältnis der Eltern untereinander ist, um so weniger Sorge wird das Kind haben, möglicherweise nicht mehr zur Mutter zurückzufinden. Geschwister, Großeltern, vertraute Nachbarn usw. können unter Umständen für Kleinkinder ähnliche Funktionen übernehmen.

Je eher insbesondere ein Junge auch seinen Vater als liebevollen und versagenden, als tröstenden und streitenden Menschen erlebt, um so leichter werden sich die notwendigen Loslösungsprozesse von der Mutter gestalten. Insofern nimmt ein Vater sehr wohl schon frühzeitig Einfluß darauf, wie sich die frühkindlichen Konflikte seines Sohnes gestalten. Daß Laios von seinem Sohn Ödipus erschlagen wurde, war eben nicht nur ein schreckliches, schier unausweichliches Schicksal, sondern hatte auch damit zu tun, daß Vater Laios unentwegt Wichtigeres zu tun hatte, als sich um seinen Sohn zu kümmern.

Wenn man untersucht, welche Rolle der Vater im allmählichen Ablösungsprozeß von der Mutter spielt, dann drängt sich in der Tat der Eindruck auf, daß «der Ödipuskonflikt der klassischen Analyse in Wirklichkeit bereits die Manifestation einer pathologischen Entwicklung ist» (H. Kohut 1979, zit. nach Sigrid Günzel 1989).

Ein Junge muß seine ursprünglich weibliche Identifikation mit der Mutter aufgeben. Er hat sich damit abzufinden, daß er sich aus der Symbiose mit ihr lösen muß. Er muß herausfinden, was ein Junge, was ein Mann ist. Er muß diese «neue» Identität mit Leben füllen. Er muß damit zurechtkommen, daß seine Mutter groß ist und er klein, daß sie zu bestimmen hat und er nicht. Er muß verschmerzen, daß er sie nicht heiraten kann. (Etwas weniger fein und in der Sprache der Psychoanalyse ausgedrückt: Er muß Triebverzicht leisten.) Er muß mit seiner Furcht umgehen, seine anziehende und mächtige Mutter könnte ihm seine noch unsichere geschlechtliche und personale Identität wegnehmen. In all diesen Konflikten ist der Vater von großer Bedeutung, doch nicht als Retter, sondern mittenmang dabei. Einem Jungen dürfte die Loslösung von der Mutter leichter fallen, wenn er auch mit seinem Vater zarte, kitzlige und knuffige Körpererfahrungen gemacht hat. Leichter zumindest als einem Jungen, der jeden Abend all seinen Charme aufbieten muß, um einem müden, zeitunglesenden Vater drei Minuten auf seinem Schoß abzuringen.

Erich Fromm bezeichnet die Mutterliebe als ein «gelobtes Land, in dem Milch und Honig fließen». Uns gefällt dieses Bild, auch wenn wir nicht Fromms Meinung teilen, daß Milch und Honig ausschließlich der Mutterliebe vorbehalten sind. Milch sei das Symbol für den ersten Aspekt der Liebe, den der Fürsorge und Bestätigung. Honig symbolisiere «die Süße des Lebens, die Liebe zum Leben und das Glück, am Leben zu sein». Milch kann man in kleine Fläschchen füllen. Und den Honig? Warum sollte sich ein Junge von der Mutter ablösen und ein Mann werden, wenn der Honig etwas ausschließlich Weibliches und nur von der Mutter zu bekommen ist? Die Sehnsucht nach dem mütterlichen Paradies scheint auch etwas über die emotionale Dürftigkeit der väterlichen Welt auszusagen. Die Loslösung von der Mutter bedeutet, um es in der Sprache Erich Fromms auszudrücken, vor allem dann einen Auszug aus dem gelobten Land, wenn es in der Welt des Vaters keinen Honig gibt.

Ebenso wie der Verzicht auf die Symbiose sind auch die Autonomiekonflikte des Jungen sehr vom Verhalten des Vaters abhängig. Wer als Junge erlebt, daß sich die Eltern als Mann und Frau streiten und wieder vertragen, daß sie Entscheidungen gemeinsam treffen und kompetent die Belange der Familien regeln, wird nicht dem Irrtum verfallen, daß der Konflikt zwischen klein und groß etwas mit seinem Geschlecht zu tun hat. Er wird kaum auf die Idee kommen, daß man die Weiber niederhalten und kleinmachen muß, um ihnen gegenüber bestehen zu können. Je früher der Vater auch versagende Funktionen übernimmt, sich also nicht nur als fröhlicher Spielkamerad mit seinem Sohn beschäftigt, um so deutlicher wird für diesen erkennbar, daß seine Bemühungen um Selbständigkeit nur sehr am Rande etwas mit Geschlechterkampf zu tun haben.

Darüber hinaus kann der Vater ein Modell dafür sein, daß man der Mutter nahe sein kann, ohne völlig von ihr vereinnahmt zu werden. In der Realität halten allerdings viele Väter einen erkennbaren Abstand zu ihren Frauen und Kindern. Was soll ein kleiner Junge denken, der seiner Mutter nahe sein möchte und erlebt, daß sein Vater sich ganz anders verhält?

Und was taugt ein Vater als Rivale im ödipalen Konflikt, der irgendwo in einer fremden, nur im BMW erreichbaren Welt niedergemacht wird – daß er zu Hause versorgt werden muß und sich um nichts kümmern kann? Fordert er einen kleinen Ritter nicht geradezu heraus, sich voller Allmachtsphantasien, Schuldgefühle und Kastrationsängste als besseren Partner für die Mama zu fühlen?

Zum Teufel mit den Verstrickungen der antiken Tragödie und den Zeitabläufen, die Sophokles für seine Helden erdacht hat! Warum schläft *Laios* nicht mit seiner Frau?

Die feministische Gesellschaftskritik an der kaum geminderten Vormachtstellung der Männer im öffentlichen Leben trifft auf die Familie nicht zu.

Margarete Mitscherlich über den in unserer Gesellschaft vorherrschenden Vatertyp: «Zu Hause erlebt man ihn oft als unselbständig, sowohl materiell wie intellektuell, und gleichzeitig als überkritische Instanz, die zu Unrecht Autorität fordert» (1984, S. 127).

Daß sich viele Väter schon in der frühen Kindheit ihrer Kinder aus ihren Familien weitgehend zurückziehen, ist durch breitangelegte empirische Untersuchungen belegt, deren Ergebnisse deutlich der in den Medien gefeierten «neuen Väterlichkeit» widersprechen (vgl. Helge Pross 1978, Sigrid Metz-Göckel/Ursula Müller 1985).

Warnen möchten wir vor dem voreiligen Schluß, daß statt Mama nun Papa an allem schuld sei – ein falsches Argument wird meistens nicht dadurch besser, daß man es auf den Kopf stellt.

Die Tatsache, daß viele Männer in ihren Familien nur eine randständige Position haben, ist für Jungen besonders unglücklich, weil sie sich mit ihrem Vater identifizieren wollen, um ihr eigenes Geschlecht zu finden. Je weniger männliche Kontur sie erleben können, um so wichtiger wird «der kleine Unterschied». Was die feministische Kritik als «phallokratische Gesellschaft» anprangert, findet seine Hauptursache im Mangel an erkennbarer Männlichkeit. Natürlich spürt ein Junge, daß Männer über Macht verfügen, daß sie draußen in der Welt etwas sehr Wichtiges tun, wichtiger offenbar als das, was die Mütter zu Hause erledigen. Nur bleibt diese Macht abstrakt. Viele Väter wissen nicht einmal, wo im Haushalt ihrer Frauen ein Pflaster zu finden ist. Wenn Mama einmal zwei Tage fort ist, müssen selbst die Vierjährigen mit anpacken, als befände man sich auf einem untergehenden Segelboot. Warum bedient die Mutter den Vater?

Warum ist das Wort des Vaters gewichtig? Warum darf man die Mutter eher im Schlaf stören als den Vater?
Jungen wünschen sich einen starken Vater. Wie sollen sie gegen ihre Mutter bestehen, wenn selbst ihr Vater dazu zu schwach ist? Aber woran erkennt man die Kraft des Vaters, wenn er sie in der Familie, der vorrangigen Lebenswelt der Kinder, nicht zeigt? Ob Väter deshalb stark sind, weil sie «starke Muckis» haben, der Traum jedes Vierjährigen?

Der Psychoanalytiker Tilman Moser (1979), dessen Vater sehr krank war, hat einen Traumvater erfunden und sich im Rahmen seiner eigenen Analyse an diesen Traumvater erinnert:

«Vater, laß mich eines von den vielen Kleine-Buben-Wunschbildern zeichnen, hinter denen ich dich suche, du trauliches Riesentier-Ungeheuer: Arschbacken sollst du haben, daß mir Hören und Sehen vergeht; dröhnende Fürze sollst du fahren lassen können, am besten, wenn ich es mir gerade wünsche oder gar meinen Spielkameraden vorführen möchte; rülpsen sollst du wie ein Dinosaurier, auch wenn die Mutter die Stirn runzelt; niesen sollst du, daß die Erde bebt oder daß zumindest die Scheiben an der Dorfstraße klirren. Und dein Gelächter soll ein wenig die vertraute Welt aus den Angeln heben, weißt du, du lachst so laut und ausgelassen, daß so manches dumpfe Gewölbe des Ernstes, der Verklemmtheit, ja der unterwürfigen Gottesfurcht einstürzt und ein Raum der Freiheit entsteht, den du beherrschst und öffnest. Ich darf dir, so wuchtig ich kann, auf den Bizeps hauen, und er springt nur noch ein wenig kugeliger unter den kurzen Hemdsärmeln hervor. Ich darf dir gegen die Brust trommeln, und du läßt einen tiefen Brummton aus deiner mächtigen Lunge dringen, der durch meine Fäuste in eine Staccato-Sinfonie umgearbeitet wird, und auf deinem Gesicht liegt ein breites Strahlen, weil wir zusammen diese Sinfonie für zwei Kinderfäuste, Brustpauke und väterlichen Adamsapfel komponiert und uraufgeführt haben und dann viele Male wiederholten... ich weiß, daß wir noch andere Sinfonien komponieren werden, und schlafe ein unter dem Traumdach deiner riesigen Nase... Väterchen, wenn ich dir auf dem Oberschenkel sitze und ihn mit beiden Beinen umklammere wie ein Kosakenoberst sein Pferd, und du machst: hoppe, hoppe, Reiter mit mir, bin ich der wilde Reiter und dein Sohn. Ich reite in die Welt hinaus, vorausgesetzt, ich spüre deinen Bauch in meinem Rücken... Manchmal hast du einen dicken Pelz von Haaren auf der Brust, in die ich mich verkralle oder in die ich mich kuschele. Du bist dann ein riesiger

Teddybär, auf dessen Herzschlag ich lausche. Dein Bauch und deine Brust sind voller Geheimnisse. Wenn es in deinen Därmen gurgelt, werde ich ganz andächtig. Pompöse Dinge scheinen sich dort abzuspielen, möglicherweise hast du einen Zoo im Bauch. Es klingt wie bei den Kühen und Stieren, wenn sie wiederkäuen, du Vaterelefant mit dem riesigen Rüsselschwanz, man weiß ja nicht, wo vorne und hinten und unten und oben ist. Wenn ich dir auf der Brust sitze, bin ich größer als du. Wenn du über mir stehst, reiche ich knapp übers Knie, und ganz weit oben verlierst du dich in dem Kronleuchter, den du wie einen Hut auf dem Kopf hast» (S. 103 f).

Der Traum des wohl drei- bis vierjährigen Tilman Moser zeigt sehr anschaulich die Sehnsucht kleiner Jungen nach ihrem Vater. Als Sohn eines solchen Riesenviech-Ungeheuers, eines Vaterelefanten, ist es da nicht wundervoll, männlichen Geschlechtes zu sein, einen männlichen Körper zu haben?

Der Wunsch des Jungen, sich mit seinem Vater zu identifizieren, um sich selber zu finden, ist auch dann vorhanden, wenn kein Vater da ist oder wenn er emotional und zeitlich kaum zu fassen ist. Um so wahrscheinlicher ist, daß die Identifikation von vielen Idealisierungen und Wunschbildern durchsetzt ist. Jeder Junge wird alles daransetzen, seinen Vater als den tollsten auf der Welt zu sehen. Wenn er fehlt, wird er sich viele gute und bewundernswerte Gründe für dessen Abwesenheit ausdenken. Selbst der Vater, der regelmäßig Frau und Kinder verprügelt, wird seinem Sohn als Identifikationsobjekt dienen.

Kinder lernen nicht nur durch die erzieherischen Konzepte und guten Wünsche ihrer Eltern, sondern auch durch ihre Unzulänglichkeiten und Fehler. Kinder erspüren dabei – oft viel deutlicher als die Erwachsenen – deren Widersprüche und Probleme im Umgang mit sich und mit anderen, ihre kleinen und großen Lebenslügen und ihre Not. Sie orientieren sich nicht an der Fassade, die ihnen die Eltern zeigen, sondern an ihrer alltäglichen Wirklichkeit. Sie versuchen, die Widersprüche auszubügeln, die sie bei ihren Eltern erleben.

Ein Junge, der mitbekommt, wie sein Vater regelmäßig zu Hause den dicken Max markiert, ohne recht von seiner Frau ernst genommen zu werden, wird alles versuchen, diese Irritation wettzumachen. Möglicherweise imitiert er seinen Vater um so heftiger, um zu beweisen, daß dieser doch im Recht und ohne Makel ist. Oder er wird versuchen, sich mit dem Vater zu identifizieren, den er hinter dem Herrschaftsgehabe vermutet.

Beide Versuche des Sohnes, den Vater zu finden, halten diesem einen Spiegel vor: Der ganz dicke Max, den der kleine Junge spielt, muß dem Vater wie eine entlarvende Karikatur erscheinen. Identifiziert sich der Sohn mit der hintergründigen Wahrheit seines Vaters, konfrontiert er ihn mit einem sorgsam verdrängten Teil seiner Persönlichkeit.

Keinem Vater wird es gelingen, seinem Sohn beim Abendessen Einfühlung und Rücksicht beizubringen, wenn er es tagsüber gewohnt ist, mit den Ellenbogen zu empfinden. Der Vater, der sich zu Hause in der Hauptsache bedienen läßt, wird davon ausgehen müssen, daß sein Sohn kaum erlernen wird, was er für ein selbstbestimmtes Leben braucht. Wer sich in seiner erwachsenen männlichen Identität unsicher ist, hofft vergebens, daß sein Sohn gerade dieses Gefühl übersehen wird. Wer seine Frau insgeheim verachtet, darf nicht meinen, daß der Sohn Respekt vor seiner Mutter hat.

Manchmal, so könnte man meinen, ist es erschreckend, wie ernst Kinder ihre Eltern nehmen!

Alles, was hart macht

Homo erectus:
Der Mythos der männlichen Überlegenheit

«Also diese Bedenken, die Jungen oft haben, meiner ist zu kurz, die sind also uninteressant, die spielen keine Rolle. Eure Probleme mit der Länge, die sind eigentlich gar keine, auch wenn viele das denken.» (Ein Lehrer an einer Gesamtschule im Sexualkundeunterricht mit 11- bis 12jährigen Jungen)

Von Jungen wird nicht nur erwartet, daß sie sich in der gleichgeschlechtlichen Gruppe behaupten und durchsetzen können, sondern auch, daß sie ihre Überlegenheit gegenüber den Mädchen demonstrieren. In der körperlichen Auseinandersetzung müssen sie stärker oder zumindest geschickter sein. Von einem Mädchen verhauen zu werden, gilt als eine besonders schlimme Niederlage. Gleichzeitig wird die großzügige Regel ausgegeben, daß man Mädchen nicht schlägt, weil Mädchen schwächer sind.

Der Überlegenheitsanspruch des männlichen Geschlechts ist nicht auf die körperliche Auseinandersetzung beschränkt, sondern entspricht unserer ganzen Kultur. Wer ein richtiger Mann sein will, muß sich gegenüber dem anderen Geschlecht möglichst lässig als überlegen erweisen. Wenn kleine Jungen im Kindergarten darauf bestehen, daß ihre Spiele nicht nur anders, sondern viel besser seien als die der Mädchen, dann entsprechen sie den Normen unserer Gesellschaft: Mädchenspiele sind puppig, Babykram und albern.

Es ist oft untersucht und kritisiert worden, welche Folgen solche Geschlechterrollen für die Mädchen haben. Viele Mädchen akzeptieren irgendwann still, daß sich die Jungen scheinbar selbstverständlich mehr Platz und Aufmerksamkeit holen, und geben die Konkurrenz zu den Jungen auf. Sie überlassen den Jungen den Raum, den diese anscheinend brauchen, und warten bescheiden auf ihren Märchenprinzen, anstatt selber um ihren Platz in der Welt zu kämpfen. So weit, so schlecht.

Welche Folgen hat es für Jungen, per definitionem zum «überlegenen Geschlecht» zu gehören? Wie gehen Menschen, die auf Sieg und Überlegenheit programmiert sind, mit Niederlagen und Schwäche um? Welchen Einfluß hat es auf die geschlechtliche Identität von Jungen, wenn die Konkurrenz zum anderen Geschlecht schon vorab so eindeutig geklärt zu sein scheint? Was lernen Jungen über sich und die anderen, wenn ihnen vermittelt wird, daß ihre Omnipotenzphantasien durchaus der gesellschaftlichen Realität entsprechen und offensichtlich gewünscht werden?

Wir sind der Ansicht, daß sie vor allem anderen lernen zu schwindeln und daß sie einen teuren Preis für diesen Schwindel bezahlen.

Wir haben nichts gegen Überlegenheit, Siege oder Kraft. Ein Junge (und ein Mann) soll sich seiner körperlichen Kraft freuen, und wenn er im Wettrennen allen anderen Jungen und allen Mädchen davongelaufen ist, dann hat er gewonnen und ist zu Recht stolz auf sich – und sein Geschlecht. Boris Becker fegt Steffi Graf vom Platz, John Lewis rennt Florence Griffin-Joyner davon, Tarzan wirft Jane in die Luft. Pluspunkte in der Geschlechterkonkurrenz gegenüber den Frauen, toll für uns Männer! Doch es kann nicht jeder Mann Tennisspieler oder Sprinter werden, und Tarzan wird seine Jane bei der heutigen Bauweise der Wohnungen nicht in die Luft, sondern an die Zimmerdecke werfen. Womöglich wird er sie – die meisten Statistiken sprechen für diese Version – windelweich prügeln, um sich, ihr und anderen zu beweisen, das sein Geschlecht das überlegene ist.

Probleme entstehen nicht durch die Konkurrenz der Geschlechter untereinander. Ein unbefangener Geschlechtervergleich ergäbe ohne Frage, daß beide Geschlechter Qualitäten haben, auf die das jeweils andere neidisch sein kann. Ein solcher Vergleich wird jedoch unmöglich gemacht, weil das Ergebnis für die Jungen feststeht: Wir sind besser. – Sofern der Geschlechtervergleich nicht zugunsten des «überlegenen Geschlechts» ausfällt, muß er gemieden werden.

Mädchen sind in ihrer sprachlichen Entwicklung weiter als die Jungen? Quatschtanten! Quasselstrippen! – Höhere soziale Kompetenz von Mädchen? Typisch Mädchen, scheißen sich beim Lehrer ein! – Mädchen haben in verschiedenen Altersstufen deutlich erkennbare Wachstumsvorsprünge? Weiber sind sowieso blöde! – Mädchen bringen gleich gute oder bessere Schulnoten, obwohl sie deutlich weniger Aufmerksamkeit bekommen? Hab eh kein Bock auf Schule!

Der Mythos der männlichen Überlegenheit führt dazu, daß Jungen alle Erfahrungen verdrängen oder umwerten müssen, die sie an ihrer grundsätzlichen Überlegenheit zweifeln lassen. Wenn der Sieg ein Kriterium für Männlichkeit ist, dann zeigt eine persönliche Niederlage die eigene Unmännlichkeit. Wir haben mit viel Verständnis geschildert, wie kleine Jungen dazu neigen, das ursprünglich erlebte Herrschaftsverhältnis zwischen ihrer Mutter und ihnen radikal umzuwerten, und in Rollen schlüpfen, die ihr Geschlecht als das mächtigere und überlegene zeigen. Von den Erwachsenen erhält der Junge die Botschaft, daß er so weitermachen muß, wenn er ein richtiger Mann werden will. Die Überkompensation von Schwächegefühlen wird als normales männliches Verhalten dargestellt, das Ergebnis der Überkompensation wird als wahr definiert. Wem der Schwindel nicht gelingt, der darf an seiner Männlichkeit zweifeln. Viele Männer geben sich vor allem deshalb stark und überlegen, damit sie nicht schwach wirken. Sie freuen sich oft nicht über einen Sieg, sondern über die vermiedene Niederlage. Männlicher Ausdruck ist häufig vom Aufatmen begleitet, dem Gegenteil, dem Weibischen, Schwulen oder wie auch immer gearteten Unmännlichen gerade noch einmal entronnen zu sein.

Der Zwang zur Überlegenheit gegenüber dem anderen Geschlecht führt dazu, daß Neidgefühle von klein auf verdrängt werden müssen. Wer überlegen ist, der ist nicht neidisch.

Daß etwa die Identifikation zwischen Mutter und Tochter viele reizvolle Elemente enthält, die Jungen nur selten erleben dürfen, zum Beispiel der körperliche Ausdruck durch Schmuck, Kleidung und Haartracht, müssen Jungen herunterspielen: Schönmachen ist Mädchensache. Mit Puppen spielen? Trotz der erbitterten Bemühungen feministischer Mütter, die ihren männlichen Sprößlingen schon früh die Fron der Familienarbeit beibiegen wollten, lehnen es die meisten Jungen vehement ab, mit Puppen zu spielen. Einerseits ist diese Unlust verständlich, denn Puppenspiele sind in aller Regel Mutterspiele. Im Puppenspiel inszenieren die Mädchen einen auf die Dauer vielleicht einengenden, aber unverwechselbaren und leicht erkennbaren Aspekt ihrer geschlechtlichen Identität: Wie ihre Mütter können sie Kinder zur Welt bringen. Und sie spielen eine Welt nach, die sie alltäglich erleben. Was soll ein Junge tun, der sich in diese Spielwelt verirrt? Während all der heißen Dramen, die seine Schwester aufführt: Was macht man in einer solchen Situation als Vater? Was wissen die Jungen über männlichen Alltag? Sie setzen sich in ihr Brummauto und düsen mehr oder weniger inhaltsleer durchs Kinderzimmer. Wir sind sicher, daß kleine Jungen die Puppenspiele der Mädchen mit Neid verfolgen, wie wir überhaupt den Gebärneid für ein verständliches und naheliegendes männliches Gefühl halten.

Doch halt, stopp! Haben wir nicht etwas Entscheidendes vergessen? Was ist mit dem Neid der Frauen auf das, was bei uns Männern zwischen den Beinen baumelt? Was ist mit dem «kleinen», so bedeutsamen Unterschied?

Wenn wir ehrlich sind, dann müssen wir zugeben, daß wir keine Ahnung haben, ob die Frauen auf unser Sexualorgan neidisch sind. Wenn wir sie fragen, streiten sie alles ab. Aber das kann natürlich gelogen sein. Sigmund Freud zumindest hat sein ganzes Leben an seiner Penisneid-Theorie festgehalten. Das Mädchen, so seine Überzeugung, «bemerkt den augenfällig sichtbaren, groß angelegten Penis eines Bruders oder Gespielen, erkennt ihn sofort als überlegenes Gegenstück seines eigenen, kleinen und versteckten Organs und ist von da an dem Penisneid verfallen» (Sigmund Freud, zit. nach Christiane Olivier 1987).

Ein kleiner Junge und ein kleines Mädchen gucken sich, was heute viel wahrscheinlicher ist als noch zu Freuds Zeiten, gegenseitig in die Unterhose. Er sieht einen Schlitz, und sie sieht einen Schniepel. Ab diesem Zeitpunkt, so Freud, erkennt sie seine grundsätzliche Überlegenheit an. Was passiert in diesem Augenblick mit dem Jungen?

Die Penisneid-Theorie ist aus Frauensicht inzwischen oft kritisiert und widerlegt worden, vor allem, was Freud daraus für die Psyche und die Sexualität der Frau folgerte. Nach seiner Ansicht sind die Frauen aufgrund ihres Penisneides ihr ganzes Leben lang eifersüchtig, und daß sie schließlich Kinder zur Welt bringen, ist vor allem dem Bemühen geschuldet, den schmerzhaft erlebten Mangel in der Anlage ihrer Geschlechtsorgane auszugleichen. Die klitorale Sexualität ihrer Kinder- und Jugendtage wandelt eine junge Frau um in die reife vaginale, von der männlichen Penetration abhängige Sexualität. Derartige Komplikationen braucht nach den Theorien der klassischen Psychoanalyse der Mann nicht zu befürchten, denn er ist von Anfang an bestens bestückt. Allenfalls muß er Sorge haben, daß ihm jemand sein kostbares Stück wegnehmen könnte. Doch was wäre eigentlich, wenn die Frauen nicht auf das männliche Geschlechtsorgan neidisch wären, oder nur in einem Maße, das sich von anderen durchaus normalen menschlichen Neidgefühlen nicht weiter unterscheidet? Dann bliebe von der männlichen Überlegenheit nicht viel. Im übrigen dürfte eine Überlegenheit, die von der Bewertung der Unter-

legenen abhängig ist, ausgesprochen gefährdet sein. Es ist kein Zufall, daß sich auffällig viele Männer darüber beklagen, daß ihre Frauen ihrem Penis zuwenig Aufmerksamkeit und Bewunderung entgegenbringen.

Ist nicht vielleicht, was Freud als Kastrationskomplex beschreibt, *auch* ein vorsichtiges Aufflackern einer realistischen Sicht der Dinge? Kann man nicht die Furcht vor dem Verlust des großartigen Werkzeuges als die Spur einer Selbsterkenntnis deuten, daß es mit der Großartigkeit soweit auch nicht her ist?

Daß der Phallus zu einem Symbol männlicher Überlegenheit geworden ist, stellt keine Erfindung der Psychoanalyse dar. Wir haben den Eindruck – auch auf die Gefahr hin, alten Mythen und umfangreichen Theorien über Fruchtbarkeitssymbole unrecht zu tun –, daß den Männern einfach nichts Besseres eingefallen ist, um ihre bevorrechtigte gesellschaftliche Stellung und ihren Überlegenheitsanspruch zu rechtfertigen. Die einzige Überlegenheit des männlichen Geschlechtsorgans bezieht sich auf einen, vor allem für Kinder durchaus wichtigen Nebenaspekt: Männer verfügen über eine überlegene Pinkeltechnik (vgl. Simone de Beauvoir 1968,

S. 267 ff). Sie bestimmen beim Pinkeln die Richtung, können einen Bogen machen und mit ihrem Strahl die Schwerkraft überwinden. Kreuzbrunzen ist für Mädchen oder für Mütter und Töchter nur unter wenig animierenden Bedingungen möglich. Männer können ein Feuer auspinkeln, ohne sich den Hintern zu verbrennen. Im Freien müssen sich Mädchen hocken, Jungen können stehen. Daß dieser Unterschied durchaus seine Bedeutung hat, werden all die Männer bestätigen können, die in den siebziger Jahren die Hochphase der Frauenbewegung in einer gemischtgeschlechtlichen Wohngemeinschaft oder mit einer feministischen Partnerin zusammen gelebt haben, als nämlich die Hauptfront des Geschlechterkampfes vorrangig in das Badezimmer verlegt war und jeder aufrechte Freund der Frauen beim Barte der Göttin zu schwören hatte, fürderhin ausschließlich im Sitzen zu pinkeln. Daß dieser Streit auch an den Männern nicht spurlos vorübergegangen ist, hat uns ein überzeugter Feminist und Anhänger der weiblichen Art des Pinkelns gezeigt. Wir erwischten ihn dabei, wie er ins Waschbecken pißte.

Eine praktischere und spannendere Technik des Pinkelns ist allerdings kaum hinreichend, den Penis zum Symbol männlicher Überlegenheit hochzustilisieren. Wir sind im Gegenteil der Ansicht, daß sich die Männer keinen Gefallen getan haben, indem sie ihre Genitalien zu Zauberschwertern gemacht haben. – Der männliche Penis ist der Bedeutung, die ihm zugemessen wird, regelmäßig nicht gewachsen. Im öffentlichen Leben begegnet man zwar ständig dem Phallus als Symbol männlicher Macht, aber kaum ein Mann scheint persönlich über eine solch erhabene Ausrüstung zu verfügen. Warum auch müßte das männliche Geschlechtsorgan als Schwert, Gewehr, Tennisarm oder was auch immer symbolisiert werden, wenn die Männer mit dem zufrieden wären, was sie in der Hose haben? «Die meisten Männer glauben», so der amerikanische Sexualtherapeut Bernie Zilbergeld (1983), «daß ihr Penis nicht so ist, wie er sein sollte. Sie stellen fest, wie jämmerlich unvollkommen sie sind. Er ist nicht lang genug oder dick genug oder hart genug, er springt nicht mit der notwendigen Kraft und Wucht hervor, kommt zu früh oder erholt sich nicht schnell genug.» Bernie Zilbergeld ermuntert seine Klienten, sich mit ihrer eigenen Ausstattung anzufreunden, «es sei denn, Sie planen eine Transplantation von einem Pferd». Der Phallus als Symbol männlicher Macht schafft eine Norm, der die meisten Männer nicht genügen. Worauf die Frauen nach der Theorie Freuds ihr ganzes Leben lang neidisch sind, wird so überhöht, daß sich bei den Männern kein Körperstolz, sondern

Unsicherheit über die eigene Männlichkeit einstellt. Warum sonst fällt es Männern so schwer, untereinander über ihre Sexualität zu sprechen, warum wiehern sie lieber?
Abrüstung tut not, vor allem im Kurz- und Mittelstreckenbereich!

Der Weg zurück zu den beiden kleinen Kindern, die sich gegenseitig in die Unterhose schauen, ist kürzer, als der Ausflug zu den sexuellen Problemen erwachsener Männer auf den ersten Blick vermuten läßt. Anders als Freud sind wir nicht der Ansicht, daß der Penis zum Beispiel eines fünfjährigen Jungen «groß angelegt» ist und ein «überlegenes Gegenstück» zu der Muschi in der anderen Unterhose darstellt. Liegt es an unserem Blickwinkel, daß wir Jungenpenisse ziemlich klein finden? Täuschen wir uns vielleicht, weil das, was wir vor dem Spiegel von schräg oben sehen, noch immer nicht dem unglaublich beeindruckenden Gemächte entspricht, das wir damals von schräg unten bei unseren Vätern bewundern konnten? Ist es von Bedeutung, daß der Penis eines Siebenjährigen immer noch kürzer ist als der kleine Finger der Mutter? Sosehr der Penis als schönes und lustspendendes Stück Mann identitätsstiftend sein kann, sowenig taugt er als Symbol männlicher Überlegenheit. Was muß ein Junge über seinen kleinen Penis denken, wenn er sich aus all den Botschaften über Jungen und Mädchen, über Männer und Frauen zusammenreimt, daß er ein Angehöriger des überlegenen Geschlechts ist, ohne daß ihm jemand plausibel machen könnte, worin diese Überlegenheit eigentlich besteht, und er in seinem Innersten mit genau entgegengesetzten Gefühlen fertig werden muß?

Wir hatten Gelegenheit, in einer Gesamtschule in Nordrhein-Westfalen am Sexualkundeunterricht mit 11- bis 12jährigen Jungen teilzunehmen. In diesem Alter sind Jungen ganz besonders unsicher und schamhaft. Während der eine mit seiner ersten Eroberung prahlt und stolz zwischen Murmeln und Fußballbildern ein Präservativ hervorkramt, wartet ein anderer sehnsüchtig darauf, daß doch auch bei ihm ein «Urwald» zu wachsen beginnt. Insofern ist es schwierig, aus Beobachtungen bei Jungen in diesem Alter auf generelle Unsicherheiten zu schließen. Eine der ersten Unterrichtsstunden, die sich mit dem Penis beschäftigte, hat uns ziemlich irritiert. Sehr ernsthaft und engagiert wurde in dieser Stunde über drei Themen gesprochen: Verletzung, Scham und Mangel. Das Thema Verletzung wurde von zwei deutschen Jungen aufgebracht («Was ist denn, wenn der Penis nicht mehr funktioniert? Kann er dann repariert werden?»)

und an türkische Jungen weitergegeben, die ausführlich von ihrer Beschneidung berichteten. Einig waren sich alle Jungen, daß es für sie «das Letzte» wäre, sich nackt zu zeigen.

In der Umkleidekabine des Schwimmbades wird auch heute noch das gleiche umständliche Gedönse praktiziert, mit dem wir uns vor bald dreißig Jahren auch abmühten: Handtuch um die nasse Badehose binden, die festsitzende Hose darunter ausziehen, ohne daß der stets zu lockere Handtuchknoten kracht. Dann die schon bereitgelegte Unterhose irgendwie auf den feuchten Hintern ziehen. Knoten lösen, aufatmen.
Der Schüler Michael drückt sich so aus: «Wenn jetzt einer einen kleineren hätte und alle hätten einen größeren, dann würde der sich doch schämen, wenn alle zusammen duschen.»

Mit bemerkenswerter Offenheit besprachen die Jungen ihre Ängste, die sie bezüglich der Größe ihres Penis hatten. Bemühungen des Lehrers («Der Penis zieht sich im kalten Wasser zusammen», «Unterschiede gleichen sich durch eine Erektion weitgehend aus», «Wenn man später mit

einer Frau zusammen ist, spielt die Größe des Penis keine Rolle») konnten nach unserem Eindruck diese Ängste nicht vermindern. Wir fragten ihn, ob er selber Probleme mit der Länge seines Penis habe. Seine Antwort: «Wahrscheinlich hat jeder Probleme, aber im Grunde genommen ist es eine Sache, mit der man keine Probleme haben muß.»

Zum Schluß der Stunde hatten wir das Gefühl, daß die meisten Jungen (und der Lehrer auch) insgeheim befürchten, von der Natur nur unzureichend ausgestattet zu sein. Von Zauberschwertern war jedenfalls nicht die Rede.

Weder Tod noch Teufel: Wie kleine Jungen zu Drachentötern verbogen werden

> «Es entsteht der Eindruck, die Erwachsenen wollten gerade an Söhnen, an kleinen Männern, Schwäche nicht sehen, seelischen Schmerz nicht fühlen.» (Ulrike Schmauch in: Anatomie und Schicksal – zur Psychoanalyse der frühen Geschlechtersozialisation)

Wo auch immer im Kindergarten Karneval gefeiert wird, ist in etwa mit folgenden Kostümierungen zu rechnen: Zehn von zwölf Mädchen werden als Prinzessin erscheinen; so anmutig und der Rolle entsprechend, daß man sich fragt, wo und in welchem Leben sie geübt haben, wie eine perfekte Prinzessin einherzuschreiten. Zwei bis drei Jungen – oft solche, die in der Hierarchie der Jungengruppe eher unten stehen, werden als Zauberer, Clown oder Tier verkleidet sein. Der Rest kommt als Cowboy – von Anmut keine Spur.

Wie gehen Erwachsene mit kleinen Jungen um, die sich ängstlich, schwach oder hilflos fühlen, wie zwingend ist die Norm für einen Jungen, daß er stark und überlegen sein muß? Was sagt man zu einem feschen Cowboy, der sich nicht traut, ein Pferd zu streicheln, was zu einem Indianerhäuptling, der weinend zu seiner Mama rennt? Möglicherweise kommen wir einer Antwort näher, wenn wir uns mit den Rollen beschäftigen, die kleinen Jungen angeboten werden und die sie sich aussuchen. Fragen wir im Wilden Westen nach, der Welt der echten Männer.

Mit unbewegtem Gesicht reitet Billy the Kid, oder wie immer er auch heißen mag, im Gegenlicht durch die Hauptstraße von Dutch City. Hinter jeder Gardine, auf jedem Dach kann ein Heckenschütze lauern. Das alles ficht Billy nicht an. Was ist das für ein seltsamer Mensch? Hat er überhaupt keine Angst? Zum Beispiel, daß ihn jemand totschießt? Wir haben drei mögliche Erklärungen für sein ungewöhnliches Verhalten parat:

1. Er ist ein erfahrener Mann.
2. Er ist krank und leidet an einem generalisierten Angstsyndrom.
3. Er ist ein Soziopath.

Anders als bei Billy reagiert der menschliche Körper normalerweise auf eine bedrohliche Situation mit gesteigerter Aktivität und erhöhter Aufmerksamkeit. Puls und Blutdruck gehen in die Höhe – man bekommt «Fracksausen». Die Speicheldrüsen verringern ihre Arbeit – es «bleibt einem die Spucke weg». Die Hormonproduktion schnellt in die Höhe – der «Adrenalinspiegel steigt». Der Energiefluß erhöht sich – die «Knie schlottern», und man «zittert vor Angst». Die Darmmotorik und die Harnproduktion werden aktiviert – man läuft Gefahr, «sich in die Hose zu machen», und möchte sich «verpissen».

Billy the Kid braucht in bedrohlichen Situationen die Hilfe seines Körpers nicht. Wer ihm wohlgesonnen ist, wird annehmen, daß er die Gefahr kennt und einzuschätzen weiß. In vielen Situationen, die Greenhorns Angst einjagen würden, kann er deshalb ruhig und gelassen bleiben. Genauer gesagt, er bleibt cool – eine der vermeintlichen Hauptaufgaben überlegener Männlichkeit.
Wir können uns der Meinung, daß Billy the Kid ein erfahrener Mann sei, nicht anschließen. Denn leider stirbt er ziemlich früh eines unnatürlichen Todes. Untersuchungen über die Infarkthäufigkeit unter Westernhelden sind aus eben diesem Grunde nur schwer realisierbar. Und, so fragen wir uns, wenn Billy wirklich solch ein erfahrener und mutiger Mann ist: Warum läuft er, als habe er einen dauerhaften Krampf im Hintern.

Somit erscheint uns die zweite mögliche Erklärung für sein Verhalten wahrscheinlicher zu sein: Billy ist kein außergewöhnlich angstloser Mensch, sondern er hat ständig Angst. Daß er sich nicht in die Hose macht, liegt einfach daran, daß sich seine Darmmotorik längst an den Zustand der Angst gewöhnt hat. In einer grundsätzlich feindlich gesonnenen Welt ist er dauerhaft auf der Hut. Die Angst ist ihm auf den Leib geschrieben, zur Normalität geworden. Ein Lächeln liegt auf seinem Gesicht, wenn ein Frischling in einer gefährlichen Situation nervös reagiert oder der Barkeeper hinterm Tresen verschwindet. Er möchte nicht daran erinnert werden, daß es die Angst überhaupt gibt und daß jeder Mann sie kennt. Die Angst spielt in Billys Leben eine so große Rolle, daß er sie vollständig aus seinem Empfinden verdrängen muß.

Unsere dritte These, daß Billy the Kid möglicherweise ein Soziopath ist, scheint auf den ersten Blick weit hergeholt zu sein. Ein Soziopath ist ein Mensch, der dauerhaft antisoziale Handlungen begeht, ohne aus ihren negativen Folgen lernen zu können.

Wenn Billy the Kid, aus welchem guten Grund auch immer, die Straße in Dutch City freikämpft oder wenn Schimanski einen Mordfall zu klären hat, dann spielt es in der Tat kaum eine Rolle, wie viele Leichen den Weg bis zu den Tagesthemen pflastern. Allerdings interessiert uns weniger die moralische Beurteilung einer soziopathischen Persönlichkeit, sondern mehr die Tatsache, daß man bei diesen Menschen eine extreme Untererregtheit und ein außergewöhnlich geringes Angstniveau festgestellt hat: «Beim Soziopathen finden wir in der Regel da, wo anderen die Knie zittern, eine außerordentliche Gelassenheit, ein unbeeinträchtigtes Gefühl körperlichen Wohlbefindens statt ängstlicher Sorge um den eigenen Körper. Sogar unter Bedingungen, die beim normalen Menschen Verlegenheit, Verwirrung, große Unsicherheit oder sichtbare Aufregung hervorrufen, bleibt er von bemerkenswerter gelassener Ruhe» (Checkley 1976, zit. nach Gerald C. Davison und John M. Neale 1988, S. 317). Weil die Nerven des Soziopathen offenbar sehr abgestumpft sind, ist er ständig auf der Suche nach Möglichkeiten, den unangenehmen Zustand der Untererregtheit zu beenden. Er braucht den Nervenkitzel, weil er für die normalen Abenteuer des Lebens unempfänglich geworden ist. Sofern er keine gesellschaftlich akzeptierte Variante des antisozialen Verhaltens gewählt hat, macht ein Soziopath der Justiz und der Psychiatrie große Schwierigkeiten. Er ist nicht durch Gefängnisstrafen von seinem Verhalten abzubringen und gilt als ausgesprochen therapieresistent. Soziopathie ist eine fast ausschließlich auf Männer angewandte psychiatrische Diagnose. In Amerika sind Versuche unternommen worden, das Angstniveau solcher Menschen durch Adrenalininjektionen zu erhöhen.

Ist Billy the Kid also in Wirklichkeit ein Angsthase oder gar ein Soziopath? Oder speist sich seine Überlegenheit – ein Gedanke, der hier nur am Rande erörtert werden kann – möglicherweise aus derselben Quelle wie die seines schizophrenen Comicbruders Lucky Luke, der schneller als sein eigener Schatten zu schießen vermag?

Der Mythos des angstfreien Helden gehört – nicht nur zur Karnevalszeit – schon unter Vierjährigen zum gesicherten Wissen um das Wesen des Mannes. Bei aller Kritik an solchen seltsamen Vorbildern ist es doch wichtig, noch einmal daran zu erinnern, welchen immensen Bedarf kleine Jungen haben, sich als unverletzlich, stark und überlegen zu empfinden – nicht naturgegeben, sondern aufgrund der Umstände ihrer geschlechtlichen Sozialisation. Ihre Inszenierungen sind eben nicht nur ein Übungsfeld für männlichen Chauvinismus, wie von manchen feministischen Autorinnen kritisiert wird (vgl. zum Beispiel Katja Leyrer 1988), sondern für Größe und Autonomie. In ihren männlichen Spielwelten fehlen die Frauen. Allenfalls gibt es im Wilden Westen ein paar Huren, aber in gar keinem Fall Mütter, die dem Helden befehlen, seinen Rosenkohl aufzuessen. Nichts also gegen kleine Helden – von uns aus auch nichts gegen kleine Revolverhelden. Totschießen macht Spaß, und die Kinder spielen das, was die Erwachsenen ihnen vorleben, und sie erfinden, was ihnen vorenthalten wird. Daß sich Jungen heldenhafte Rollen suchen, finden wir nicht kritisierenswert. Das Problem liegt in der Verlogenheit und Realitätsferne des Heldenmythos, den Erwachsene den Jungen anzubieten haben, und in der Gedankenlosigkeit, mit der sie Jungen zur Großartigkeit und zur Angstvermeidung treiben.

«Ein Mann», schreibt der amerikanische Gestalttherapeut Sheldon B. Kopp (1984), «muß den Weg des Helden gehen. Er folgt dem Ruf des Abenteuers und meidet all jene, die ihn zum Aufgeben überreden wollen. Er muß seine Prüfungen bestehen, den Drachen töten» (S. 166). Eine feine Sache, das Drachentöten, und gemacht werden muß es auch! Nur, welche Konsequenzen mag es zum Beispiel für die Kindererziehung haben, daß es die meisten Männer in ihrem Leben bislang noch nicht einmal auf die sieben Fliegen gebracht haben, mit denen seinerzeit das tapfere Schneiderlein reüssierte?

Wir haben die Sozialwissenschaftlerin Ulrike Schmauch befragt. Nach den Beobachtungen, die sie in einer Krabbelgruppe gemacht und durch Tagebuchaufzeichnungen, Tonbandprotokolle und Videoaufnahmen fest-

gehalten hat, werden Jungen schon früh dazu angehalten, ängstliche Gefühle in Aktivität und Bewegung umzuwandeln: «Bei der Entwicklung der Jungen spielt Begeisterung eine größere Rolle als bei Mädchen. Bei den Jungen habe ich oft großen Jubel erlebt: ‹Was er jetzt wieder macht› und: ‹Wahnsinn, jetzt diese Schritte.› Aber wehe, wenn es zögerliche Jungen waren, vorsichtige, langsame, abwartende. Das mochten die Erwachsenen nicht. Das wurde als lahm abgewertet. Kinder bemerken solche Normen und Erwartungen natürlich sehr deutlich. Nach meiner Erfahrung verbinden Eltern mit einem Jungen offenbar ein besonders rasantes Körpergefühl. Toll, könnte man sagen, soviel Begeisterung und Unterstützung. Aber ich halte das für ein zweischneidiges Schwert. Ich habe eigentlich bei allen Jungen beobachtet, daß sie etwa im dritten Lebensjahr beginnen aufzudrehen, sich raumgreifend zu bewegen, und das oft in einem rauschhaften Gefühl. Natürlich kann wildes und aggressives Verhalten auch lustvoll sein. Nach meiner Beobachtung ging es aber vor allem darum, hilflos machende, klein machende Gefühle abzuwehren. Die Jungen versuchten, durch Inszenierungen von Stärke beiseite zu schieben, was ihnen im Moment Kummer macht. Mein Eindruck ist, daß viele Erwachsene diese Umwandlung ängstlicher oder trauriger Gefühle in Bewegung und Aktivität gerne sehen, weil sie große Probleme damit haben, Jungen unsicher, bekümmert oder verwirrt zu erleben. Ich habe es mehr als einmal erlebt, daß ich einen wild tobenden Jungen angehalten und gefragt habe, was mit ihm los sei. Zur Antwort habe ich dann meistens bekommen: ‹Halt mich nicht fest.› Er will nicht stillstehen, er will rennen und rasen, weil er sonst bemerken würde, daß er traurig ist. Und das wäre offensichtlich ganz furchtbar, weil dann niemand da wäre, der ihn in seiner Trauer annimmt.»

Anstatt Jungen beizubringen, daß Niederlagen, Kummer und Angst auch zu einem männlichen Leben dazugehören, manövrieren viele Erwachsene Jungen lieber in Zustände vermeintlicher Großartigkeit und Rücksichtslosigkeit hinein. Oft genug schlägt diese Form der Angstbewältigung in diffuse Überaktivität und Kontrollverlust um, und ein Junge gerät so erst recht in einen hilflosen Zustand.

Die Männerspiele kleiner Jungen entsprechen unserer patriarchalischen Kultur. Die Jungen lernen sehr früh, daß in unserer Gesellschaft wichtige Personen männlich sind: «Das Problem besteht darin, daß die Männlichkeit dieser mächtigen, vielleicht uniformierten Figuren erst einmal eine körperlose Männlichkeit ist. Es geht nicht um einen bestimmten Körper, ein inneres Gefühl, daß es gut ist, männlich zu sein, sondern um die Demonstration von Macht und die Fähigkeit, Angst einzujagen und Kontrolle auszuüben. Oftmals besteht eine große Kluft zwischen dem inneren, eigenen Empfinden eines kleinen Jungen und den ganzen männlichen Machtdemonstrationen. Es wird etwas umhüllt, was von innen ganz unsicher ist. Obwohl oder vielleicht gerade weil rasante Körperlichkeit von den Erwachsenen bei Jungen so hoch geschätzt wird, sind viele Jungen in ihrem Körper nicht wirklich zu Hause, sondern rasen phantastischen, verrückten Erwartungen hinterher.»

Auch in der selbstorganisierten «alternativen» Krabbelgruppe, in der Ulrike Schmauch gearbeitet hat, wurden aggressive und omnipotente Phantasien an die Jungen delegiert. Gleichzeitig kam es für viele Jungen zu großen Brüchen im Verhalten ihrer Eltern. Wurden die Jungen zuerst «gefühlvoll», «sozial sensibel» und «nicht so mackerhaft» gewünscht, so tauchten mit der Zeit, vor allem bei Vätern, Bedenken auf, ob ihre Söhne auch leistungsfähig genug würden und sich im späteren Leben durchsetzen könnten: «Als würde morgen die Schule anfangen, wurden der Kind-

lichkeit des Sohnes die ‹Realität› und der ‹Ernst des Lebens› entgegenge-
stellt. Oft habe ich erlebt, daß männliche Bezugspersonen mit kleinen
Jungen zusammen eine ganze Zeit lang möglichst ungebrochen ihre eigene Kindlichkeit auslebten und so zu den Jungen wurden, die sie selber
schon immer sein wollten. Auf diesem Weg förderten sie die aktiven, mit-
reißenden Seiten der Jungen. Für kindliche Schwäche und Konflikte
bleibt natürlich bei dieser Form der Identifikation nur wenig Raum.
Irgendwann kam dann auch oft ein erschrockener Umbruch. Plötzlich
waren die Haare des Jungen zu lang, die Haltung zu weich oder die Gefühle
zu stark. Der Vater eines Zweieinhalbjährigen sagte mir einmal ironisch als
Begründung, warum sein Sohn allmählich mehr lernen müsse: Schließlich
soll er ja kein Triebtäter werden.»

Wie schwer es Erwachsenen fällt, Angst und Schwäche selbst bei Jungen
im Kleinkindalter anzunehmen und zuzulassen, zeigt eine verquere und
ganz alltägliche Geschichte aus dem Buch «Typisch Mädchen» von Marianne Grabrucker (1985), die die ersten drei Lebensjahre ihrer Tochter
in Tagebuchform aufgezeichnet hat. Sie schildert Benachteiligungen von
Mädchen. Bezüglich der Jungen kommt sie zu dem Ergebnis: «Wie immer sich ein Bub verhält, alle positiven Eigenschaften gehen an ihn, er
wird selbstbewußt ohne sein eigenes Zutun» (S. 240).

Am Nikolaustag, so erzählt Marianne Grabrucker, kommt der Nikolaus
auch zu vier Kindern im Krabbelalter, zwei Mädchen und zwei Jungen:

«Der Nikolaus betritt den Raum. Die Erwachsenen singen ein Nikolaus-
lied. Drei der Kinder werden ruhig und verfolgen aufmerksam das Geschehen. Anders Eric. Er nimmt als einziger von dieser ungewöhnlichen
Gestalt und dem veränderten Verhalten aller überhaupt keine Notiz, läuft
herum, plappert wie vorher. Sein Nikolaustäschchen muß ihm von seiner
Mutter aufgedrängt werden.»

Bis dahin, so scheint es, ein ganz normaler Nachmittag mit Krabbelkin-
dern. Es verwundert lediglich ein wenig, daß der Nikolaus schon zu sech-
zehnmonatigen Winzlingen kommt, da er doch auch in der Version vom
Studentenschnelldienst seine altväterlich-strafende Ausstrahlung kaum
verbergen kann. Nach der abgeschlossenen Bescherung durch den from-
men Kapuzenmann kommt das unvermeidliche pädagogische Gespräch
der Erwachsenen auf den kleinen Eric, der aus der Rolle des andächtig
lauschenden Kindes gefallen ist:

«Alles ist vorbei. Die Erwachsenen unterhalten sich über das Geschehen. Da sagt Erics Mutter: ‹Na, der einzige Forsche war mal wieder mein Sohn. Der Junge fürchtet weder Tod noch Teufel, so, wie der um den Nikolaus herumlief.›»

Eine Deutung, die die Feministin Grabrucker verständlicherweise zum Widerspruch reizt:

«Ich wundere mich, wie sehr Erics Mutter die Realität verdrängen konnte. Wie unproblematisch und schnell gelingt es doch einer Sohn-Mutter, Mangel an Auffassungsgabe und Sensibilität für das Umweltgeschehen in Männlichkeit und Stärke umzuwandeln.»

Welch heftige Emotionen kleine Kinder bei Erwachsenen auslösen können! Ganz unverhohlen zeigt die Tochter-Mutter ihre Aversionen gegen die Sohn-Mutter. Die «verdrängte Realität», die sie der anderen Mutter nahebringen möchte, hat die argumentative Kraft einer rechten Geraden: Dein Junge ist unsensibel und ein bißchen blöde im Kopf.

Eigentlich würde es die Höflichkeit gebieten, sich aus diesem pädagogischen Diskurs auszublenden und die beiden Frauen ihrer Beziehungsklärung zu überlassen. Doch leider ist die beschriebene Situation durchaus nicht unüblich.

Weder Erics Mutter noch die feministische Kritikerin können zulassen, daß der noch nicht einmal eineinhalbjährige Junge durch die ungewohnte Situation verunsichert war und sich vor dem fremden Mann fürchtete, den die Eltern in ihrer nikolausseligen Stimmung mit einer so seltsamen Autorität ausgestattet hatten. Offenbar fand er keine Möglichkeit, seine Furcht und Irritation zu zeigen und sich Schutz zu suchen. Er war darauf angewiesen, seine Gefühle auszuagieren. Für sich gesehen ist dieses Verhalten durchaus kein Drama. Alle Kinder flippen bisweilen rum – aus Spaß, aber auch, weil sie nicht wissen, wie sie anders mit Furcht, Ärger oder Trauer umgehen können. Auch die Erwachsenen stellen sich nicht jedem beklemmenden Gefühl.

Angesichts des offenbar geduldeten Nikolausungeheuers hatte Erics Versuch der Angstabwehr durchaus einen vernünftigen Hintergrund: Erst einmal losrennen, sich spüren – hurra, ich lebe noch! Etwas anstellen, worüber Mama und Papa manchmal schimpfen, um herauszubekommen, wie gefährlich dieser Rauschebart denn nun wirklich ist. So tun, als wäre der fremde Mann gar nicht da, ihn ignorieren. Die Hände vor die eigenen Augen halten, um sich zu verstecken.

Man kann auch fragen, warum es in dieser Situation für den kleinen Knirps keinen Schoß, kein beruhigendes Wort gab. Welchen Unfug mag er in seinem kurzen Leben schon über furchtlose Männer gelernt haben? Wie massiv Erics Mutter die furchtsamen Gefühle ihres Sohnes abwehrt, zeigt die überzogene Formulierung, die sie wählt, um ihren kleinen Helden zu loben: «Er fürchtet weder Tod noch Teufel.» Ein Krabbelkind weiß nichts von Tod und Teufel und im guten Fall auch wenig von der Furcht. Sie spricht von ihrem Sohn wie von einem erwachsenen Mann. Zudem: «Tod und Teufel» nicht zu fürchten ist beileibe kein Zeichen von erwachsener Männlichkeit, sondern eine Wahrnehmungsstörung mit erheblichem Krankheitswert. Die völlig normale Ängstlichkeit ihres Sohnes macht ihr so viel Unbehagen, daß sie sogar die vorsichtige Zurückhaltung der anderen Kinder abwerten muß: «Na, der einzige Forsche war mal wieder mein Sohn.» Eric hat die Wünsche seiner Mutter erkannt, er zeigt keine Furcht, obwohl der Eindringling fast viermal so groß und sechsmal so schwer wie er selber ist. Daß man auf diese Weise – Abwehr und Tabuisierung ängstlicher Gefühle – keine sicheren, sondern furchtsame Kinder großzieht, zeigt ein weiteres Detail der kurzen Schilderung von Marianne Grabrucker.

Eric, der mit großem inneren Energieaufwand das Objekt seiner Furcht umkurvt hat, tut sich schwer, die Erfahrung mit dem seltsamen Mann zum Abschluß zu bringen. Selbst seine Mutter muß ihm das Nikolaustäschchen mit Süßigkeiten aufdrängen. Zu *ihrer* Erleichterung hat er seine Furcht erfolgreich überflippt – und sie ist geblieben.

Es ist Eric zu wünschen, daß er noch andere Erfahrungen macht, wie mit seiner Furcht umgegangen wird, und daß er lernt, auch derart unangenehme Gefühle zu integrieren. Ansonsten wird er irgendwann überhaupt keine Furcht mehr spüren können, sondern nur noch Unruhe. Wenn seine besorgte Mutter später mit ihrem zappeligen Jungen zum Arzt gehen wird, dann kann es ihm durchaus passieren, daß ihm eine «Minimale Cerebrale Dysfunktion» (MCD)diagnostiziert wird.

Damit hätte sich auf seltsame Weise ein ungutes und schiefes Bild bewahrheitet, das Erics Mutter an besagtem Nikolausnachmittag gebrauchte, um das Verhalten ihres kleinen Sohnes zu beschreiben. Dann wäre aus Eric wirklich jemand geworden, der weder Tod noch Teufel, nicht Klassenkameraden oder Lehrer, nicht Versagen oder Einsamkeit fürchtet. Eric hätte dann nur noch eine Furcht: die Furcht innezuhalten.

An der Reaktion von Marianne Grabrucker fällt auf, daß auch sie in einer Art von Eric spricht, mit dem ein sechzehn Monate altes Kind eigentlich nicht gemeint sein kann. Auch sie spricht von einem erwachsenen Mann. Im Gegensatz zu Erics Mutter sieht sie in ihm allerdings keinen edlen furchtlosen Ritter, sondern einen dummen und unsensiblen Chauvi. Seine Furcht kann auch sie nicht wahrnehmen.

Im Grunde hat der Disput der beiden Frauen mit dem kleinen Eric überhaupt nichts zu tun. Vielmehr streiten sie sich darum, was von den Männern zu halten ist, ob die starken, mächtigen Männer böse Männer oder gute Männer sind.

Letzten Endes kann Marianne Grabruckers heftiger Affront gegen Erics Mutter auch so verstanden werden: «Bilde dir bloß nicht ein, du wärest eine Prinzessin, nur weil du dein dummes Balg für einen Königssohn hältst!»

Wir haben die kleine Nikolausgeschichte aus den Erinnerungen Marianne Grabruckers nicht zitiert und kommentiert, weil wir sie für ein außergewöhnlich krankmachendes Beispiel für die Projektion von Bildern und Normen vermeintlich erwachsener Männlichkeit in kleine Jungen halten, sondern weil das Erzählte so alltäglich ist.

Über das Thema der Furcht gibt es ein schönes Märchen der Gebrüder Grimm mit dem beziehungsreichen Titel: «Von einem, der auszog, das Fürchten zu lernen.» Wenn wir uns recht entsinnen, geht es in der Geschichte darum, daß aus einem jungen Kerl ein Mann wird. Die heutige Jungenerziehung verfährt in der Regel genau herumgedreht. Billy the Kid läßt grüßen.

HeMan: Der Psychopath im Kinderzimmer

> «Die Unfähigkeit HeMans, intime Beziehungen einzugehen, macht noch einmal die Sinnlosigkeit des Kämpfens deutlich. Wofür kämpft er?» (Der Bioenergetiker und Körpertherapeut Hubertus Stief-Küchler über die Hartplastikfigur «HeMan»)

Der Held, von dem nun die Rede sein soll, heißt HeMan und machte nach Angaben der Herstellerfirma Matell-Toys lange Zeit beinahe jedes dritte Kinderzimmer unsicher. Darüber hinaus war sein weltraumerprobter Körper Mittelpunkt unzähliger Seminare besorgter Erzieherinnen.

HeMan wird aus Hartplastik hergestellt und kostet zwischen fünfzehn und zwanzig Mark. Sein Job: die Verteidigung des Weltraumreiches Eternia gegen den abgrundtief schlechten Skeletor.

Im Zivilstand heißt HeMan Prinz Adam und ist ein ziemlich schüchternes Kerlchen. Durch eine besondere Zauberkraft, die ihm seine Schwiegermutter in spe verleiht, kann er sich jedoch regelmäßig mit einem mächtigen Zauberschwert ausrüsten und in den starken HeMan verwandeln. Trotz seines Zauberschwertes bedarf er allerdings vieler Mitstreiter und eines ganzen Arsenals komplizierter Waffen, um gegen Skeletor und seine Bösewichter bestehen zu können. Helga Kämpf-Jansen (1989) beschreibt das Spielangebot im einzelnen: «HeMan und seine Kumpane kämpfen, schlagen, hauen, stechen, boxen, foltern, schießen, durchbohren, zersägen, zwängen ein, walzen platt, zermahlen, überrollen, verstümmeln» (S. 124).

Wer seinem Sohn die komplette HeMan-Serie kauft, hat anschließend nicht nur die ganze Bude voller Plastikschrott, sondern auch locker 2000 Mark ausgegeben. Einige Beispiele aus einem Werbeprospekt: «Hordak: auf Knopfdruck springt aus seinem Brustpanzer eine Fräse. Einfach umwerfend. – Blast Attack: Er ist Skeletors Sprengmeister. Ein Druck auf den Kabelknopf sprengt ihn in zwei Teile. – Tower Tools: Ein gigantischer Greifarm, eine Motorsäge und eine Seilwinde, das macht die Tower Tools zu einem unersetzlichen Werkzeug des Guten. Sie räumen Probleme einfach aus dem Weg. Auf Knopfdruck und mit Batterie.»

Während HeMans Schwester, in der Gunst der Kinder die tumbe Barbie, kaum angefeindet wird und dösig vor sich hin lächelnd auf ihren Traumprinzen Ken warten darf, ist um den Meister des Universums und seine Männer in den letzten Jahren ein heftiger Streit entbrannt. Viele Mütter bekundeten ihren Widerwillen gegen die häßlichen Plastikfiguren und ihren martialischen Beruf und erhöhten so noch deren Reiz für die Jungen. Unter Pädagogen wurde ausführlich über den Wert und die mögliche Schädlichkeit solcher Spielangebote diskutiert. So schreibt etwa Renate Exner in der Zeitschrift ‹Kindergarten heute›: «Selbstverständlich brauchen Kinder eine märchenhafte Phantasiewelt. Aber muß sie unbedingt bestückt sein mit jenen grausamen Monstern? Solange wir nicht den Mut zum strikten Nein haben ... werden weder Pünkelchen noch Wichtelmännchen, noch Momo eine Chance gegen HeMan und seine Mannen haben» (1987, zit. nach Rita Haberkorn 1988, S. 175).

Andere Experten wie etwa der Friedensforscher Christian Büttner oder

der Psychoanalytiker Bruno Bettelheim halten dagegen, daß man Kinder nicht nur mit positiven, harmonischen Spielwelten konfrontieren darf. Bettelheim faßt seine Meinung in dem Satz zusammen: «Kinder brauchen Monster.» In Spielen mit solchen Figuren könnten Kinder Ängste, Rachegefühle und gewalttätige Phantasien ausleben, ohne die Strafe oder Mißbilligung der Eltern zu fürchten. Die Welt, mit der die Erwachsenen ihre Kinder konfrontierten, sei eben auch nicht nur harmonisch. Dem wäre hinzuzufügen, daß Pünkelchen, soweit wir uns entsinnen können, auch schon gegen Falk und Sigurd kaum eine Chance hatte.

Zwei Fragen bleiben allerdings bei dieser verständnisvollen pädagogischen Haltung gegenüber den Horrorkommandos im Kinderzimmer unbeantwortet: Warum sind es fast ausschließlich Jungen, die mit HeMan spielen, und woher haben sie so viele unverarbeitete Ängste, Rache- und Kampfgelüste? Wie also sieht ihr Alltag aus, daß sie – in extremen Einzelfällen fast unentwegt – die wüstesten Metzeleien inszenieren müssen?

Uns interessiert weniger das pädagogische Für und Wider derartiger Spielangebote, sondern die Frage, welche Konflikte Jungen in solchen Spielen bewältigen und was sie von HeMan, der im fernen Eternia jede Schlacht gewinnt, lernen. Was ist das für ein Typ, mit dessen Hilfe unsere Jungen ihre Ängste bewältigen sollen?

Zunächst fällt auf, daß HeMan ziemlich einsam ist, ein Schicksal, das er mit den meisten anderen Helden teilt. Mit seiner Zauberkraft scheint es trotz der Imposanz seiner Muskelberge auch nicht so weit her zu sein, denn um Eternia zu verteidigen, reichen sein Körper und die Kraft seiner Kumpane nicht aus. Es werden Spezialfahrzeuge, Laserkanonen und jede Menge anderer Waffen benötigt. Ein positives Ziel verfolgt HeMan nicht, sein Kampf dient lediglich der Erhaltung des Status quo auf Eternia. Wenn sein Erzfeind Skeletor in eine Lebenskrise geraten und es fortan vorziehen würde, auf einem kleinen Planeten biologisch-dynamisches Weltraumgemüse anzupflanzen, dann käme HeMan wahrscheinlich vor Langeweile um. Die Verteidigung Eternias ist sein einziger Job. Der Weg des Mannes scheint der Weg der Abwehr zu sein. Allerdings ist völlig unklar, was HeMan eigentlich verteidigt. Auf Schloß Grayskull, also in der Heimatkaserne HeMans, werden keine rauschenden Feste gefeiert. Genuß, Spaß, Kreativität und sexuelle Befriedigung gibt es nicht, für derartige menschliche Niederungen bleibt den Kämpfern überhaupt keine

Zeit. In der Wahl ihrer Mittel können HeMan und seine Truppe im hochtechnisierten Weltraumkrieg kaum wählerisch sein. Das Androiden-Killen gehört auf beiden Seiten zum Landseralltag. Schon aus produktionstechnischen Gründen sind Gut und Böse in der Welt HeMans und Skeletors sehr nahe beieinander: Fast alle Figuren werden aus einem nur durch Accessoires variierten Einheitskörper hergestellt.

Wir müssen zugeben, daß HeMan uns lange Zeit irritiert hat. Was fasziniert die Jungen so an dieser Figur? Bei allem Verständnis für den Wunsch, aggressive Gefühle auszuleben und ein mächtiges, unbesiegbares Vorbild zu haben: Vor allem verstanden wir nicht, was HeMan selber an seinem Treiben findet, warum er nie schwimmen geht, sich nicht verliebt oder Witze erzählt. Wir fingen an, uns Sorgen um HeMan zu machen. Eine überaus scharfsinnige Analyse über die Hintergründe seines Verhaltens steuerte der sechsjährige Niko bei: «Jede Bande hat 'ne Frau. Und der HeMan, der hat die schönere Frau. Die will der Skeletor haben. Er will die ganze Bande töten und sich dann die Frau nehmen. Es geht bei denen immer um die Frau.» Eine interessante Theorie, doch sahen wir auch die Gefahr der Überinterpretation, besteht doch das HeMan-Programm zu mindestens achtundneunzig Prozent daraus, daß sich die guten und die bösen Monstermänner gegenseitig verletzen und abmurksen.

Es machte sich bei uns ein Gefühl breit, HeMan bereits zu kennen, ihm schon einmal begegnet zu sein. Regelrechte Déjà-vu-Erlebnisse stellten sich ein. Gleichzeitig verstärkte sich unsere Befürchtung, daß HeMan in Wirklichkeit gar nicht der strahlende Held ist, als der er gerne gesehen werden möchte, sondern möglicherweise ein ziemlich armer Kerl. Schließlich wußten wir uns keinen anderen Rat mehr, als ihn zum Therapeuten zu schicken. Da sprachlich orientierte Therapieformen für ihn nicht in Frage kamen, baten wir den Körpertherapeuten und Bioenergetiker Hubertus Stief-Küchler, ihm und uns weiterzuhelfen.

Als wir uns zwei Wochen später nach HeMans Wohlergehen erkundigen wollten, sahen wir schon an der sorgenvollen Miene des Therapeuten, daß es sich um einen ausgesprochen ernsten Fall handeln mußte. Bei der Macht von Grayskull! Was wir nun über HeMan alias Prinz Adam erfuhren, übertraf unsere schlimmsten Befürchtungen.

Bevor uns der Therapeut seine detaillierte Analyse mitteilte, betrachtete er HeMan von allen Seiten, wog ihn liebevoll in der Hand und versuchte, ihn auf seine eigenen Füße zu stellen. Aber das geht mit HeMan nicht. HeMan fällt immer wieder um. Einen Grund für die fehlende Standfestigkeit sieht Hubertus Stief-Küchler in dessen falschem Schwerpunkt: «HeMans Schwergewicht liegt sehr weit oben. Die Kraft und die Energie sind im Schulter-Brust-Bereich gesammelt. Das Becken ist dagegen sehr eng und schmal und steht in keinem Verhältnis zu dem riesigen Oberkörper. Die Taille ist ebenfalls sehr eng, und wenn man sich HeMan von hinten ansieht, dann bemerkt man deutlich seinen zusammengekniffenen Hintern. Ein Bauch ist kaum zu entdecken, er scheint eine extrem angespannte Bauchmuskulatur zu haben. Wenn man davon ausgeht, daß die Gefühle ihren Ursprung im Bauch haben, dann läßt sich doch vermuten, daß bei ihm kaum Platz für Gefühle ist.»

Sein zusammengekniffener Hintern, so erfahren wir, ist ein deutliches Zeichen, daß HeMan vieles festhalten muß. Sein aufgeblähter Brustkorb verweist auf eine angstvolle Atmung. Er hat zwar viel und kräftig eingeatmet, aber traut sich kaum auszuatmen. Seine Zähne sind zusammengebissen. Nach den Aussagen des erfahrenen Körpertherapeuten Hubertus Stief-Küchler verrät HeMans angespannte Bauchmuskulatur erhebliche Sexualprobleme: «Ein derart angespannter Bauch hat Konsequenzen auf den Energiefluß zwischen Genitalien und Herz. Wenn HeMan überhaupt zur Sexualität, zum intimen Kontakt in der Lage ist, dann kann das allenfalls ohne Beteiligung des Herzens, also ohne viel Gefühl, passieren. Menschen mit dieser Körperstatur haben in aller Regel ganz große Probleme, intime Beziehungen einzugehen.» Aller Wahrscheinlichkeit nach leidet HeMan unter ejaculatio praecox, vorzeitigem Samenerguß: «Solche Menschen können sexuelle Spannung meist nur sehr kurzfristig aushalten. Sie sind kaum genußfähig und müssen zu einem schnellen Ende kommen.»

Auwei, auwei, auwei! Steht es wirklich so schlimm um den armen HeMan? Wir fragen nach der Genese seiner Schwierigkeiten. «Es gibt sicher Puppen», so Hubertus Stief-Küchler, «bei denen es mir schwerer fiele, Spekulationen über ihren lebensgeschichtlichen Hintergrund anzustellen, aber bei HeMan handelt es sich um einen derartig eindeutigen Prototyp, daß sich Überlegungen über seine Vergangenheit geradezu aufdrängen.» Eine hypothetische Geschichte könnte so aussehen: «HeMan hatte eine sehr fürsorgliche und aufopfernde Mutter, deren ganzer Stolz er war. Ansonsten hatte diese Frau sehr wenig Freude in ihrem Leben. Es ist anzunehmen, daß HeMan in frühen Jahren, so zwischen dem zweiten und vierten Lebensjahr, ein Gelübde abgelegt hat: ‹Ich will dazu beitragen, ein wenig Glück in das Leben meiner Mutter zu bringen.› Eine wahnsinnige Aufgabe für einen kleinen Jungen, und die zu starke Verantwortung scheint noch heute in seinem Körper eingefroren zu sein. Immer mußte er sich größer machen, als er ist. Immer mußte er stehen, auch wenn ihm gar nicht nach Stehen zumute war. Der typische Satz für einen Menschen dieser Statur lautet: ‹Ich brauche niemanden. Ich kann alles allein.›»

Wir waren überrascht: Wenn HeMan tatsächlich eine solche Geschichte hat, dann wäre die Analyse des kleinen Niko über die Hintergründe des Dauerkrieges auf Eternia zutreffend: «Es geht bei denen immer um die Frau.»

Hubertus Stief-Küchler weist auf stark negative Folgen der frühen Verantwortung hin, die HeMan für das Wohlergehen seiner Mutter übernommen hat: «Es ist mehr als deutlich, daß HeMan große Ressentiments gegen Frauen hat, schließlich mußte er viele Opfer bringen.» Auffallend sei der riesige Stiernacken, der fast so groß ist wie der gesamte Kopf; für den Bioenergetiker Stief-Küchler ein Zeichen für unterdrückte Aggression und Angst. Wieviel Wut HeMan zurückhält, mache auch sein vorspringendes Kinn, sein angespannter Kiefer deutlich. Die Anzeichen, daß seine Hingabefähigkeit extrem gestört ist, sind nicht zu übersehen: «Hingabe hat mit Loslassen, Sich-Fallenlassen, mit Ausatmen zu tun. Für HeMan wäre es die größte Gefahr in seinem Leben, sich fühlen zu lassen, auszuatmen, all das Aufgeblähte gehen zu lassen. Es würde für ihn bedeuten: ‹Mir ist alles egal. Ich gebe auf.›»

«Diese Figur hier», so faßte Hubertus Stief-Küchler seine Diagnose zusammen, «ist der Prototyp des psychopathischen Charakters.» Eine seiner Hauptstrategien sei die unbewußte Täuschung des anderen: «Niemand soll merken, wie bedürftig er in Wirklichkeit ist. Insgesamt läßt sich sein psychopathisches Verhalten als Abwehr verstehen. Abwehr gegen das Gefühl der Schwäche und gegen das Gefühl, unnütz zu sein. Er ist unfähig, intime Beziehungen einzugehen. Das macht die Sinnlosigkeit des Kämpfens noch einmal deutlich. Wofür kämpft er?»

«HeMan kämpft», so wendeten wir wenig überzeugend ein, «für das große Abstrakte, für übergeordnete Werte, für einen ganzen Planeten.» «Ja, so, wie er früher für das Glück seiner Mutter gekämpft hat, so kämpft er jetzt für das Überleben Eternias. Er trägt alles auf seinen breiten Schultern. Sein Problem besteht darin, daß er nicht aufhören kann zu kämpfen. Er muß kämpfen, sonst bricht er zusammen.»

Wir bedankten uns bei Hubertus Stief-Küchler und packten unseren kleinen Freund in unsere Tasche – vorsichtig wie ein rohes Ei. Unsere zahlreichen Déjà-vu-Erlebnisse waren uns jetzt klarer geworden. HeMan, diese Hartplastikfigur mit den vor Angst zusammengekniffenen Arschbacken, kann nicht stehen, keine Gefühle zeigen, nicht lieben. Wir sind ihm schon so oft begegnet, weil er auf drastische Weise das Prinzip Männlichkeit verkörpert, wie es in unserer Gesellschaft gelebt wird.

Es würde zu kurz greifen, HeMan als abstruse Männerphantasie psychopathischer Spielzeugdesigner abzutun. Dann bliebe nämlich die Frage unbeantwortet, warum HeMan so erfolgreich ist, warum so viele Jungen derart begeistert von diesem armen Teufel sind. Wir glauben, daß er den Jungen, die mit ihm spielen, sehr ähnlich ist. Im Grunde seines Herzens ist HeMan ein alleingelassenes und überfordertes Kindergartenkind mit

Riesenmuckis. Was ein Mann ist, weiß er ebensowenig wie seine Fans. Er bestärkt sie in der Illusion, daß ihre atemlosen Größenphantasien real sind und daß man trotz verdrängter Angst Heldentaten vollbringen kann. HeMan ist pädagogisch nicht bedenklich, weil die Jungen in der Identifikation mit ihm Schlechtes lernen, HeMan ist eine Aufforderung an die Jungen, sich mit der Abwehr ihrer eigenen inneren Not zu identifizieren. Nur hat Prinz Adam in diesem Spielangebot nicht die geringste Chance, seinen Körper, seine Lust und seine Kraft kennenzulernen. Darin liegt das Problem.

Jungenkörper sind wunderschön, HeMan ist potthäßlich. Die Verwandlung von Prinz Adam in HeMan ist eine Schande, und was uns der Bioenergetiker über die Hartplastikfigur HeMan berichten konnte, ist nicht das Ergebnis einer intellektuellen Spielerei, sondern einer langjährigen therapeutischen Arbeit mit Männern und ihren Körpern.
Ein Detail des Körpers von HeMan ist uns übrigens erst sehr spät aufgefallen. HeMan wird komplett aus Hartplastik hergestellt – mit Ausnahme des Kopfes. Welches Bild den Jungen vom Mann präsentiert wird, läßt sich so in einem knappen Satz zusammenfassen: «Das einzig Weiche an ihm ist die Birne.»

Haut'se, haut'se, immer in die Schnauze: Eine Vater-Sohn-Geschichte

Die folgende Geschichte hat uns ein 38jähriger Vater zweier Kinder erzählt, der als Ingenieur bei einer Stadtverwaltung arbeitet. Sie zeigt, mit welchen Gefühlen ein Vater durch die Entwicklung seines Sohnes konfrontiert werden kann. Wir haben diese Geschichte in der dritten Person aufgeschrieben und mit der Erlaubnis ihres Urhebers leicht verändert, weil sie so besser zu erzählen ist:

Zehn vor acht. Klaus Bergmann und sein Sohn Simon sind früh dran heute morgen. Dennoch nimmt sich Simon nicht einmal die Zeit, sein Rad abzuschließen, und verschwindet in der Traube, die die Erstkläßler neben der Schultüre bilden. Simons Lehrerin lächelt Herrn Bergmann an. Das tut sie oft, wenn sie ihn sieht, denn auf dem Schulhof ist Herr Bergmann, auch wenn er sich als Elternvertreter hat wählen lassen, ein sehr schüchterner Vater. Schließlich sprechen die beiden über das Glatteis, die Kälte und wie gemütlich im Grunde ein dunkler Morgen ist. Klaus Bergmann spürt, daß er unrasiert ist, und ihm fällt ein, daß der Mantel, den er heute morgen anhat, zur Reinigung muß. Simons Lehrerin geht in zwei Jahren in Pension, sie könnte Bergmanns Mutter sein. Er vergißt nicht zu erwähnen, daß es sein Sohn Simon gewesen war, der kategorisch darauf bestanden hat, trotz der eisigen Kälte keine Handschuhe anzuziehen.

Die Schulglocke läutet. Simon löst sich aus dem Pulk seiner Klassenkameraden, umkurvt eine mittlere Prügelei und rennt auf seinen Vater zu. Samt Tornister springt er auf seinen Arm und gibt ihm einen Kuß.

«Tschau, Kratzebart.»

«Tschau, mein Sohn.»

Stefan kommt: «Guck mal den Simon, der geht ja noch auf den Arm. Wie ein Baby.»

«Willst du auch mal auf meinen Arm?» fragt Herr Bergmann hinterhältig.

Stefan schüttelt den Kopf und weicht ein paar Schritte zurück.

«Stefan hat schon einen Computer», sagt Simon und rennt, ohne die Reaktion seines Vaters abzuwarten, in seine Klasse.

Später in der Straßenbahn, auf dem Weg zur Arbeit, holt diese Szene den Vater wieder ein. Er stellt sich vor, wie sich sein Sohn Simon diesen eingebildeten Stefan in der ersten großen Pause vornehmen wird:

Stefan und du, ihr seid umringt von allen Jungen aus eurer Klasse. Einige Mädchen, Katharina, Amine und Anette und eine Reihe von Jungen aus der zweiten und dritten Klasse stehen auch dabei. Alles, was sonst in diesem Moment auf dem Schulhof passiert, ist Babykram. «Haut'se, haut'se, immer in die Schnauze!» Alle feuern euch an. Ihr schenkt euch nichts. Du weinst, denn du mußt eine Menge einstecken. Du bist so zornig, daß du nicht auf deine Deckung achtest. Und Stefan ist einen Kopf größer als du. Der Kampf ist lange Zeit offen, doch schließlich kapituliert Stefan vor deiner Entschlossenheit und läßt sich auf den Rücken legen. Du lockerst deinen Griff, stehst auf und wischst dir die Tränen und den Dreck aus dem Gesicht. Dieser Stefan wird dich nicht mehr beleidigen, bis zur vierten Klasse mindestens wird er sich an diese Abreibung erinnern und einige andere Rabauken, die dich ärgern könnten, auch. Anette nimmt dich fürsorglich an die Hand. Ihr beide geht als erste in die Klasse, alle anderen trotten hinter euch her.

«Fahrkartenkontrolle. Guten Tag, Ihren Fahrausweis bitte.»

Klaus Bergmann wird unsanft aus seiner Schulhofphantasie geweckt.

«Einen Moment bitte.»

«Lassen Sie sich ruhig Zeit», beruhigt ihn der Kontrolleur, ein freundlicher Herr in der Uniform der städtischen Verkehrsbetriebe. Bergmann arbeitet sich erfolglos durch die einzelnen Abteilungen seines Jacketts und des Mantels, durch verschiedene Hosentaschen, um schließlich zögerlich bei seiner rechten Hosentasche, der Jungstasche, zu landen. Auszubreitender Inhalt: Zwei Päckchen Zigarettenpapier, ein antiquarischer Pfefferminz, eine Mark siebzehn, ein Zeitungsausschnitt, ein Taschentuch, Tabakkrümel und vier alte Fahrkarten, die den geduldigen Herrn von den Verkehrsbetrieben allesamt nicht zufriedenstellen können.

Schließlich findet er seine Fahrkarte einige Stationen später im Münzfach seiner Geldbörse. Ihm ist die Situation ausgesprochen peinlich. Alle Fahrgäste sind aufmerksam geworden, und der Kontrolleur wird ihn für einen Schwarzfahrer gehalten haben. Klaus Bergmann weiß, daß sein Sohn Simon in der ersten großen Pause den Stefan nicht verhauen wird. Sein Sohn wird, wie eigentlich all die Zeit, seit er in die Schule geht, still am Rande des Schulhofes stehen und die Hände tief in den weiten Ärmeln seines Anoraks verborgen halten. Heute, so denkt Bergmann, hat Simon sogar einen akzeptablen Grund für diese Geste der Wehrlosigkeit. Er hat keine Handschuhe dabei, und es ist wirklich ein sehr kalter Tag.

«Papa, Arm.»

Am Abend, als Klaus Bergmann von der Arbeit nach Hause kommt, macht Lucia, seine Jüngste, das Rennen. Er küßt sie und setzt sie in ihren Babystuhl. Auf dem Tisch stehen Nudeln mit roter Soße; ein Kinderessen, für das er dankbar ist. Nichts mehr, wo er sich durchbeißen oder seine Zähne zeigen muß.

«Du siehst müde aus», sagt seine Frau.

«Ja, es war ein harter Tag», antwortet Bergmann.

Väter, die abends davon sprechen, einen harten Tag hinter sich zu haben, meinen damit nicht, daß die Arbeit besonders anstrengend oder fordernd gewesen wäre. Nein, einen harten Tag hinter sich zu haben bedeutet, in welcher Gestalt auch immer, einem Stefan begegnet zu sein. Nach einem harten Tag kommt ein Mann mit eingezogenem Schwanz und voll ohnmächtiger Wut nach Hause.

«Papa, Schoß.»

Wie meistens nach dem Abendessen will Simon zu seinem Vater. Fast sieben Jahre alt, vollgeschmiert mit Spaghettisoße, wiederholt er seinen Wunsch in Babysprache: «Papa, daff ich denn gezz Schoß?» – «Du, jetzt nicht. Wasch dich mal, und dann zeigst du mir deine Schularbeiten.»

Klaus Bergmann spürt Ablehnung: Ich will keinen Sohn, der sich beschmiert, der die Ketchupflasche umwirft, der mißmutig in seinem Essen stochert und dann wie ein Vierjähriger auf Papas Schoß krabbelt. Ich will einen Sohn, dem die Zeit zum Essen fehlt, der seinen Nachtisch halb stehen läßt vor Ungeduld, der hinausstürmt, um noch eine Runde Fußball zu spielen oder Kaulquappen zu fangen. Dessen Knie ständig aufgeschlagen sind. Einen Sohn, der keine Zärtlichkeit braucht, sondern ab und an ein frisches Pflaster. Ich will, denkt Bergmann, einen richtigen Jungen.

Dann tut ihm Simon wieder leid, er lobt seine Schularbeiten, obwohl er findet, daß alles lieblos hingesaut ist. Der Satz: «Mama kommt» rutscht aus der Zeile. Beim Rechnen fehlt ein Päckchen. Überhaupt ist Simon unordentlich. Er schmeißt seine Kleider durch die Gegend, räumt nicht auf, produziert Chaos. Er rebelliert, wenn man ihn zur Ordnung anhalten will, und sein Tornister sieht trotz regelmäßiger Entsorgung von innen aus wie ein Altpapiercontainer. Großzügig sieht Klaus Bergmann über Eselsohren, Kleckse und Durchgestrichenes im Schulheft seines Sohnes hinweg und verspricht, ihm im Bett noch eine Geschichte zu erzählen. Er erzählt die Geschichte vom vergeßlichen Regenwurm, der vergessen hatte, daß er ein Regenwurm war, und ins Kaufhaus ging, um sich Gummistiefel zu kaufen. Simon liebt diese Geschichte und möchte sie in tausend Variationen immer wieder hören.

Später am Abend, Bergmann hat reichlich Bier getrunken, nicht zuletzt, weil wohl sein Widersacher Schneider und nicht er befördert werden wird, fällt ihm noch eine Geschichte ein, die er seinen Kindern noch nicht erzählt hat und wohl auch nicht erzählen wird: die Geschichte vom Stoffbuchsenheini.

Wißt ihr, Kinder, heute morgen in der Straßenbahn ist mir die Geschichte wieder eingefallen. Ich muß so zehn oder elf gewesen sein, einige in unserer Klasse hatten schon Haare unter den Armen. Ich war also schon größer als ihr, aber trotzdem war ich ziemlich klein. Sagen wir mal, der zweitkleinste in der Klasse, oder der drittkleinste. Könnt ihr euch das vorstellen, daß euer Vater mal einer der kleinsten war? In jedem Fall war da noch ein anderer Junge, der war auch ziemlich klein und hatte genausoviel Angst, sich zu schlagen, wie ich auch. Und wir beide haben uns geprügelt. Wie die Rocker, ohne Rücksicht auf Verluste. Weshalb wir uns geprügelt haben? Ich weiß es gar nicht mehr genau. Ich glaube, irgendein Großer hatte für diese Schlägerei gesorgt, weil er wohl sehen wollte, daß sich auch einmal die Kleinen prügeln. «Haut'se, haut'se, immer in die Schnauze!» Rufen die das heute eigentlich immer noch, wenn eine Prügelei ist? Damals jedenfalls standen ganz viele um uns herum und riefen das. Ich habe gekämpft wie noch nie. Ich weiß gar nicht, ob ich später in meinem Leben noch einmal so gekämpft habe. Ich wollte nicht der schwächste aus der Klasse sein. Ich weiß noch, daß ich mich damals trotzdem geschämt habe, weil ich soviel heulen mußte. Wie der Kampf ausgegangen ist, weiß ich nicht mehr. Warum die Geschichte die Geschichte vom Stoffbuchsenheini heißt? Ach so. Da schmeiße ich etwas durcheinander, das ist nämlich eigentlich eine andere Geschichte. Früher hatten fast alle Jungen eine Lederhose, so wie heute zum Beispiel die meisten bunte Turnschuhe, ein Crossrad oder ein Skateboardbrett haben. Und meine Mutter hatte mich damals in so eine komische kurze Hose aus grauem Wollstoff gesteckt. Einmal hat mich einer nach einem Streit ganz laut angebrüllt, daß alle es hören könnten: Du blöder Stoffbuchsenheini! Ich hab erst mal gar nichts gemacht und bin nur so dagestanden. Dann habe ich gemerkt, wie mir vor Zorn und Scham die Tränen in die Augen kommen wollten. Dann habe ich geschrien: Du bist ja selber blöde, und bin weggerannt. In dieser Situation zu weinen, das wäre das Letzte für mich gewesen. Als ich um die nächste Ecke war, habe ich Rotz und Wasser geheult.

So, jetzt wird geschlafen, Licht aus, und daß mir keiner von euch noch mal aufsteht!

Simons Vater ist tatsächlich nicht befördert worden. Zwei Wochen nachdem er uns an einem langen Abend die einzelnen Teile der hier nacherzählten Geschichte geschildert hatte, rief er noch einmal an. Ihm sei etwas Seltsames passiert:

«Ich lag Sonntag morgens im Bett, und Simon legte sich auf mich. Wir waren wohl beide noch etwas verschlafen. Normalerweise dauern bei uns solche Umarmungen nicht lange. Ich wurde langsam wach, und Simon lag immer noch auf mir. Was mich total irritierte, war das Gefühl, daß er immer schwerer wurde, immer kompakter und handfester. Ich hatte da auf einmal kein hilfloses Würstchen auf mir liegen, sondern einen kräftigen Jungen.»

Familienbande

Unser Sohn:
Doppelbotschaften, Delegationen und Erwartungen

«Die Heldenlaufbahn als Hauptberuf, das wäre nichts für mich
gewesen.» (Erich Kästner)

Jungen und Mädchen lernen vor allem von ihren Eltern, welchen Platz sie
als Mann und Frau einmal in der Welt einnehmen sollen und welche Eigenschaften zu ihrem jeweiligen Geschlecht gehören. Es leuchtet ein, daß
die Familie Jungen und Mädchen unterschiedliche Botschaften vermittelt. Zu welchen Koalitionen, Aufträgen und Delegationen es kommt,
hängt auch vom Geschlecht eines Kindes ab. Jungen und Mädchen können in dem komplizierten System Familie unterschiedliche Positionen
einnehmen. Selbst die Beziehungskonstellationen zu Großeltern und anderen Verwandten oder der Umgang der Familie mit der Außenwelt können sich je nach Geschlecht der Kinder unterschiedlich gestalten. Eine
Großmutter flüstert ihrem Enkelsohn etwas anderes ins Ohr als ihrer En-
kelin. Auch auf die Mitteilung der Erzieherin, das Kind sei im Kindergarten doch auffällig still, reagieren Eltern abhängig vom Geschlecht.

Wenn man Kinder fragt, was denn ein «richtiger» Junge sei, stößt man
auf Normen und Werte, die aus dem vorigen Jahrhundert zu stammen
scheinen: Jungen müssen überlegen sein und sich durchsetzen können. Sie dürfen keine Angst zeigen, nicht zaghaft oder vorsichtig sein.
Ihre Körper sollen supergut funktionieren und ständig über sich hinauswachsen. Wir haben uns lange gegen diesen Befund gesträubt. Nicht nur
weil diese Normen krank, unsozial und lebensfern machen können, sie
kamen uns auch so alt und überholt vor. Doch offenbar hinkt die Kindererziehung deutlich hinter anderen gesellschaftlichen Entwicklungen zurück. Aus den Kindern spricht nicht nur die Zukunft, sondern auch die
Vergangenheit. «Moderne» Vorstellungen, wie ein Junge sein soll, schei-

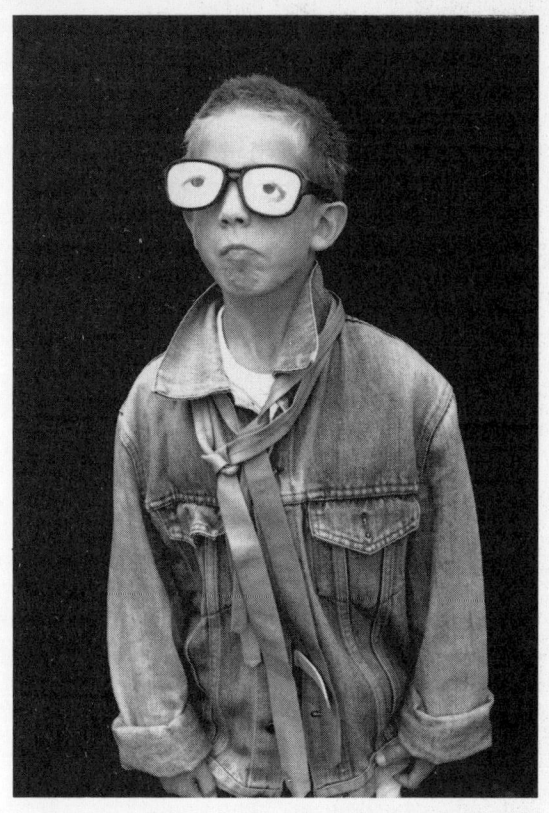

nen dem traditionellen Jungenbild nur hinzugefügt worden zu sein und haben Verwirrung und paradoxe Anforderungen geschaffen: Zusätzlich sollen viele Jungen heute auch noch sensibel, konfliktfähig und sozial sein. Sie haben nicht nur den Marschallstab im Tornister, der sie für den Aufstieg im preußischen Heer prädestiniert, sondern auch eine kindgerecht abgefaßte Biographie von Mahatma Ghandi.

Und einiges mehr. Vor allem die Eltern stopfen den Tornister voll. Nicht nur mit guten Wünschen für den zukünftigen, ganz persönlichen Lebensweg ihrer Kinder, sondern auch mit gewichtigen Überbleibseln aus dem eigenen Marschgepäck: Es wird umgeladen.

Insofern hat Erziehung immer auch etwas Unzeitgemäßes. Was Eltern ihren Kindern beibringen, stammt nicht nur aus dem neuesten Erziehungsratgeber. Es geht auch darum, was Opa Willy schon vor 70 Jahren mit dem Brustton der Überzeugung sagte, an welchem Kummer Tante Bienchen ebenso wie ihre Mutter gestorben ist, und nicht zuletzt darum, was Eltern selber als Kinder bedrückt oder erfreut hat.

Familienthemen, die – manchmal über Generationen hinweg – an Jungen weitergereicht werden, betreffen die Männer in diesen Familien:

«Bei uns war schon immer der Erstgeborene vom Scheitern bedroht.»

«In unserer Familie waren die Männer tragische Gestalten.»

«Großvater wollte immer hoch hinaus. Aus seinem Sohn ist nichts geworden.»

Botschaften und Lebenseinstellungen betreffen die Männerrolle:

«Wer sich anstrengt, aus dem wird auch etwas.»

«Mir hat auch nie einer etwas geschenkt.»

«Unsereins sollte nicht aufmucken.»

«Ein richtiger Mann läßt sich nichts gefallen.»

Ungelöste Konflikte aus der Kindheit sind selbst dann noch präsent, wenn aus den Kindern selber Eltern geworden sind:

«Mein Vater hielt mich immer für einen Waschlappen.»

«Meine Mutter habe ich als sehr unglückliche Frau erlebt.»

Glück wird erinnert und soll (für die eigenen Kinder) wiederholt werden:

«Ich weiß noch genau, wie die Arbeitstasche meines Vaters roch.»

«Beim Fußballspielen war ich ganz ich selber.»

«Ich habe einmal meiner Lehrerin mit einem Taschenspiegel unter den Rock geguckt.»

«Meine Mutter hatte mich früher sehr lieb.»

«Wenn ich krank war, bekam ich immer heiße Zitrone.»

Unglück taucht auf und soll (für die eigenen Kinder) vermieden werden:

«Mein Mathelehrer hat mich vor der ganzen Klasse beleidigt.»

«Als ich die Schule wechseln mußte, war ich lange Zeit allein.»

«Meine Eltern haben sich immer über Geld gestritten.»

Eingeprägte Beziehungsmuster drängen auf Wiederholung und Bestätigung:

«Man muß aufpassen, daß einen die Frauen nicht niedermachen.»

«Im Grunde wird man als Mann ausgenutzt.»

«Wirkliche Freundschaft gibt es sowieso nicht.»

«Gemeinsam sind Mann und Frau stark.»

Jeder Mensch trägt ein solches unsichtbares Archiv in sich, in dem festgehalten ist, was ihm (und seiner Familie) Gutes und Schlechtes widerfahren ist. Es ist normal, daß Eltern auch aus diesem Fundus schöpfen, wenn sie ihre Kinder erziehen. Problematisch werden solche «Delegationen», wenn sie die altersgemäßen Bedürfnisse und Möglichkeiten der Kinder außer acht lassen oder zu unlösbar widersprüchlichen oder überfordernden Erwartungen führen. Wenn man sich ansieht, welche Anforderungen heute an Jungen gestellt werden, dann drängt sich eine Mehr-Generationen-Perspektive geradezu auf. Anders ausgedrückt: Großvater Willy erzieht kräftig mit.

Dabei hat sich die Männerrolle in den letzten hundert Jahren rasant verändert. Die Welt, die Opa Willy noch erobern und verteilen wollte, gehört längst der Deutschen Bank, und kaum eine Frau mag den Männern noch abnehmen, daß sie im Beruf derart Besonderes leisten, daß sie zu Hause bestimmen und sich versorgen lassen können. Trotzdem hält sich Opas Heldennummer konstant, und das nicht, weil sie damals so grandios gewesen wäre, sondern im Gegenteil, weil schon er sie in den Sand gesetzt hat. Es sieht so aus, als würde die Heldennummer vom Vater an den Sohn weitergegeben, ohne daß die Söhne eine Chance hätten, diese Anforderung zu realisieren. Man könnte auch sagen: Die Männer lernen nichts aus ihrer Geschichte. Denn auch im individuellen Leben scheint der Mann als Held fast regelmäßig zu scheitern. Je selbstgerechter dieses Scheitern verdrängt wird, um so ungebrochener und anspruchsvoller wird der Mythos an die Jungen weitergegeben. Das Heldenschwert, das der Vater seinem Sohn in die Hand drückt, ist unbenutzt.

Man muß den Vater, der sich mit vierzig eine Wampe angesoffen hat, man muß ihn über seinen Sohn sprechen hören! (Man muß aber auch die leuchtenden Augen der Mutter für ihren kleinen Helden sehen, die sich längst damit abgefunden hat, einen ‹Versager› geheiratet zu haben.)

Die Doppelbotschaft über die Stellung des Mannes in der Welt ist überdeutlich: Dem Vater schlottern die Knie, wenn er das Heldenschwert in die Hand nimmt, und er macht einen Luftsprung, daß er es nach feierlicher Übergabe an den Sohn nun endlich los ist. Bisweilen ist die über Generationen vererbte Heldennummer durch das alltägliche Leben derart desavouiert, daß ein Vater nicht einmal mehr bemerkt, daß er seinen Sohn in Wirklichkeit den Löffel suchen schickt, den er schon vor langer Zeit abgegeben hat.

Doch wehe dem Sohn, der keine Lust hat, ein Held zu werden! (Und wehe dem Sohn, der seines Vaters Geheimnis verrät!)

Erwartungen an Jungen werden heute allerdings nur noch selten mit einem Verweis auf die unbewußt wirksame Vergangenheit formuliert. Eltern haben heute mehr die vermuteten Anforderungen der Zukunft im Kopf, und noch immer gilt, daß Eltern von ihren Söhnen offen oder insgeheim für die Zukunft mehr erwarten oder befürchten als für Mädchen. Einen Freund und liebevollen Vater eines dreijährigen Jungen traktierten wir einen ganzen Abend lang mit der Frage, was nach seinen Wünschen einmal aus seinem Sohn werden solle. Konkrete Erwartungen wies er weit von sich, er wünsche seinem Sohn ein glückliches Leben, nichts weiter als ein glückliches Leben. Immer wieder sprach er von den Problemen der Umwelt, der technologischen Entwicklung und der insgesamt unsicheren Zukunft für die nächste Generation. Eigene Wünsche hatte er nicht. Schließlich gab er zu später Stunde nach, formulierte allerdings keine Wünsche, sondern Befürchtungen: «Na klar, wenn er schwul würde oder kriminell oder Straßenkehrer, das würde mir schon etwas ausmachen.» Als wollte er sagen, so mächtig seien diese Befürchtungen nun auch nicht, fügte er hinzu: «Aber sonst weiß ich wirklich nichts.» (Haben Eltern dreijähriger Töchter insgeheim die Befürchtung, ihr Kind könne lesbisch werden?)

Viele Eltern sorgen sich schon früh, ob sie ihrem Jungen das nötige Rüstzeug für den späteren Lebenskampf mitgeben. Anlässe, um die Zukunft ihres Jungen zu fürchten, gibt es genug: die langen Haare, die undurchschaubare zärtliche Freundschaft zum Nachbarjungen, das regressive oder einfach nur verträumte halbe Jahr, die mangelnde Durchsetzungsfähigkeit im Sandkasten. Der analytische Kindertherapeut Wolfgang Oelsner im Gespräch mit uns:

«Viele Eltern haben Angst, ihr Junge könnte zu weich werden, so daß er in der harten Männerwelt später nicht bestehen kann. Man möchte dem Kind eine dicke Haut verpassen, damit es mit den Frustrationen und Anforderungen des Erwachsenenlebens besser zurechtkommt, und merkt nicht, daß man damit vielen weichen Seiten eine Zwangsjacke überstülpt.»

Die Angst der Eltern, ihr Junge könne als Erwachsener scheitern, führt nicht unbedingt zu rigidem Erziehungsverhalten oder Leistungsdrill, sondern kann ebenso als unterschwellige Botschaft wirken.

Nicht zuletzt aus Furcht sind die Leistungserwartungen an Jungen höher als an Mädchen. Man gestattet ihnen zwar, eher über die Stränge zu schlagen und den Anforderungen der Schule auszuweichen, fürchtet aber sehr um ihre Zukunft, zumal es heute nicht mehr auszureichen scheint, einem Jungen eine Ausbildung zu ermöglichen, sondern man hält es für notwendig, einen Vorsprung vor anderen gleichqualifizierten Jungen anzulegen.

Die Schulpsychologin Gudrun Schulz-Wenski: «Für viele Jungen geht es bei schlechten Schulleistungen um alles oder nichts. Natürlich machen Mütter heute auch für Mädchen weiterreichendere Pläne als früher, aber die Furcht vor dem Versagen auf der ganzen Linie ist doch ganz stark jungenspezifisch. Während der Junge für seine Eltern, seine Lehrer oder für sich lernt, haben seine besorgten Eltern sein Leben als Erwachsener vor Augen. Durch die Zukunftsangst der Eltern bekommt der Alltag von Kindern eine erschreckende existentielle Dimension.»

Angst macht dumm – auch mit diesem schlichten Satz versucht die Schulpsychologin den Befürchtungen von Eltern entgegenzuwirken. Die Versagensangst der Eltern kann zu einer weiteren, sehr verzwickten Doppelbotschaft an die Jungen führen. Ein richtiger Mann hat nämlich keine Angst. Wenn er durchs Abitur fällt, befürchten seine Eltern zwar, daß er unter einer Brücke oder in einer zwielichtigen Bar landet und die Ehre der Familie sowie Omas Lebensabend ruiniert, aber er darf sich als Sohn diese Besorgtheit keinesfalls zu eigen machen. Die Doppelbotschaft lautet: «Es wird schrecklich, wenn du scheiterst. Aber du schaffst es. Und zwar mit links.»

Die Zukunft eines Kindes bedeutet auch die Zukunft der Familie. Nicht zuletzt wollen Eltern Großeltern werden und sich selber und ihre Sippe am Tod vorbei in die Unendlichkeit verlängern. Jungen und Mädchen haben dabei verschiedene Aufgaben zu erfüllen. Alle Jungen wissen, daß sie später einmal einen Beruf brauchen! Niemand käme auf die Idee, als Berufswunsch Hausmann anzugeben. Für heutige Verhältnisse ist zwar mit einem Gehalt im Normalfall keine Familie mehr vernünftig zu versorgen, aber in der Kindererziehung herrscht immer noch die Vorstellung vor, Jungen müßten auf ein Leben als alleinverdienendes Familienoberhaupt vorbereitet werden. Man weiß ja nie. Ein Vater sagte uns: «Ich will später mal Enkelkinder haben. Ich will, daß meine Kinder eine gute Partie sind. Mein Sohn soll Karriere machen, das ist die beste Voraussetzung, daß ich eine spannende Schwiegertochter kriege. Meine Tochter soll eine gute Ausbildung machen. Aber sie soll nicht völlig auf Karriere abfahren, dann kriege ich von ihr vielleicht nie Enkelkinder.»
Die Mehrheit der Mädchen verhält sich genau so, wie dieser Vater es will. Sie erreichen gute Schulabschlüsse, um dann wenig erfolgversprechende berufliche Wege einzuschlagen. Vorrangig auf Jungen lastet dagegen der Druck, durch besondere schulische und berufliche Leistungen zur Ehre der Familie und ihrem standesgemäßen Weiterbestand oder ihrem sozialen Aufstieg beizutragen. An diesen geschlechtsspezifischen Erwartungen wird sich wahrscheinlich erst dann etwas ändern, wenn der zitierte Vater Angst bekommen muß, daß er um die gewünschte spannende Schwiegertochter gebracht wird, weil sein Sohn zwar beruflich erfolgreich ist, aber als Vater und Mitorganisator der Familienarbeit wenig taugt und eben deshalb keine gute, sondern eine schlechte Partie ist.

Jungen sollen im Kontakt zur Außenwelt ihre Familie häufig von anderen Familien abgrenzen. Sie übernehmen oft die Aufgabe, die Ehre der Familie zu wahren.
Wenn sich Familien von ihrer sozialen Umgebung nicht akzeptiert fühlen, mit ihrer Lebenssituation oder ihrer vermeintlichen Lebensleistung unzufrieden sind oder sich gegenüber anderen sehr stark abgrenzen, versuchen Jungen die Familie vor vermeintlichen oder realen Angriffen von außen zu schützen. Nicht von ungefähr reden sich Jungen bei ernsthaften Prügeleien in der Regel mit ihrem Familiennamen an. Wir können uns

zumindest an kaum eine Prügelei erinnern, die nicht eindeutig auch etwas mit Familienkampf zu tun hatte. Nach unseren Beobachtungen hat sich heute daran lediglich geändert, daß Prügeleien öfter negativ bewertet werden: So mancher Junge kommt mit kaputter Hose und verheultem Gesicht nach Hause, weil er unter großer Not und mit vielen Blessuren die Fahne der Familie verteidigt hat, und muß sich dort ernsthafte Vorhaltungen anhören, daß er der Familie doch nun wirklich keine Ehre gemacht habe.

Oftmals legt der Junge eine soziale Aggressivität an den Tag, von der die Eltern meinen, daß sie dem Vater gut zu Gesicht stünde, der zu seiner eigenen Enttäuschung und der seiner Frau irgendwo im Berufsleben stekkengeblieben ist.

Je unsicherer Eltern in ihrem eigenen Selbstwertgefühl sind, um so eher neigen sie dazu, die Taten ihrer Kinder, ihr Wachstum und ihre Leistungen zum Maßstab ihres eigenen Wertes zu nehmen. Selbstunsicheren Eltern kann man die größte Schande und die größte Ehre bereiten (vgl. Virginia Satir 1979). Jungen fällt heute immer noch in stärkerem Maße als Mädchen die Aufgabe zu, den Wert ihrer Familie nach außen angemessen zu demonstrieren – so, wie der Sozialstatus einer Familie nach wie vor am Beruf des Vaters gemessen wird.

71

Der Vater in der vaterlosen Gesellschaft –
Eine Bastelanleitung

«Mein Vater fährt BMW.» (Rolf, 11)

Immer wieder bei der Arbeit an diesem Buch haben wir festgestellt, wie wichtig die Väter für ihre Söhne sind. Die Familie – als kunstvoll verwobenes System – erschwert jedoch manchmal den klaren Blick auf die Väter und ihre Verantwortlichkeit für das Wohlergehen ihrer Söhne.

Man stelle sich einen Vater vor, der vor seinen erwachsenen Sohn tritt und je nach familiärem Hintergrund vielleicht folgendes zu ihm sagt:
«Daß du mich so wenig gesehen hast, lag an deiner Mutter. Ich mußte einfach abhauen.» Oder:
«Ich habe dich überfordert und niedergemacht, weil ich mich nicht traute, mein eigenes Leben zu leben.» Oder:
«Du hast so ein schlechtes Bild von mir, weil ich ständig entwertet wurde.» Oder:
«Ich habe mich herausgehalten. Du weißt doch, wie die Mutter ist.» Oder:
«Ich wäre zu Tode erschrocken, wenn ich deine Not gesehen hätte.» Oder:
«Ich war ja selber noch nicht erwachsen.»
Solche Einsichten können sehr wahrhaftig sein, und sie erleichtern das Verzeihen, aber sie ändern natürlich nichts daran, daß jeder der Vater ist, der er ist, und daß er verantwortlich ist für das, was er tut und läßt. Der häufig gemachte Verweis auf die böse Industriegesellschaft, die den Vater aufgegessen haben soll, kann darüber nicht hinwegtäuschen. Wie wird der arme Kerl bloß aussehen, wenn die Industriegesellschaft ihn eines Tages wieder ausspuckt?

Bei dem Versuch, etwas über den Alltag von Vätern herauszufinden, sind wir auf das seltsame Phänomen gestoßen, daß den in der Literatur beschriebenen Vätern etwas Künstliches, Erfundenes anhaftet. Am deutlichsten wird diese Unwirklichkeit bei der Figur des fehlenden Vaters. Es gibt umfangreiche Untersuchungen, welche negativen Auswirkungen seine Abwesenheit insbesondere auf die Jungen hat. Allerdings weiß kein Mensch, wo der fehlende Vater steckt. Insgeheim wird gemunkelt, daß es ihn gar nicht gibt. Der fehlende Vater hat keine Not, er richtet keinen

Schaden an und macht keine Fehler. Das einzig Konkrete an ihm ist seine Nichtexistenz.

Ihm verwandt ist die Figur des konturlosen Vaters, die in der familientherapeutischen Literatur häufig mit knappen Worten immer wieder als randständig, emotional schwach und wenig beteiligt beschrieben wird. Natürlich ist der konturlose Vater nicht wirklich konturlos, er hat nur nicht die Eigenschaften, die in seiner Familie gebraucht würden. Wir erfahren viel darüber, was er sein und tun müßte, aber nur wenig über ihn selbst.

Bald dreißig Jahre ist es her, daß Alexander Mitscherlich vor dem «Weg in die vaterlose Gesellschaft» warnte. Damals betrug die Regelarbeitszeit allerdings achtundvierzig Stunden, und es wurden insgesamt mehr Überstunden geleistet als heute. Die vaterlose Freizeitgesellschaft zumindest wirft eine ganze Reihe bisher ungeklärter theoretischer Fragen auf.

Einen richtigen Vater mit Fleisch dran haben wir in einem Schulbuch gefunden:

> «Wenn mein Vater mit mir geht,
> dann hat alles einen Namen.
> Vogel, Falter, Baum und Blume.
> Wenn mein Vater mit mir geht,
> ist die Erde nicht mehr stumm.
>
> Kommt die Nacht und kommt das Dunkel,
> zeigt mein Vater mir die Sterne.
> Er weiß, wie die Menschen leben,
> weiß, was recht und unrecht ist,
> sagt mir, wie ich werden soll.»
> (Josef Guggemos)

Guggemos' liebevolle Lobrede auf den wissenden, erklärenden und prägenden Vater klingt heute wie eine wehmütige Reminiszenz an vergangene, womöglich bessere Zeiten. Trotzdem: Der Guggemos-Vater gefällt uns. Er ist gütig, streng, liebend, und er hat eine große, warme Hand. Immerhin kann man zu ihm sagen: «Du kannst mich mal kreuzweise, ich entscheide selber, wie ich werden will.» Den Guggemos-Vater kann ein Sohn töten und fressen. Er wird nicht einfach schlecht und ungenießbar. Wenn sein Sohn mit ihm kämpft, wird er leiden, zürnen und verzweifelt sein, doch (so stellen wir uns das vor) schließlich wird zuerst die Liebe und Weisheit des Vaters und dann die Jugend des Sohnes siegen.

Wahrscheinlich entspringt unsere Sympathie für den Guggemos-Vater einem veralteten und wohl hoffnungslosen Traum vom gesunden Patriarchat. Möglicherweise machen wir uns auch ein falsches Bild, und es hat den gütigen Patriarchen nie gegeben. War der große Benenner vielleicht in Wirklichkeit ein Kleinlichkeitskrämer, Pedant und Frauenverachter?

Gründlich kompromittiert ist der Schulbuchpatriarch allemal. Nicht zuletzt seinetwegen sprechen wir von einer «vaterlosen Gesellschaft». Er hat den Nationalsozialismus nicht nur nicht verhindert, sondern kräftig betrieben, und als er nach dem Krieg verhauen und desorientiert nach Hause kam, da hatte nichts mehr einen Namen.

Ab und an hat er sich noch zu Wort gemeldet und gesagt, wie der Sohn werden soll, aber wie die Menschen leben, wußte er längst nicht mehr. Wenn er später mit seinem Sohn ging, blieb die Erde stumm, weil er sie zubetoniert hatte.

Ihn aus seiner Geschichte zu entlassen, ihn neu zu erfinden, das geht nicht. Selbst der zeitlose archetypische «Große Vater» aus der Jung'schen Psychologie muß sich mit den gesellschaftlichen Verhältnissen auseinandersetzen, wenn er aus dem tiefen Inneren der Menschen in die alltägliche Wirklichkeit hinein möchte. Heutzutage, so scheint es uns, kommt der «Große Vater» aus Oggersheim, dümpelt in der Badewanne eines Genfer Hotelzimmers vor sich hin oder organisiert elitäre Tennisturniere.

Rein assoziativ haben wir einige archetypische Bilder zusammengetragen, die uns zum Thema Vater eingefallen sind, und uns überlegt, welchen Ausdruck sie heute finden können:

Mein Vater beherrscht das Feuer.

Unsere Grillanzünder sind viel besser als Müllers ihre. Silvester hatten wir für 350 Mark Knaller.

Mein Vater ist stark.

Mein Vater hat eine Bosch-Integral IG 750 mit gefedertem Sägeblatt. Die ist einfach besser als das blöde Ding von Black und Decker.

Mein Vater kann mit Tieren umgehen.	Wir haben einen Rottweiler.
Mein Vater kann uns verteidigen.	Wir haben einen Rottweiler.
Mein Vater sorgt für uns.	Mein Vater verdient mehr Geld als meine Mutter. Er muß viel schlafen.
Mein Vater geht hinaus in die Welt.	Wenn kein Stau ist, macht der BMW 260 Spitze. Letztes Jahr waren wir mit TUI in Formentera.
Mein Vater erzählt uns von der Welt.	Mein Vater hat die Fernbedienung vom Fernseher unter sich.
Mein Vater weiß, was richtig ist.	Da mußt du die Mama fragen.

Zwei völlig gegensätzliche Vätertypen haben wir in der vor allem von Männern betriebenen «Väterforschung» (vgl. Wassilios Fthenakis 1985) und in feministisch orientierter Erziehungsliteratur gefunden.

Der Vater, den Fthenakis beforscht, ist ein absoluter Glücksbringer. Er ist überaus wichtig, entscheidend, bedeutend. Wenn er fehlt, dann ist es schlimm, wenn er da ist, dann ist er toll. Unangenehme oder gar nachteilige Eigenschaften hat er nicht. Für Fthenakis leitet sich aus der überaus positiven Bedeutung des Vaters ab, daß seine Rechte im Scheidungsfall deutlich verbessert werden müßten.

Es bedarf keiner besonderen Erwähnung, daß dieser Vater Feministinnen bislang noch nicht begegnet ist. Sie haben es mehr mit den Schnarchsäkken unter den Vätern zu tun, und es bleibt durchweg unverständlich, warum eine halbwegs gescheite Frau ein Kind von einem der gräßlichen Typen will, die unentwegt durch die feministische Literatur geistern (vgl. z. B. Katja Leyrer 1988). Man weiß gar nicht, ob man ihnen böse oder dankbar sein soll.

Sie überlassen das Feld der Kindererziehung den Frauen, was diese sehr belastet. Andererseits hat man den Eindruck, daß es für die emotionale und intellektuelle Entwicklung der Kinder nur von Vorteil sein kann, wenn diese Pfeifen sich auf Abstand halten.

Wir halten sowohl den Sunnyboy, den Fthenakis beschreibt, als auch seinen genau ins Gegenteil schlagenden Kollegen aus der feministischen Literatur für ein im Alltag seltenes Exemplar. Gleiches gilt nachgewiesenermaßen für den vielbeschworenen «neuen Vater», ein zartes Geschöpf, das schon auf die rote Liste der bedrohten Väterarten gesetzt worden ist, bevor es das erste Paket Windeln aufgebraucht hatte.

Jeder Mensch hat einen Vater. Wenn wir ehrlich sind, dann verstehen wir nicht, aus welchem Grund so viele Väter erfunden, konstruiert und beschworen werden.

Väter – eine Negativliste

«Mein Papa ist aber stärker als deiner.» (Niels, 5)

Typisierungen, wie sie in der folgenden «Negativliste» versucht werden, haben immer einen Nachteil. Die Menschen sind nie so wie die Typen, die man erfindet. So geht es deshalb nicht um die Vollständigkeit und die klare Abgrenzung einzelner Typen, sondern um Denkanstöße. Es soll deutlich werden, wie väterliche Verhaltensweisen direkt den Sohn betreffen können. Wichtige Probleme fehlen: Etwa der gewalttätige Vater, der seine Aggressionen an seinen Kindern ausläßt und seine Position in der Familie und der Welt mit Schlägen, Verletzungen und Demütigungen seiner Frau und Kinder zu verteidigen sucht.

Der Große-Bruder-Vater konkurriert mit seinen Kindern um die Fürsorge seiner Frau. Er fühlt sich in der Familie an den Rand gedrängt. Er bekommt nach seiner Ansicht weniger, als ihm zusteht. Alkohol kann seinem Versorgungsanspruch mehr Gewicht verleihen. Wenn sich seine Frau fürsorglich zu ihm verhält, fühlt er sich als Mann nicht für voll genommen. Tut sie es nicht, fühlt er sich ungeliebt. Bisweilen erkennt man ihn an einem winzigen Detail: Er kann seine Kinder bei Gesellschaftsspielen nicht gewinnen lassen. In aller Regel erlebt er seine Frau als zu mächtig. Er opponiert viel, aber akzeptiert letztlich ihre Entscheidungskompetenz in Familienangelegenheiten.

Zu seinem Sohn hat er oft ein nörgelndes und korrigierendes Verhältnis. Weil ihm als großem Bruder der notwendige Abstand fehlt, kommt es zu übermäßig vielen Projektionen. Was er von seinem Sohn an männlichem Verhalten fordert, ist wenig mit Leben erfüllt, weil er selber seine Vorstellungen von Männlichkeit höchstens außerhalb der Familie realisieren kann. Er vermittelt seinem Sohn die tiefe Überzeugung, daß ein Mann in der Nähe einer Frau nicht bestehen kann. Sich von der Frau bedienen zu lassen erscheint als verdienter Ausgleich – die Rache des braven Mannes.

Der Große-Bruder-Vater kann seinem Sohn ein guter Spielkamerad sein (siehe auch den Abschnitt «Der Kumpelvater»). Er hat möglicherweise Kontakt zu den weichen Seiten des Jungen, aber er nimmt in der Familie keine erwachsene Position ein. Sein Sohn macht sich Sorgen um ihn und hat viele Phantasien, welche männlichen Eigenschaften sein Vater außerhalb des Familienlebens entwickelt. Der Sohn eines Große-Bruder-Vaters kann in einen doppelten Loyalitätskonflikt geraten. Gegenüber der Mutter, wenn er der Empfindung seines Vaters folgt, daß seine Not letztlich ihre Schuld ist. Gegenüber dem Vater, weil die Verlockung sehr groß ist, an seiner Stelle der Mann im Haus zu sein.

Der geflohene Vater geht meist aus dem Große-Bruder-Vater hervor. dann nämlich, wenn er nach einer gewissen Zeit resigniert feststellt, daß seine regressiven Wünsche in dieser Familie, mit dieser Frau nicht in Erfüllung gehen. Er beschließt, sich in Zukunft selber zu versorgen, und beginnt, sich gegen die Restansprüche seiner Familie zu schützen. Die Zeiten, in denen er nicht gestört werden darf, und die Räume, die ausschließlich seinem Rückzug vorbehalten sind, werden mehr (der Hobbykeller, der Sonntag, der ausgebaute Dachstuhl, die nach Hause mitgebrachte Arbeit usw.). Der geflohene Vater legt sich gern ein Hobby zu, das seine Familie nicht mit ihm teilen kann, oder, wenn er mutiger ist, eine Geliebte. Bisweilen hat er wichtige öffentliche Ämter und kümmert sich um das Wohl des Ortsvereins, der Feuerwehr oder der bedrohten Tierwelt. Man sagt dann, er könne sich aufgrund seiner vielen Ämter nicht um seine Familie kümmern. In Wirklichkeit aber hat er so viele Ämter, damit ihn seine Familie nicht erreicht. Die beste Tarnung des geflohenen Vaters ist der Hausbau. Hierbei kann er erst auffliegen, wenn das Haus fertig ist, und das kann bekanntermaßen sehr lange dauern. Obwohl auf der Flucht, schuftet er wie ein Berserker *für* seine Familie. Manchmal merkt er selber nicht, daß er sich vor seiner Familie schützt.

Manchmal nimmt ein geflohener Vater seinen Sohn zu einem seiner Fluchtorte mit, was zu sehr schönen Erlebnissen (und zu Loyalitätskonflikten) führen kann. Er vermittelt seinem Sohn die Überzeugung, daß sich Männlichkeit nur im gesicherten und organisierten Abstand zur Frau entfalten kann. Er gibt kein Beispiel für Unabhängigkeit – dafür ist er viel zu sehr damit beschäftigt, seine Deckung zu organisieren. Seine männliche Geschäftigkeit erinnert ein wenig an einen Zwölfjährigen, an dessen Zimmertür ein Schild vor Ruhestörungen warnt und der beim Zusammenbauen alter Radios sich endlich eine erklärliche und beherrschbare Welt erschafft, in der Frauen nichts zu sagen haben.

Im Alltag kann der geflohene Vater einem Jungen ganz erbärmlich fehlen, und je spannender und bedeutsamer die außerfamiliären Tätigkeiten des geflohenen Vaters sind, um so unwichtiger, fehlerhafter und einsamer wird sich sein Sohn fühlen.

Der Kumpelvater ist seinem Sohn ein ausgezeichneter Spielkamerad, mit ihm kann man Blödsinn machen, rennen, klettern, kämpfen. Er hält sich für einen sehr guten Vater und identifiziert sich stark mit seinem Sohn. Mit ihm zusammen kann er nachträglich der Superjunge sein, der er früher nicht gewesen ist. So stark, geschickt und groß, wie der Kumpelvater inzwischen ist, kann er seinem Jungen viele Erfolgserlebnisse vermitteln. Tief drinnen will er sich selber als Sohn aufwerten. Sein Vaterbild ist in Wahrheit schlecht. Schlechte Gefühle dürfen weder bei ihm noch bei seinem Sohn auftauchen – der Kumpelvater braucht einen Kumpelsohn. Schwierigkeiten bekommt der Kumpelvater, der sich zu sehr mit den starken Seiten seines Sohnes identifiziert, wenn von ihm Autorität, Versagung oder Grenzsetzungen gefordert sind. Den alltäglichen Kampf ums Aufräumen, Zubettgehen, das Anziehen oder die Schularbeiten überläßt er in der Regel seiner Frau. Wenn sie über Erziehungsschwierigkeiten klagt, hält er ihr kopfschüttelnd sein problemloses, freundschaftliches Verhältnis zu dem Jungen entgegen. Obwohl er seinen Sohn oft dazu ermuntert, sich gegenüber anderen Kindern (und manchmal auch gegenüber der eigenen Frau) durchzusetzen, verlangt er für sich selber einen gehorsamen Jungen. Meistens steckt hinter der Überidentifikation mit den starken Anteilen des Sohnes Unsicherheit bezüglich der eigenen erwachsenen Männlichkeit. Oft beklagt sich der Kumpelvater über seine Frau – daß sie ihn «nicht genug als Mann sehe», gerade so, als steckte seine Männlichkeit in ihren Augen.

Der Junge eines Kumpelvaters gerät in große Schwierigkeiten, wenn er dem Klischee des tollen Jungen nicht mehr entsprechen kann. Die Identifikation des Vaters mit seinem Sohn und die so sicher scheinende freundschaftliche Beziehung kann dann abrupt abbrechen.

Der bedeutende Vater macht alles richtig und weiß bis auf unwesentlichen Weiberkram alles besser als seine Frau. Er kennt viele Leute, die Fehler machen, und er spricht gerne von diesen Leuten. Er organisiert alles und hat alles unter sich. Seine Familie kommt weiter als andere Familien. Er fährt das beste Auto, hat das Beste aus seinem Beruf gemacht, die schmackhaftesten Grillkoteletts, die bessere Überzeugung, mehr Grips, mehr Geld und am meisten in der Hose. Seine Frau sitzt meistens nur dabei. Kinder eines dergestalt bedeutenden Vaters haben es sehr schwer. Seinem Sohn vermittelt er, daß er irgendwann einmal alles so gut wissen wird wie sein Vater, wenn er akzeptiert, daß er zur Zeit alles schlechter kann als sein Vater. Der bedeutende Vater hat große Angst vor den weichen Seiten seines Sohnes. Er fühlt sich ertappt, wenn er seinen Sohn schwach, irritiert oder unsicher erlebt: Oft reagiert er auf diese Seiten seines Sohnes aggressiv und abschätzig. Sein Sohn lernt, daß Mann sich dicke tun muß, um gegenüber den Frauen (und den Männern) zu bestehen. Der bedeutende Vater läuft Gefahr, innerhalb seiner Familie isoliert zu werden. Er nervt auf die Dauer. Seine Familie erlebt ihn gleichzeitig als schwach und als zu mächtig. Manchmal solidarisiert sich der Sohn mit seiner Mutter. Je mehr der Vater bewundert werden will, um so schlechter ist sein Ansehen in der Familie.

Sein Sohn bekommt so viele widersprüchliche und doppelte Botschaften über das Männliche und so geringe Chancen, seinen Vater als Person zu erkennen, daß er völlig die Orientierung verlieren kann. Bedeutende Väter haben deshalb häufig «mißratene» Söhne.

Der Drei-Minuten-Vater ist so bedeutend, daß er nicht einmal die Zeit hat, seiner Familie mit seiner besonderen Bedeutung auf den Wecker zu fallen. Er erwartet von seinen Kindern, daß sie auf der Stelle in seinen Armen glücklich sind. Im Grunde muß die Familie für jeden Blick, für jede Geste dieses bedeutenden Mannes dankbar sein. Der Drei-Minuten-Vater legt großen Wert auf die Feststellung, daß ihm die Familie das wichtigste im Leben sei und daß er seine Kinder über alles liebe. Er reagiert sehr verletzt, wenn er nicht innerhalb von drei Minuten in dieser Auffassung bestätigt wird. Seinem Sohn vermittelt er, daß die Frauen unwichtig sind, während er ihn gleichzeitig völlig der Erziehung seiner Mutter überläßt.

Der Sohn eines Drei-Minuten-Vaters schaut oft zu seinem Vater auf – und sieht nichts. Solche Jungen strengen sich oft extrem an; in der Illusion, dann von ihrem Vater endlich bemerkt zu werden, und in der unbestimmten Hoffnung, irgendwann einmal vielleicht doch so zu werden wie ihr Vater. Der Drei-Minuten-Vater weiß von alledem nichts.

Der demissionierte Patriarch ist der große Bestimmer, ohne daß seine Kinder erkennen können, aufgrund welcher Eigenschaften oder Fähigkeiten sein Herrschaftsanspruch besteht. In Wirklichkeit trifft seine Frau die Entscheidungen, und alle Familienmitglieder wissen darum. Sein patriarchalischer Anspruch wird toleriert, aber eher wie eine Macke: «Du weißt doch, wie der Papa ist.» Er wird oft und heimlich unterlaufen. Weil er spürt, wie vergeblich seine Herrschaft ist, wird er mißtrauisch und ist bisweilen schwer einzuschätzen.

Es könnte sehr viel besser um die Familie stehen, so findet er, wenn mehr auf ihn gehört würde. Er hat den Kontakt zu seiner Familie verloren, und im Grunde fürchtet er diesen Kontakt sogar – ein einsamer König. Er versucht seinem Sohn ein guter Erzieher zu sein, aber man kann ihm nur wenig recht machen. Ihn stört die Fliege an der Wand, ihren Anflug wertet er als persönliche Provokation. Er ist ungeduldig, manchmal wird er traurig und still, weil er findet, daß er lange genug Perlen vor die Säue geworfen hat. In seiner männlichen Identität ist er sehr unsicher, und er vermittelt seinem Sohn nur wenig über Männlichkeit. Er zeigt ihm zwei Wege auf, mit Frauen zusammenzusein: Versuche, den Thron zurückzuerobern, von dem ich gestoßen worden bin, oder unterwerfe dich.

Die Söhne demissionierter Patriarchen haben im späteren Leben oft große Schwierigkeiten, ihren eigenen Weg zu gehen, weil sie um den bodenlosen Neid und die tiefe Verletzbarkeit ihres alten Königs wissen oder zu wissen glauben.

Der abgewertete Vater fühlt sich als einsames Opfer einer Verschwörung. Und er hat oft sogar recht, weil sich seine Frau und seine Kinder insgeheim gegen ihn verbündet haben. Die Kinder werden von seiner Frau gebraucht: als Abstandhalter, als Mitstreiter und, sofern es sich um Jungen handelt, als Konkurrenten zum Ehemann.

Mit der Zeit kann eine scheinbar unüberbrückbare Distanz zwischen Vater und Sohn entstehen, eine Mauer aus Schuldgefühlen, Ablehnung, unerfüllten Wünschen und mißglückten Annäherungen. Manchmal ist ihm die Distanz zu seinem Sohn sehr lieb (auch wenn er darunter leidet), denn Nähe zwischen ihm und seinem Sohn würde den ungelösten Ehekonflikt ans Tageslicht bringen. Der abgewertete Vater fühlt sich als beklagenswertes Opfer wohl. Er findet, daß er zuwenig geliebt wird. Er fragt sich nicht, ob er nicht möglicherweise zuwenig liebt. Er hat es zugelassen, daß er in seiner Familie an den Rand gedrängt wurde. In aller Regel achtet er sich selber nicht genügend. Er hat überhaupt keine Ahnung davon, wieviel Solidarität und Liebe ihm sein Sohn in Wirklichkeit entgegenbringt und wie sehr er mit ihm leidet. Solche Erkenntnisse ließen sich nicht mit seiner Opferrolle in Einklang bringen. Manchmal empfindet sein Sohn Wut und Verachtung ihm gegenüber, weil er es nicht aushält, wie sich sein Vater zum Opferlamm macht. Der abgewertete Vater weiß nicht, wie sein Junge zwischen ihm und seiner Mutter hin- und hergerissen wird. Daß sein Sohn als Erwachsener möglicherweise eine ganz ähnliche Situation suchen, eine ganz ähnliche Ehe eingehen wird, nur um ihn, die alte Vater-Flasche, zu rehabilitieren, käme ihm völlig absurd vor. Irgendwann liegt der abgewertete Vater im Sarg und stellt erbost fest, daß es niemanden mehr gibt, dem er Vorwürfe machen kann.

Der frauenverachtende Vater ist davon überzeugt, mit einer Schlampe oder mit einem Dummchen verheiratet zu sein. Regelmäßig ist sie noch zu blöde oder zu nachlässig, um ein Überweisungsformular richtig auszufüllen. Der frauenverachtende Mann liebt Männergesellschaft und dreckige Witze. Abends kommt er spät nach Hause, was ihm nach seiner Meinung niemand verdenken kann. Regelmäßig stellt er fest, daß er seinen Teil der familiären Pflichten gut erfüllt hat, während seine Frau mal wieder so gut wie alles falsch gemacht hat. Sein Sohn, der den ganzen Tag mit dieser blöden Frau, die seine Mutter ist, zusammenlebt und von ihr versorgt wird, gerät in unüberbrückbare schwere Loyalitätskonflikte, die ihn oft dazu bringen, die Familiendynamik zu übernehmen und soviel Unfug, Krankheiten oder Mist zu produzieren, daß seine Eltern gar nicht anders können, als sich zusammenzutun. Meistens spüren die Jungen, wieviel Angst in ihren Vätern steckt. Wenn sich Frauen aus solch einer Ehe lösen, blühen sie auf, während ihre Männer zusammensacken wie ein Plastikkrokodil, dem die Luft ausgeht.

Der alternative Vater hat sich ohne erkennbaren inneren Aufwand von allen traditionellen Väterbildern gelöst. Er will nicht mehr der Herr, nicht mehr Familienoberhaupt, sondern Partner sein. Er kümmert sich um seine zärtlichen, versorgenden und gefühlvollen Eigenschaften. Seinen Kindern ist er ein liebevoller Vater. Wenn er mit Tragetuch und Säugling vor dem Bauch im Supermarkt auftaucht, wird er von alten Damen bewundernd und sehnsüchtig angeschaut. Manchmal stellt er irritiert fest, daß er gern eine von diesen alten Damen abmurksen möchte.

Sein Selbstbetrug besteht darin, daß er großherzig auf eine Stärke verzichtet, die er nie besessen hat. In der Regel hat er wenig darüber nachgedacht, wie er selber leben möchte, im Grunde ist er ein braver, angepaßter Mann. Er geht in seiner Aufgabe als alternativer «neuer» Vater so sehr auf, daß man bisweilen Schwierigkeiten hat, ihn wiederzufinden. Auf seine Kleidung legt er wenig Wert. «Sagen Se mal, junger Mann, was studieren Sie eigentlich?» Diese Frage fürchtet er am meisten. – Redet man so mit einem Familienvater?

Insgeheim, oder häufiger noch: mit viel ideologischem Brimborium, ist er der Ansicht, daß Frauen die besseren Menschen seien, was ihn folglich mit ständigen Unterlegenheitsgefühlen kämpfen läßt. Zwischen ihm und seiner Frau besteht ein starkes Konkurrenzverhältnis. Der alternative Vater kennt sich in der aktuellen Erziehungsliteratur aus, beherrscht die 60-Grad-Wäsche und den klitoralen Orgasmus. Trotzdem hat er das Gefühl, daß seine Frau alles besser kann, respektive ihn unterdrückt. Er wundert sich oft, warum sie nicht dankbarer ist.

Gegenüber anderen Männern grenzt sich der alternative Vater sehr stark ab; ein Vergleich, so findet er, macht wenig Sinn. Neid kennt er nicht – obwohl er bisweilen platzen könnte vor Neid. Seinen Verzicht auf eine (ihm an sich zustehende) erfolgreiche Rolle in der Männerwelt hält er für sehr edelmütig, wodurch ihm entgeht, wieviel Furcht er davor hat, daß er dort versagen könnte. Obwohl er sich genau entgegengesetzt verhält, ist er ein sehr machtorientierter Mensch. Spontan seine Wut zu äußern fällt ihm schwer. Ab und zu begehrt er auf, aber zumeist am falschen Ort oder zur falschen Zeit.

Der alternative Vater ist eingeklemmt – zwischen dem Nudelholz seiner Frau und seinen eigenen ideologischen Ansprüchen an sich und seiner Rolle als Vater. Er findet (bei aller vordergründigen Hochachtung), daß die Frauen, die Mütter, die Ehefrauen, überhaupt alle Frauen Betrügerinnen sind. Sosehr er sich auch müht, ein braver Junge, ein guter Mann zu sein: etwas (wenn er nur wüßte, was das ist!) verweigern sie ihm.

Zu seinem Sohn hat er ein enges Verhältnis, wobei die Mechanismen seiner väterlichen Machtausübung oft sehr versteckt sind. Manchmal ist das Verhältnis zwischen ihm und seinem Sohn die Liaison zweier Leidender. Wenn sein Sohn die Welt erobern möchte, bekommt es sein Vater mit einer Angst zu tun, die er als Sensibilität bezeichnet. Alternative Väter haben oft Söhne, die im sozialen Leben sehr schüchtern und zu Hause frech und aufbegehrend sind. Häufig brechen alternative Väter ihr Engagement nach einer bestimmten Zeit abrupt ab, stürzen sich ins Berufsleben und sind zur Verwunderung aller ab sofort völlig andere Väter, wobei die Alternative zur Alternative zumeist sehr herkömmlich ausfällt.

Der unzuverlässige Wochenendvater lebt von seinen Kindern getrennt. Immer kommt er ein bißchen zu spät, und meistens muß er ein bißchen früher dringend wieder gehen. So hält er den Konflikt mit seiner Ex-Frau in Gang und erspart sich den Abschied. Seine Geschenke an die Kinder sind mal zu groß; mal vergißt er, was er ihnen versprochen hat. Seine Entschuldigungen hören sich auf eine merkwürdige Weise jungenhaft an, so als wolle er erklären, warum er seine Schulaufgaben vergessen hat. Manchmal denken seine Kinder, daß sie ihren Vater besser in Ruhe ließen, weil sie in sein neues Leben nicht hineinpassen. Wenn sie ihrem Vater die kurze, gemeinsame Zeit schwermachen, um sich in ihrer Not auszudrücken, fühlt sich der unzuverlässige Wochenendvater in seiner Ansicht bestätigt, daß der Kontakt zu den Kindern immer weniger sinnvoll ist. Wenn sich die Kinder in ihren Erwartungen an ihn immer mehr zurückhalten, fühlt er sich in seiner Ansicht bestätigt, daß die Kinder das Interesse an ihm verlören.
Sein Sohn wird eine enge und wahrscheinlich nur schwer zu lösende Beziehung zur Mutter entwickeln. Die Unsicherheit, die er in bezug auf die Zuneigung seines Vaters in sich trägt, wird er in sein Selbstbild einbauen. Nur zu oft wird er sich mit den Augen seines Vaters ansehen und nicht wissen, ob er lachen, weinen oder schreien soll.

Der **Schattenvater** als Begriff stammt von der Bonner Rechtsanwältin Barbelies Wiegmann. Sie bezeichnet damit den Vater, der sich nach einer Ehescheidung überhaupt nicht mehr um seine Kinder kümmert und mit unterschiedlichen Begründungen jeglichen Kontakt ablehnt. Der Schattenvater flieht gründlich vor allen Konflikten und unangenehmen Gefühlen. Er geht Konflikten mit seiner Ex-Frau ebenso aus dem Weg wie möglichen Schwierigkeiten im Umgang mit den getrennt lebenden Kindern. Wenn das auch für ihn warme Nest der Familie gescheitert ist, verdrängt er die Tatsache seiner Vaterschaft. Der Schattenvater tröstet sich mit der Vorstellung, die Kinder seien «bei der Mutter gut aufgehoben». Er macht sich vor, daß es seinen Kindern gutgeht, wenn er als Vater seine Konflikte verdrängt und sich verpißt.

Der Kuckuck-Vater sitzt im fremden Nest. Er ist eine extreme Variante des Große-Bruder-Vaters. Er verliebt sich, oftmals mehrfach hintereinander, in alleinerziehende Mütter. Als Vater auf Zeit oder als Ersatzvater in spe entwickelt er ungeahnte Qualitäten. Er kümmert sich um die Kinder, vor allem ist er ein liebevoller und nie genervter Spielkumpan. Nach einer gewissen Zeit kann das Verhältnis zu dem oder den Kindern intensiver sein als zu ihrer Mutter. Immer aufmerksamer beobachten die Kinder, wie sich das Verhältnis zwischen ihrer Mutter und deren neuem Freund entwickelt, die ihrerseits vorsichtig ihr Herz für die Vorstellung öffnet, vielleicht doch wieder mit einem Mann und ihren Kindern zu leben.

Spätestens jetzt macht der Kuckuckvater einen Abflug. Daß er sich eine alleinerziehende Frau als Partnerin gesucht hat, war vor allem als Vorbereitung einer Flucht gedacht. Gerade weil sie ein oder mehrere Kinder hat, scheidet eine dauerhafte Bindung für ihn von vornherein aus. Daß er den tollen Familienvater gespielt hat, war Selbstbetrug, so als wollte er sich das Gegenteil seiner eigenen Pläne beweisen. Daß er bindungsfähig ist, so meint er, hat er schließlich durch die überzeugend dargebotene Vaternummer bewiesen. Bisweilen hat er sogar erfolgreich bewiesen, daß er den Kindern ein besserer Vater sein könnte als ihr eigener. Der Kuckuck-Vater spielt Familie. Es steht schon vorher fest, daß er der einzige Gewinner in diesem Spiel ist. Ein Junge, der mehrere solcher Kuckuck-Väter erlebt hat, hat von Männern, seinem eigenen Geschlecht, gründlich die Nase voll. Ein erwachsener Mann zu werden, so lernt er, hat etwas mit Verrat zu tun.

Resümee: In einem ähneln sich die hier beschriebenen Männer: Sie sind für ihre Söhne nur schwer und schemenhaft zu erkennen. Es macht nichts, daß sie keine Helden sind, Jungen brauchen keine Helden zum Vater. Das Problem besteht darin, daß sie sich für Helden halten oder felsenfest davon überzeugt sind, daß sie ganz hervorragende Helden abgäben, wenn man, besser gesagt, wenn frau (oder der Chef) sie nur ließen.

Ein Mann ist etwas Perfektes! Schande über den, der etwas anderes behauptet! Wenn etwas nicht stimmt, muß es objektive Gründe dafür geben oder jemanden, der daran schuld ist. So werden Entwicklungsmöglichkeiten übersehen. Warum sollte sich ein (an sich) perfekter Mann selber in Frage stellen?

Auch um ihre Ehen kümmern sich die Männer zuwenig. Sie organisieren Abstand, Herrschaft, Abwertung und Not. Doch statt Unabhängigkeit erreichen sie Verstrickung. Einen großen Teil ihrer Zeit verbringen sie damit, Schwäche wegzuinszenieren. Männlichkeit, so kann man von ihnen lernen, ist eine besondere Form der Schauspielkunst beziehungsweise des Laienspiels.

Ihre Söhne sind zu gute Beobachter und wie alle Kinder zu wahrheitsliebend, um sich mit dieser Darbietung zufriedenzugeben. Sie wollen es wissen. Es macht ihnen viel aus, wenn ihre Väter nicht so sind, wie sie vorgeben. Die Jungen machen sich nur zu oft auf die Suche nach dem wirklichen Leben ihrer Väter, eine Suche, die diese tunlichst vermeiden. Wie sehr sie von ihren Söhnen geliebt werden, übersteigt ihr Vorstellungsvermögen. Zum perfekt inszenierten Mann, so scheint es, gehört der Verlust der Erinnerung.

Mütter – eine Negativliste

> «Eine bekannte jüdische Geschichte handelt von einem jungen Mann, der sich in eine Prinzessin aus der nächsten Stadt verliebte. Er wollte sie heiraten, doch sie stellte ihm eine Bedingung: Zuerst müsse er seiner Mutter das Herz herausschneiden und es ihr bringen. Er ging nach Hause, und als seine Mutter schlief, schnitt er ihr das Herz heraus. Freudig (aber nur insgeheim freudig) eilte er zurück zur Prinzessin. Doch da stolperte und stürzte er. Das Herz fiel ihm aus der Hand, und es begann zu sprechen und fragte ihn: ‹Hast du dir weh getan, liebster Sohn?›» (David Cooper in: Der Tod der Familie)

Die Idee für das vorige Kapitel: «Väter – eine Negativliste» stand sehr am Anfang unserer Arbeit für dieses Buch. In einer beschwingten und kreativen Stunde trugen wir ohne große Mühe eine ansehnliche Liste kritisierbarer väterlicher Verhaltensmuster zusammen. Wir dachten uns: «Systemzusammenhang Familie hin, industrielle Revolution her – wir müssen vom Standpunkt der Jungen aus schreiben. Sollen sich die Väter gefälligst mehr um sich und ihre Jungen kümmern!» Wir empfanden kaum Schuldgefühle dabei, über den «Drei-Minuten-Vater» herzuziehen oder dem Patriarchen sprachlich die Pantoffeln wegzunehmen. Die Väterliste machte uns Spaß.

Erst geraume Zeit später verging uns der Spaß. Ganz, ganz langsam dämmerte uns nämlich, daß wir etwas vergessen hatten. War es nicht logisch, auch eine «Negativ-Liste» über Mütter zu schreiben?
Wir fanden edle Gegenargumente: «Über Mütter wird soviel hergezogen, da machen wir nicht mit.» Schließlich sorgten wir uns gar um unser Autorenhonorar: «Männer kaufen unser Buch sowieso nicht, was sollen wir unsere potentiellen Leserinnen vergraulen?»

Aber alles half nichts. Der Gedanke war zu einleuchtend. Ein halbes Jahr lang schoben wir es vor uns her, etwas Schlechtes über Mütter zu schreiben. Wovor hatten wir Angst? Es war uns doch gegenüber den Vätern so leicht gefallen, den «Standpunkt der Jungen» einzunehmen! Warum taten wir uns mit diesem Standpunkt gegenüber den Müttern so schwer?

Vor allem hatten wir Angst, als Muttersöhnchen ertappt zu werden. Was würde passieren, wenn jemandem auffiele, daß sich unsere ausgewachsenen Kritikpunkte und Ratschläge mit der Sehnsucht zweier kleiner Jungen vermengen? Wir sahen schon die hämischen Rezensionen unseres Buches vor uns: «Ungeklärte Mutterbeziehung: Pädagogischer Diskurs im Matrosenanzug.» Trotzig hielten wir dagegen, daß selbst Conan, der Barbar, einmal ein Muttersöhnchen gewesen ist. (Und wie der Mann aussieht, ist er heute immer noch eins. Welch ein Spaß, so etwas über jemand anderen zu sagen!)
Des weiteren überkamen uns, viel deutlicher als bei unserer Väterschelte, Befürchtungen, wider Willen (oder ganz boshaft) Geheimnisse zu verraten. «Söhne lieben ihre Väter, und viele von diesen Idioten merken das nicht einmal!» – Gegenüber den Vätern nehmen wir kein Blatt vor den Mund.
«Söhne lieben ihre Mütter.» Dieser Satz ist so seltsam sperrig für uns. Und wie kommt es, daß wir die Strafe der Mütter mehr fürchten als die Strafe der Väter?

Mütter sind Menschen, so heißt es, von denen Mann spätestens mit vier Jahren losgekommen ist. Alles andere gilt als unmännlich. Wenn wir anderer Söhne Mütter kritisieren, als große Männer, dann spüren wir, wieviel Sehnsucht, Kinderwut und Erinnerung hinter dieser Kritik verborgen ist. Ach, könnten wir doch ein schönes Bild zum Muttertag malen!
Tief durchatmen: Die Liebeserklärung ist geschafft, die Jagd kann beginnen! Halali!

Es ist sehr widersprüchlich, was über Mütter geschrieben wird. Einerseits werden die Mütter als beklagenswerte Opfer einer patriarchalischen Gesellschaft beschrieben, andererseits als machtvolle Ursache allen Übels. Eine häufig formulierte Zwischenposition versucht sich an einer letztlich wenig entlastenden Verbindung: Die Mütter sind natürlich von großer Bedeutung, machen aber – weil von den Männern allein gelassen und unterdrückt – viel falsch. Der wahrhaft Schuldige sei das Patriarchat, von dem allerdings niemand weiß, wo es sein Zentralkomitee hat.

Trotz aller Unterschiede fällt eine Gemeinsamkeit an den veröffentlichten Mutterbildern auf: Egal ob die Mutter mächtig oder ausgebeutet oder beides zusammen ist – sie hat keinen Mann. Die Mutter in der vaterlosen Gesellschaft ist alleinerziehend. Die erdrückende Zuständigkeit der Mütter für die Kindererziehung zeigt sich schon an den Bergen von Erziehungsliteratur – alljährlich mehrere tausend Titel, die fast ausschließlich von Frauen gekauft werden. Nach allen Regeln der pädagogischen, psychologischen und soziologischen Kunst mühen sich viele Mütter, eben nicht die machtvolle Ursache allen Übels, sondern (die wahrscheinlich auch nicht ganz machtlose) Bringerin allen Glücks für ihre Kinder zu sein. In jedem Fall scheint es ausschließlich von den Frauen abzuhängen, was aus den Kindern einmal werden wird. Die derart zuständige Mutter hat alle Hände voll zu tun, und man mag ihr kaum einen Vorwurf machen, allenfalls den, was für eine Schlafmütze sie geheiratet hat, daß sie sich in der Familie um alles alleine kümmern muß.

Es ist verständlich, daß es unter feministisch engagierten Frauen seit geraumer Zeit eine Debatte gibt, ob es unter diesen Umständen überhaupt sinnvoll ist, Kinder in die Welt zu setzen. Bedeutet Mutterschaft nun Joch oder Privileg, Segen oder Gefahr, Selbstaufgabe oder Entfaltung?

Auch die als Feministin geschilderte Mutter ist alleinerziehend. Der Vater ihrer Kinder taugt allenfalls als Nebenfigur oder potentieller Bösewicht: «Marianne stillt nach zwei Wochen ab, weil sie sich nicht von der Mutterrolle erdrücken lassen will. Ilona stillt nach vier Jahren immer noch, weil sie sich dabei als Frau entfaltet. Jutta läßt die Wohnung verkommen, weil ihr Mann sie nicht unterstützt. Maria putzt wie der leibhaftige Teufel, weil ihr Mann sie nicht unterstützt. Bärbel fühlt sich unterdrückt, weil ihr Mann wichtige Familienentscheidungen trifft. Babs fühlt sich in der ganzen Verantwortung allein gelassen, weil ihr Mann wichtige Familienentscheidungen nicht trifft. Natascha beschäftigt zwei Kinderfrauen, einen Hort und die Schwiegermutter, weil ihr Mann sie mit der Dreifachbelastung Haushalt, Kinder und Beruf alleine läßt. Nora gluckt von sechse in der Früh bis abends um elf, weil ihr Mann keinen emotionalen Kontakt zum Sohn aufbauen kann» (Dieter Schnack 1989, S. 122).

Die Ent-Schuldigung der Mütter funktioniert nach einem ähnlich einfachen Muster wie ihre Beschuldigung – eine Retourkutsche verläßt selten den vorgegebenen Weg. Meistens fährt sie einfach zurück. So entlastend der Verweis auf die Schlechtigkeit der Männer auch gemeint ist: Letzten Endes ist das feministische Standardwissen über das Wesen des Mannes (pißt im Stehen, interessiert sich ausschließlich für Fußball, ist ein potentieller Gott-steh-mir-Bei) wenig hilfreich.

Die nachfolgende Typologie ist (wie bei den Vätern auch) unvollständig. Auch hier fehlt zum Beispiel die ihre Kinder windelweich prügelnde Mutter. Die Liste soll nicht trennscharf einzelne Menschen beschreiben, sondern Orientierungen und Motive verdeutlichen, mit denen Mütter ihren Jungen schaden können. In der Realität liegen ‹richtig› und ‹falsch› oft sehr nahe beieinander: Natürlich müssen Kinder auch kontrolliert werden. Trotzdem gilt unsere Kritik der «kontrollierenden Mutter». Eltern sollen stolz auf ihre Kinder sein. Die «stolze Mutter» schneidet jedoch schlecht ab in unserer Negativliste. Wir machen uns über die «Mitmach-Mutter» lustig, obwohl wir wissen, wie wichtig es ist, daß Eltern nicht immer nur für alles Lösungen parat haben, sondern fähig sind, mit ihren Kindern mitzuempfinden.

Die stolze Mutter zieht nicht einfach Kinder groß, sondern sie arbeitet, meistens im geheimen, an einem großen Projekt. Ihr Sohn ist etwas Besonderes, und ihre Aufgabe ist die der Agentin, Privatsekretärin, Muse und Trainerin. Manchmal handelt sie im Auftrag ihres Mannes, aber selten gegen ihre eigene Überzeugung. Die stolze Mutter ist davon überzeugt, daß am Sohn einmal ihr besonderer Wert zu erkennen ist, den die Welt bisher nur übersehen hat.
Eine stolze Mutter stellt sich weitgehend in den Dienst der guten Sache, die sie als Mutterliebe empfindet. Ihr Sohn ist ihr «ein und alles»; ein hartes Stück Arbeit für ihn. Sie lobt ihn oft, aber nicht, weil ihr die Kuh gefällt, die der Sprößling gemalt hat, sondern um ihn zu weiteren Taten anzuspornen. Er lernt über sich, daß er im Grunde ein ganz außergewöhnlicher Mensch ist, aber dauerhaft der Hilfe seiner Mutter bedarf, um seine herausragenden Qualitäten zu entfalten. Die Söhne stolzer Mütter machen immerzu Fortschritte. Als ausgewachsene Männer kann es ihnen passieren, daß sie über diese Struktur nicht hinauskommen und ein ewiges, verhindertes Talent bleiben. Solche Männer haben viel Pech im Leben, weil es sonst kaum Argumente gibt, um auszuruhen, ohne die Mutter zu kränken und ihre besorgte Forderungshaltung zu aktivieren. Wenn sie erfolgreich sind, haben sie wenig Freude an ihrem Erfolg. Sie hören ihre Mutter sagen: «Fein, mein Junge, eine sehr schöne Kuh. Willst du nicht auch noch einen Zaun drumherum malen?»
Die größte Angst hat die stolze Mutter davor, daß sich die Gewöhnlichkeit ihres Sohnes herausstellen könnte, daß er also trotz aller liebenswerten Wesenszüge und Eigenheiten auch nicht besser ist als die anderen. Die

stolze Mutter delegiert ihre Größenphantasien an ihren Sohn. Dieses Engagement erscheint ihr erfolgversprechender zu sein, als sich um ihre eigene Größe (als Frau!) zu kümmern. Manchmal will sie ihren eigenen Eltern oder den Schwiegereltern unbewußt zeigen, was eine Harke ist: «Wenn ihr mich (oder ihn – meinen Mann) so erzogen hättet, wie ich es euch jetzt mit meinem Sohn vormache, mein Gott, was hätte aus uns werden können...» Sehr häufig baut die stolze Mutter ihren besonderen Sohn als Konkurrenten zu ihrem in ihren Augen gewöhnlichen Mann auf, wodurch eine vor allem für den Sohn sehr schwierige Schieflage im Gefüge der Familie entstehen kann.

Natürlich gibt es auch sehr viele Väter, die ihre grandiosen, vom Leben gebeutelten Selbstentwürfe an ihre Söhne delegieren. Der Unterschied besteht darin, daß die Delegation der Mutter an den Sohn über die Geschlechtergrenze hinweggeht. Der Sohn kann sich nicht mit der Mutter vergleichen wie mit dem Vater.

Es steht ihm auch nicht zu, mit ihr zu beraten, wie sie ihr Frauenleben anders gestalten könnte. Ihren Auftrag wird er schwerer los als den väterlichen Auftrag. Kein noch so großer Erfolg kann sie von seiner Seite wegkatapultieren. Wohin auch?

Die kontrollierende Mutter handelt aus Motiven heraus, die wenig mit den Bedürfnissen ihrer Kinder und viel mit ihr selber zu tun haben.

Die kontrollierende Mutter weiß in allen Lebensbereichen, was für ihren Sohn das beste ist. Sie betreut ihren Jungen so gut, daß ihrem Mann wenig Möglichkeiten bleiben, in dessen Erziehung einzugreifen. Ernährung, Kleidung, Spielzeug, Schule – die kontrollierende Mutter kennt sich bestens aus. In der ihr unterstellten Familie gibt es «keine Geheimnisse», womit nichts anderes gemeint ist, als daß vor ihr niemand ein Geheimnis haben darf, wodurch die Zahl der Geheimnisse natürlich ins Unerträgliche steigt.

Oft tarnt sie sich – auch vor sich selber – als die «beste Freundin ihres Sohnes». Es verletzt sie, wenn er auf ihren Rat nicht hört. Es kommt von Herzen, von ihrem Herzen, daß er den grünen Pullover anziehen soll. Sie räumt gerne Kinderzimmer auf und sortiert gerne Wäsche. Zu Lehrern, den Eltern von Spielkameraden und zu anderen Erwachsenen, die mit ihrem Sohn zu tun haben, hält sie intensiv Kontakt. In unzähligen pädagogischen Gesprächen erfährt sie Neues über ihren Sohn. Es gibt eigentlich keinen Ort auf der Welt, der nicht nach ihrem Parfüm riecht. Mit Vorliebe fährt sie ihren Sohn mehrmals in der Woche zu organisierten

Freizeitaktivitäten. Er wird früh gefördert beim Prager Eltern-Kind-Programm, der musikalischen Kleinkinderziehung und dem Babyschwimmen. Mit ernstem Lächeln sitzt sie am Beckenrand, wenn er sein Seepferdchen erjapst; plaudert sachkundig mit ihm über den Erwerb des gelben Gürtels.

Eigentlich müßte ihr jemand eine Mütze schenken. Das passiert allerdings selten, weil niemand so recht entscheiden mag, ob er eine Chauffeurs- oder eine Admiralsmütze auswählen soll. – Die kontrollierende Mutter ist nur in den seltensten Fällen streng. Meistens hält sie ihren Sohn an der langen Leine – eine der stabilsten Formen der Bindung. Für die Freunde ihres Sohnes hat sie ein offenes Haus und für seine erste Freundin großes Verständnis, noch größeres Verständnis natürlich für den Kummer des Sohnes, wenn diese Liebe in die Brüche gegangen ist. Ein wichtiges Motiv der Kontrolle kann in dem Gefühl des Ausgeschlossenseins liegen oder in der Furcht, ohne ständige Kontrolle übersehen, mißachtet und an den Rand gedrängt zu werden. Die «offene Atmosphäre», die in ihrem Haus *herrscht*, ist von Mißtrauen durchzogen.

Ein wichtiges Motiv der Kontrolle hat mit Sexualität zu tun. In der Krabbelgruppe kann man dieses Motiv manchmal daran erkennen, daß Mütter beim Wickeln ihres Sohnes gerne und ausführlich mit anderen Müttern über den Penis ihres Sohnes sprechen. Sie kontrolliert sein Geschlecht, seine Andersartigkeit – aus dem Sohn wird ein Mann werden. Auch der, mit dem sie ihr Bett teilt, ist ein Fremder. Sie hält sich die Männer vom Leib, und je größer ihr Sohn wird, um so erschreckender erscheint ihr seine drohende Verwandlung zum Mann. Jeder Weg, den der Junge ohne ihren Einfluß geht, führt ihn fort. Je sicherer sich seine geschlechtliche Identität entwickelt, um so deutlicher befürchtet sie die Entfremdung zwischen sich und ihm. Häufig heißt ihre fatale Doppelbotschaft: «Ich habe großes Interesse an deinem Geschlecht, doch bleibe mein kleiner sauberer Junge.» Sie versucht zu verhindern, worauf sie in Wirklichkeit scharf ist.

Die kämpfende Mutter steckt voller Aggressionen, gesunder und weniger gesunder Aggressionen. Ihr Problem ist, daß sie nicht weiß, wohin damit. Eine ihrer Schwierigkeiten kann darin bestehen, daß sie sich innerlich an einem traditionellen Mutterbild orientiert, nach dem Mütter sanft und dösig, liebevoll und sorgend, ausgleichend und duldsam zu sein haben. Schon die Phantasie, die Kinder auf den Mond zu schießen und den Ehegatten im Fluß zu versenken, erschiene ihr ausgesprochen unfraulich.

Vor allen Dingen gegenüber ihrem Mann (und häufig auch gegenüber ihren eigenen Eltern) darf sie nicht deutlich *ihre* Interessen vertreten. Ihr inneres Bild, wie eine Mutter zu sein hat, gestattet ihr nur einen ehrenvollen Weg, aggressiv zu sein: Sie darf und muß ihren Jungen mit Zähnen und Klauen verteidigen. Anstatt in ihrem Leben als erwachsene Frau auf den Tisch zu hauen, hängt sie sich mit ihren angstvoll aggressiven Impulsen in das Leben ihres Sohnes. Sie signalisiert, daß sie ihn gegen die feindselige Welt verteidigen wird, und regelmäßig erkennt er, daß sie einen Mitstreiter und Kämpfer sucht. Weil die Verschiebung der Aggression keines ihrer eigentlichen Probleme löst, kann die Ausdauer der kämpfenden Mutter manchmal über Jahrzehnte anhalten.

Häufig fühlt sich eine kämpfende Mutter vom Leben benachteiligt, oft hat sie recht mit ihrer Einschätzung. Bisweilen stammt ihr Gefühl der Benachteiligung und Zurücksetzung aus ihrer eigenen Kindheit («Unsereins bekommt sowieso schlechte Noten. Wir werden immer gehänselt. Wenn wir nicht aufpassen, nehmen sie uns alles weg»). Ihr Sohn hat eigentlich kaum eine Chance, nicht ebenfalls benachteiligt zu werden.

Die Söhne kämpfender Mütter haben grundsätzlich schlechte Lehrerinnen. Schon im Sandkasten werden sie von ungezogenen Bälgern malträtiert. Sie bekommen entweder viel zuviel oder viel zuwenig Schularbeiten auf. Werden sie krank, dann geraten sie an einen inkompetenten Arzt. Wenn sie keine Lust haben, sich auf die Mathematikarbeit vorzubereiten, dann sind die Aufgaben zu schwer. Wenn sie mit vierzehn der erste Liebeskummer ereilt, dann sind sie an ein Flittchen geraten... Angesichts der ständigen Verteidigungsbereitschaft der Mütter werden die Söhne keinesfalls ruhig und gelassen, sondern verwickeln sich in immer häufigere Schlachten, die sie nicht zuletzt für ihre Mutter schlagen. Eine Löwin zieht schließlich keinen Hasen groß!

Weil der Junge einer kämpfenden Mutter nach ihrer tiefsten Überzeugung meistens real oder wenigstens eigentlich im Recht ist, bleibt sein Sozialverhalten wenig entwickelt. Wenn er einem anderen Kind eine runterhaut, wird er aus tiefstem Herzen sagen, daß er sich nur verteidigt habe. Er wird verzweifelt sein, weil ihm niemand glaubt. Die Doppelbotschaft seiner Mutter – die auf dem Schulhof zu großen Schwierigkeiten führt – lautet: «Angriff ist die beste Verteidigung.» (Ideologisch verklärt spricht man von «männlicher Durchsetzungsfähigkeit».)

Der Junge einer solchen Mutter kann sich dem Kampf entziehen wollen, indem er krank, still oder ein Außenseiter wird – ein schutzbedürftiges Kind, für das eine Mutter «mit Fug und Recht» ganz besonders kämpfen muß. Sie ist zwar froh über ihre Aufgabe, aber enttäuscht von dem Hasen an ihrer Seite – selbst der Versuch, seine Schutzlosigkeit durch besonders aggressives Verhalten wettzumachen, bringt den Jungen wieder in die Fänge seiner kämpfenden Mutter. Er ist sozial so auffällig geworden, daß er ihrer besonderen Unterstützung bedarf.

Nichts gegen Mütter (und Väter), die für ihre Kinder streiten – das ist notwendig in einer tendenziell kinderfeindlichen Gesellschaft, nur, die kämpfende Mutter, die hier kritisiert wird, wechselt den Kampfplatz. Für sich müßte sie streiten, doch sie streitet für ihren Sohn. Und es geht nicht so sehr um ihn, sondern um sie. Die Löwin bleibt in der Höhle. Sie schickt ihren Jungen vor, von dem sie meint, daß sie ihn beschützt. Von sicherem Platz aus dirigiert sie ihre hoffnungslos überforderte Ein-Mann-Truppe. Sie schickt ihn in die Kämpfe, die sich nicht mit ihrem Frauen- und Mutterbild vereinbaren lassen, läßt ihn die verlorenen Schlachten ihrer Kindheit wiederholen, stachelt ihn zum Klassenkampf an, der notwendig, aber Sache der Erwachsenen ist. Die kämpfende Mutter ist im Grunde – auch das eine ihrer Doppelbotschaften – eine äußerst schutzbedürftige Frau.

Die wehrlose Mutter zieht Nutzen aus ihrer Wehrlosigkeit, obwohl sie in ihren eigenen Augen und im Urteil anderer als Opfer erscheint. Sie sagt gern, daß sie mit ihrem Sohn «nicht fertig» wird. Wäre es anders, dann käme sehr schnell die Frage auf den Tisch, wie sie mit ihrem Mann fertig werden könnte; manchmal auch der bange Verdacht, daß sie schon längst mit ihm fertig ist. Anschließend stellt sich vielleicht die Frage, wie unfertig sie sich selbst fühlt.

Sie zieht es vor, nur wenig Verantwortung für ihr eigenes Leben zu übernehmen, ein Zustand, der als Opfer am besten zu ertragen ist. Entweder sucht sie sich einen Mann, der sie deckelt, oder sie erzieht ihren Sohn dazu, sie nicht zu respektieren. Oft bilden «ihre beiden Männer» ein derart starkes Team, daß sie auch Schwierigkeiten hätte, gegen sie anzukommen, wenn sie versuchte, als erwachsene Frau zu handeln.

Ihr Sohn macht (vermeintlich), was er will. Er tanzt ihr auf dem Kopf herum. Er fährt ihr über den Mund. Wenn er gehorcht, dann tut er es aus Großzügigkeit. Ein wenig Entlastung erfährt die wehrlose Mutter, wenn sie erfährt, daß ihr Kotzbrocken auch in der Schule Schwierigkeiten macht (er tut es gern!). Ab und zu platzt sie. Während sie ihm ansonsten seinen Willen läßt, sagt sie ihm nun, daß er all die Jahre im Unrecht gewesen ist. Sie klagt an. Sie sei gestraft, die große Frau durch den kleinen Jungen. Manchmal kommt abends der «Richter» nach Hause und haut drauf (oder schimpft und droht) – ohne groß nachzufragen, weil es doch nicht um den Sohn, sondern um sein kleines Mädchen geht, dem er Genugtuung verschafft.

Zwischen Mutter und Sohn besteht eine große Nähe, ja eigentlich ist ihre Kampfbeziehung von sehr liebevollen Gefühlen getragen. Um so fataler wirkt sich die Doppelbotschaft der Mutter an den Sohn aus: «Du bist ein guter Sohn, weil du ein schlechter Sohn bist. Du attackierst meine Selbstachtung, aber du hast auch recht damit. Ich bin eine schlechte Mutter, und du bist mein Sohn.»

Die Söhne solcher Mütter scheitern oft im Leben, weil sie glauben, so ihrer Mutter einen Gefallen tun zu können.

Die Mitmach-Mutter schnippt auf dem Elternabend in der Grundschule mit dem Finger, sucht die Augen der Lehrerin, und manchmal steht sie auf: «Heute hatten wir doch die Nr. 7a bis 9 auf. Wir haben fast zwei Stunden dafür gebraucht.» Eigentlich hängt sie sich schamlos in das Leben ihres Sohnes, nimmt von seinen Sorgen, seinen Beziehungen, seinen Leistungen und seiner Lebensfreude. Sie empfindet starkes Engagement und bemerkt darüber nicht, wie sie ihren Jungen abzockt. (Seine Abgrenzung ist oft rüde und respektlos, weil er das kleine Mädchen erkennt, das da seine Mutter ist: «Hau ab, das ist nichts für Weiber.»)

An langen Nachmittagen wird bei der Mitmach-Mutter gebastelt, gefördert, gebacken, geschularbeitet und gemalt. Schulkameraden werden eingeladen und bespielt – die Mitmach-Mutter ist eine gute Mutter. Sie macht tolle Sachen mit ihren Kindern. Ihr Verhalten ist ausgesprochen lobenswert, weil man mit Kindern wahrscheinlich nicht genug spielen, basteln und malen kann. Es ist jedoch aus dem einfachen Grund kritikwürdig, weil sich die Mitmach-Mutter zu Tode langweilen würde, wenn sie nicht all ihre Zeit mit der Organisation des Kinderalltages verbrächte. Pointiert formuliert: Die Kinder spielen mit der Mutter und spüren instinktiv, daß sie sie nicht verlassen dürfen. Manche Kinder produzieren allein aus einem einzigen Grund Probleme in der Schule: damit ihre Mutter etwas zu tun hat.

Meistens fühlt sich die Mitmach-Mutter im Kontakt mit ihren Kindern lebendiger als im Kontakt mit ihrem Mann. Wenn man sie fragte, was sie am liebsten tun würde, wäre sie wahrscheinlich recht irritiert. Für einen Jungen ist es schwer, sich von einer solchen Mutter zu lösen, weil sie soviel schöne Sachen mit ihm macht, sich kümmert und sorgt, aber trotzdem unzufrieden ist. Man mag sie gar nicht allein lassen, und oft meinen die

Söhne voller ungelebter Wut, sie müßten alles auf Heller und Pfennig, Butterbrot für Butterbrot, zurückzahlen.

Die Putze läßt es sich gefallen, daß sie und ihre Arbeit abgewertet werden. Meistens ist sie mit einem Mann verheiratet, dem die Angst aus dem Hemdkragen kriecht; der um sich haut, weil er sich sonst wehrlos fühlen würde, der bedient werden will, weil er sonst niemand wäre, der abwertet, um zu spüren, daß er etwas wert ist. Ihr Mann bringt das Geld nach Hause. Wenn sie arbeiten geht, dann für einen Lohn, für den ihr Mann «nicht einmal morgens aufstehen würde».

Die Putze versorgt den Rest der Familie, aber diese Arbeit scheint nicht geeignet zu sein, ihr einen angemessenen Platz zu verschaffen. Ihr Sohn ist in einer schwierigen Lage, denn im Gegensatz zu seinem Vater tut es ihm noch weh, wenn er sie herunterputzt und in die Küche schickt. Meistens nimmt er sich innerhalb der Familie mehr «Freiheiten» heraus, als ihm zustehen. Ihre Erziehungsversuche nehmen zwar viel Zeit in Anspruch, aber sind nicht wirklich ernst gemeint. Häufig putzt sie aus Liebe. Ihre Dienstbarkeit ist ihr Beitrag zur geschlechtlichen Identität des Mannes. Und, so fragt sie sich, wenn sie ihrem Sohn Respekt beibrächte, wie könnte dann ein richtiger Mann aus ihm werden?

Die Ablösung von einer so oder anders abgewerteten Mutter ist schwieriger, als sie auf den ersten Blick erscheint, denn weder für liebevolle noch für Abhängigkeitsgefühle des Sohnes ist Platz genug vorhanden. Wie kann er die Mutter heiß lieben, wenn sie so wenig Achtung erfährt? Wie kann er sich klein und abhängig von der Putze fühlen? Er verdrängt, was er tun müßte – anstatt groß zu werden, lernt er dreckige Witze. Manchmal versucht er sich insgeheim als guter Junge, um der Mutter (nach all den Verletzungen) seine Liebe zu zeigen – eine schwere Aufgabe. Als Ehemann ist er durchaus attraktiv, denn er verspricht einer Frau Antwort auf die Frage, ob sie nun eine Putze oder eine schätzenswerte Frau sei. Aber leider weiß er darauf ebensowenig eine Antwort wie seine Mutter. Irgendwie hat ihm keiner gesagt, was ein Mann ist.

Die einsame Mutter führt eine freudlose Ehe und findet nicht die Kraft, daran etwas zu ändern. Anstatt die Dürre mit ihrem Mann so oder so zu verändern, gräbt sie sich ein. Oft gehören ihre Kinder mit zur verschworenen Gemeinschaft. Zwangsläufig abgetrennt von ihrem Vater (er liegt in einem anderen Graben), sind die Kinder ebenso tapfer wie ihre arme Mutter. Oft sind sie hin- und hergerissen zwischen der Phantasie, ihre

Mutter zu retten, und dem Gedanken, ob nicht vielleicht doch sie am bewegungslosen Unglück ihrer Mutter schuld hätten.

Bei einem Jungen kann eine solche Mutter sehr ritterliche Gefühle und Illusionen über seine Stellung ihr gegenüber hervorrufen. Zwar ist er nur von ihren Gnaden zum Prinzen ausgerufen worden, aber er wähnt sich doch näher an ihrem Herzen als der offiziell abgehalfterte König. Scheinbar ist er aus der Rivalität zu seinem Vater als Sieger hervorgegangen. Groß muß er jetzt sein! Meistens täuscht er sich jedoch und bemerkt nicht, wie er in die Auseinandersetzung zwischen den Eheleuten einbezogen worden ist. Er tröstet, hält Abstand, erbringt besondere Leistungen, ist netter und verständnisvoller als sein Vater – und bleibt trotzdem zweiter Sieger.

Für diese Konstellation sind meist beide Eltern verantwortlich. Alle Beziehungen sind durch Unoffenheit und Unklarheit belastet; keine Beziehung kann offen ausgelebt werden. Verbündeten sich Mutter und Sohn ganz offen gegen den Vater, würde sich die Frage stellen, warum dieser schlechte andere nicht aus dem Familienverbund ausgeschlossen wird. Würden die beiden Eltern offen aufeinander zugehen, stünde ebenfalls die Frage einer Trennung oder eines versöhnlichen Neuanfanges auf der Tagesordnung. Würden schließlich Vater und Sohn offen ihre Liebeswünsche aneinander leben, käme ebenfalls die ganze Anordnung durcheinander, weil dieser Kontakt das innige Mutter-Sohn-Verhältnis gefährden und die enttäuschten und negativen Urteile der Mutter über den Vater in Frage stellen würde. Die Unoffenheit wird unterstützt durch das vage Gefühl der Eltern, daß es nicht richtig ist, in einer ehelichen Auseinandersetzung kindliche Hilfstruppen zu rekrutieren. Am wenigsten versteht der Junge, was passiert. Die eheliche Beziehung der Eltern; ihre Verbundenheit und zur Seite gelegte Liebe oder auch die drohende Trennung bleiben ihm verborgen. Er kann nicht bemerken, daß er in einen elterlichen Grabenkrieg geraten ist, aus dem es keinen Ausweg zu geben scheint, weder den des Friedens noch den der Kapitulation.

Häufig denken Jungen, daß die Beziehung zwischen den Eltern in dieser Situation wenig Substanz hat. Sie fallen aus allen Wolken, wenn sie gewahr werden, wie tief die Bindung ihrer Mutter an ihren Mann ist. Die überaus enge Beziehung zwischen Mutter und Sohn ist nur als Ersatz installiert. Sie soll unbewußt verhindern, daß die ehelichen Probleme virulent werden. Und doch ist die Ehe der Eltern immer präsent: «Ich bin viel netter zu dir als Papa.» – «Wenn ich dich, mein Junge, nicht hätte, dann wäre ich noch trauriger.» – «Gut, daß wenigstens wir zusammenhalten.» – «Dein Vater soll ruhig sehen, wie schön wir beide es zusammen haben.» – «Du weißt doch, wie der Papa ist.»

Die Beziehung zwischen Vater und Sohn, ihre Liebe zueinander, kann ebenfalls nur im verborgenen stattfinden, manchmal so sehr, daß sie nur noch in den Träumen des Jungen Platz hat.

Bisweilen versucht er sich als Doppelagent, weil er beide Eltern braucht. Er trägt sehr daran, daß er so beide «verraten» muß. Manchmal robbt er aus freien Stücken oder auf Befehl einer der kriegführenden Parteien von einem Graben zum anderen – im Gepäck eine weiße Fahne, eine Botschaft oder eine Handgranate. Oft stellt er sich freiwillig als Zielscheibe in die Mitte und richtet sich als einziger auf, während die Erwachsenen in ihren Gräben bleiben. Er sei doch, so empfindet er, ihrer beider Kind und könne so die Sinnlosigkeit des Ehekrieges zeigen. Wird er, der naive Zivilist, übersehen, kann es sein, daß er sich viel einfallen läßt, um zu erreichen, daß seine Eltern aus ihren Löchern kommen und auf ihn zurennen, um ihn zu retten, zu verprügeln, zu umarmen; irgendwas versuchen, damit sie zusammenkommen.

Diese Konstellation gibt es in vielen verschiedenen Varianten, häufig trifft man dabei eine Mutter, die zwischen Vater und Sohn steht. Eine auch für den ausgegrenzten, gewiß leidenden Vater äußerst bequeme Anordnung.

Resümee: Die hier beschriebenen Mütter haben nicht zuwenig, sondern zuviel mit ihren Söhnen zu tun. Sie kümmern sich in der Regel zuwenig um die Beziehung zu ihren Männern und mit Sicherheit zuwenig um sich selber. Viele alltägliche Aufgaben führen weg von eigenen Wünschen, Ideen und Gefühlen, aber sie verführen auch: Probleme, die auf der Erwachsenenebene gelöst werden müßten, werden verschoben auf die Eltern-Kind-Beziehung oder als Problem des Kindes organisiert. Die hier beschriebenen Mütter sind zu selbstlos. Nicht daß sie morgen anfangen sollten, ihre Söhne zu vernachlässigen – sie sollten anfangen, sich selbst weniger ins Abseits zu stellen. Sie wollen zuviel von ihren Söhnen, für ihre Söhne, mit ihren Söhnen. Sie wollen zuwenig von sich und für sich und mit sich.

Eines gilt sowohl für die Mütter als auch für die Väter. Es betrifft die Beziehung der Eltern untereinander, deren Probleme häufig zu den Problemen der Kinder werden. Es wird Zeit, daß Familie weniger als Gemeinschaft zur Aufzucht und Erziehung von Kindern angesehen wird. In

vielen Familien scheint der ganze Schmu nur für die Kinder veranstaltet zu werden. Ehrlicherweise – vor allen Dingen ehrlicher gegenüber sich selbst – sollten Eltern mehr darauf achten, daß Familie auch ein Zusammenschluß zweier Erwachsener ist, die ihre Sexualität miteinander erleben und ihren Alltag miteinander organisieren wollen – daß der eine schon mal angeheizt hat, wenn der andere kommt. Natürlich verzichten Eltern auch auf bestimmte Annehmlichkeiten. Aber keine Frau und kein Mann verbringen doch die besten erwachsenen Jahre miteinander, nur damit in fernen Zeiten irgendwelche Kids das Ozonloch flicken! Es ist doch aberwitzig, als Aufgabe der Familie zu formulieren, daß sie Kindern beibringen soll, in der nächsten Generation ein gutes Leben zu leben, wenn sie nicht vor allem die Aufgabe hat, Mann und Frau ein gutes Leben miteinander zu ermöglichen. Wenn Mann und Frau Freude haben – an sich selber und miteinander, dann braucht es keine schlauen Bücher über Geschlechtsrollensozialisation und langfristig auch keine Diskussion über Erziehung –, dann gucken sich die Kinder einfach alles bei ihren Eltern ab.

Meistens brauchen Eltern keinen Nachhilfeunterricht als Vater und Mutter, sondern als Mann und Frau (und als Ehepaar). Daß über den Spaß der Erwachsenen die elterliche Liebe zu kurz kommt, muß nicht befürchtet werden. Wir zumindest haben noch nie von Eltern gehört, die zufrieden und lebendig miteinander sind, aber ihre Kinder nicht leiden können.

Das starke Geschlecht

Fakten zur seelischen und körperlichen Gesundheit von Jungen

«Mein Sohn, was birgst du so bang dein Gesicht? –
Siehst, Vater, du den Erlkönig nicht?
Den Erlenkönig mit Kron und Schweif? –
Mein Sohn, es ist ein Nebelstreif.»
(Aus: Johann Wolfgang von Goethe, Erlkönig)

Wer flink, zäh und hart ist, den haut so schnell nichts um. Ein richtiger Junge ist wild und frech. Und vor allem ist er gesund und stark. Allerdings: Gerade jene Anforderungen, die Jungen – und Männer – erfolgreich machen sollen, schaden ihnen. Wer stets wild (rücksichtslos), frech (durchsetzungsfähig), stark (hartgesotten) und gesund (schier unverwüstlich) sein muß, dessen Gesundheit ist sehr gefährdet. Doch auch unabhängig von solchen äußeren Zwängen ist es um die Gesundheit von Jungen schlechter bestellt, als es uns das Klischeebild vom kernigen Jungen seit Jahr und Tag weismachen will.

Schon die Embryonalentwicklung und die Geburt stellen für Jungen ein erheblich höheres Risiko dar als für Mädchen. Auf 100 Mädchen werden im Durchschnitt 107 Jungen geboren. Das Verhältnis von Mädchen und Jungen, die ihre Geburt oder die erste Lebenswoche nicht überstehen, liegt dagegen bei 100 zu 140 (vgl. Tab. I). Weibliche Neugeborene weisen im Durchschnitt einen höheren APGAR-Wert auf als männliche Neugeborene (Anette Degenhardt 1982). Nach dem APGAR-Schema werden unmittelbar nach der Entbindung sowie fünf und zehn Minuten später Bewertungspunkte für die Intensität der Atembewegungen, den Pulsschlag, den Grundtonus der Muskeln, das Aussehen (Kolorit) und die Reflexerregbarkeit verteilt.
Durchschnittlich haben Mädchen bei der Geburt einen Reifevorsprung

Tabelle I: Sterbefälle nach Alter und Geschlecht – 1986

Alter	Geschlechterverhältnis ♂ ♀	Alter	Geschlechterverhältnis ♂ ♀
Geburt	1,4 : 1	45–50	2,1 : 1
0– 5	1,3 : 1	50–55	2,2 : 1
5–10	1,5 : 1	55–60	2,1 : 1
10–15	1,8 : 1	60–65	1,5 : 1
15–20	2,6 : 1	65–70	1,3 : 1
20–25	2,9 : 1	70–75	1,1 : 1
25–30	2,5 : 1	75–80	1 : 1,2
30–35	2 : 1	80–85	1 : 1,5
35–40	1,9 : 1	85–90	1 : 2,2
40–45	1,9 : 1	90 und älter	1 : 3,2

Quellen: Statistisches Bundesamt, Fachserie 12, Reihe 4, 1987 und eigene Berechnungen.

von zwei bis drei Wochen. Hinsichtlich des Skelettalters sind sie den Jungen vier bis sechs Wochen voraus. Die Ursachen für diese Reifeunterschiede sind ungeklärt. Ob das Y-Chromosom zu einer Verlangsamung des männlichen Reifungsprozesses führt, konnte bislang ebensowenig schlüssig bewiesen werden wie dessen gelegentlich angenommene Verantwortlichkeit für die häufiger beobachtbare Aggressivität von Jungen. Ist das Immunsystem von neugeborenen Jungen schwächer? Spielen Hormone vielleicht eine Rolle? Gibt es überhaupt ausschlaggebende Unterschiede im Hormonhaushalt von Jungen und Mädchen vor der Pubertät? Biologen und Mediziner sind sich bis heute darüber nicht einig.
Festzuhalten bleibt, daß Jungen offensichtlich weniger gut als Mädchen in der Lage sind, sich der Umwelt außerhalb des Mutterleibes anzupassen. Dieser Unterschied gilt auch für die weiteren Jahre. Zumindest bis zum Jugendalter haben sie eine deutlich schwächere körperliche und eine labilere seelische Konstitution vorzuweisen. Ein Kinderarzt sagte uns in einem Gespräch über seine Arbeit: «Wenn es hier in der Gegend eine Grippewelle gibt, dann habe ich das Wartezimmer voller Jungen.» Daß es

sich hierbei nicht um eine Einzelbeobachtung handelt, zeigt eine bundesweite Auswertung des Krankheitsfrüherkennungsprogramms für Kinder. Das Ergebnis dieser Untersuchung ist eindeutig: Jungen sind häufiger krank als Mädchen. Das Krankheitsfrüherkennungsprogramm für Kinder gehört mittlerweile zur kinderärztlichen Regelversorgung. Zwei Untersuchungen, U 1 und U 2, werden bis zum zehnten Lebenstag durchgeführt, die Untersuchungen U 3 bis U 8 folgen in regelmäßigen Abständen. Die letzte Untersuchung des Programms wird immer bei Vierjährigen vorgenommen. Die zentrale Auswertung der dadurch gewonnenen Daten gibt Auskunft über die Häufigkeit von insgesamt 32 verschiedenen Krankheiten und Störungen. In nur vier Fällen, darunter als folgenreichste Diagnose Hüftgelenksfehlstellungen, waren die Mädchen stärker betroffen. Alle anderen Krankheiten stellten sich als zum Teil extrem «jungenwendig» heraus. Die hohe Verhältniszahl von 16:1 zu Ungunsten der Jungen bei «Fehlbildungen und Erkrankungen der Geschlechtsorgane» (vgl. Tab. II) sollte allerdings nicht überbewertet werden. Oftmals handelt es sich dabei nicht um echte Phimosen oder Leistenhoden, sondern um harmlose Vorhautverklebungen oder sogenannte Pendelhoden, die nicht unbedingt als Erkrankung diagnostiziert werden müssen.

Tabelle II: Diagnostizierte Fälle durch das Krankheitsfrüherkennungsprogramm für Kinder U 1 bis U 8 – 1985 (Auswahl)

Krankheitsbilder und Störungen	Geschlechterverhältnis pro 100 000 Jungen : Mädchen
Diabetes mellitus	2,5 : 1*
Intellektuelle Minderentwicklung	1,7 : 1*
Störungen der emotionalen und sozialen Entwicklung	1,6 : 1*
Cerebrale Entwicklungsstörungen	1,4 : 1
Fehlbildungen des Zentralnervensystems	1,5 : 1
Hörbehinderungen	1,3 : 1
Hüftgelenksanomalien	1 : 1,6
Blutkrankheiten	1,6 : 1
Erkrankung der Atmungsorgane	1,5 : 1
Erkrankung der Verdauungsorgane	1,3 : 1
Erkrankung der Nieren und Harnwege	1,8 : 1
Fehlbildungen und Erkrankung der Geschlechtsorgane	16 : 1

* Verhältniszahlen beziehen sich nur auf die festgestellten Fälle bei U7 und U8. Ansonsten wurden die Ergebnisse von U 1 bis U 8 addiert.

Quellen: Zentralinstitut für die kassenärztliche Versorgung in der Bundesrepublik Deutschland: Aufbereitung und Interpretation der Untersuchungsergebnisse aus den gesetzlichen Früherkennungsmaßnahmen 1978–1985, 1988 und eigene Berechnungen.

Tabelle III: Todesursachen von Kindern im Alter 0 bis 15 Jahre.
Geschlechterverhältnis pro 100 000 – 1986

Todesursache	Geschlechterverhältnis Jungen : Mädchen
Infektöse und parasitäre Krankheiten	1,4 : 1
Neubildungen (Krebserkrankungen)	1,7 : 1
Stoffwechselkrankheiten	1,3 : 1
Blutkrankheiten	1,6 : 1
Krankheiten des Nervensystems	1,5 : 1
Krankheiten der Atmungsorgane	1,6 : 1
Krankheiten der Verdauungsorgane	1,2 : 1
Verletzungen, Vergiftungen	1,6 : 1
Unfälle im Straßenverkehr	1,5 : 1
Unfälle durch Sturz	2,2 : 1
Ertrinken	1,9 : 1
Suizid	3,3 : 1 (Alter 10–20 Jahre)

Quellen: Statistisches Bundesamt, Fachserie 12, Reihe 4, 1987 und eigene Berechnungen.

Die bundesweite Todesartenstatistik (Tab. III) zeigt, aus welchen Gründen die Sterblichkeitsraten der Jungen auch nach der Geburt höher sind als die der Mädchen. Jungen sind nicht nur krankheitsanfälliger, sondern auch im Alltag gefährdeter. Bemerkenswert ist auch die mehr als dreimal so hohe Selbstmordrate der Jungen bis zum Alter von zwanzig Jahren. Diese Verhältniszahl bleibt im übrigen auch später nahezu konstant. Allerdings muß man darauf hinweisen, daß auf einen vollendeten Suizid schätzungsweise 40 Selbstmordversuche kommen, die von Mädchen etwa viermal so häufig unternommen werden als von Jungen.

Über psychische und psychosomatische Störungen und Krankheiten gibt die folgende Tabelle Auskunft. Die Daten entsprechen der Situation in psychiatrischen und psychosomatischen Einrichtungen, Jungen und Mädchen werden dort im Verhältnis von mindestens 2 : 1 vorgestellt. Zum besseren Verständnis wollen wir einige Störungsbilder kurz erläutern:

Das **Hyperaktive Syndrom** bezeichnet nach Helmut Remschmidt und Martin H. Schmidt ein Verhalten, das durch «einen entwicklungsmäßig unangemessenen Überschuß an motorischen Bewegungen, Aufmerksamkeitsstörungen, schlechte Impulskontrolle und herabgesetzte Fähigkeit zur Hemmung emotionaler Reaktionen» gekennzeichnet ist. Verschiedene Untersuchungen kommen zu dem Ergebnis, daß mindestens zwei Prozent aller Schulkinder in der Bundesrepublik als hyperaktiv bezeichnet werden müssen. Synonym wird heute oft der Begriff ‹MCD – Minimale cerebrale Dysfunktion› gebraucht.

Unter dem **Tourette-Syndrom** versteht man die chronische Häufung verschiedenartiger motorischer Tics, beispielsweise Grimassen und zum Teil heftige Zuckungen im Gesichtsbereich und anderen Körperregionen.

Zwangsvorstellungen führen häufig zu **Zwangshandlungen**. Starke Ängste, wie etwa, die Mutter könnte sterben, es könnte ein Erdbeben oder eine Sintflut geben, man könne unheilbar krank sein usw., werden zwar selbst als unrealistisch und unsinnig begriffen, aber dennoch als quälend empfunden. Diese besondere Form von Ängsten kann zum Beispiel zu Wasch-, Bet-, Zähl-, Kontroll- und Ordnungszwängen führen.

Ulcus pepticum ist ein Sammelbegriff für Geschwürerkrankungen des Magens und des Zwölffingerdarms.

Jaktationen kann man mit monotonem und rhythmischem Hin- und Herwälzen vor dem Einschlafen übersetzen. Jaktationen können eine Folge von Einsamkeit sein, sie können aber auch einen lustbetonten Einschlafautomatismus darstellen, weshalb die Abgrenzung zur psychischen Störung oft schwerfällt.

Mit **Adipositas** bezeichnet man die ungewöhnliche Ansammlung von Fettgewebe bei ausgeprägtem Übergewicht. **Anorexia nervosa** ist die heute wohl am gründlichsten untersuchte psychosomatische Krankheit. Allgemein ist darunter eine Eß- und Appetitstörung mit bedrohlichem Gewichtsverlust zu verstehen.

Tabelle IV

Psychische und psychosomatische Störungen	Geschlechterverhältnis Jungen : Mädchen
Hyperaktives Syndrom	8 : 1
Stottern	4 : 1
Tourette-Syndrom	3 : 1
Bettnässen	2 : 1 (ab dem 7. Lebensjahr)
Einkoten	3,5 : 1
Zwangsvorstellungen	4 : 1
Asthma bronchiale	2 : 1
Ulcus pepticum	6 : 1 (chronisch) 2 : 1 (akut)
Daumenlutschen	1 : 1,3
Haareausreißen	1 : 4
Jaktationen	2 : 1
Adipositas	1,4 : 1
Depressionen	1 : 2 (wird im Jugendalter noch nicht lange diagnostiziert)
Anorexia nervosa	1 : 20

Quellen: Helmut Remschmidt und Martin H. Schmidt: Kinder- und Jugendpsychiatrie in Klinik und Praxis. Band III, 1985 und eigene Berechnungen.

Jungen sind auch in ihrem Sozialverhalten wesentlich auffälliger als Mädchen. Sie verstoßen häufiger gegen bestehende Ordnungen und Regeln. Jungen stellen etwa zwei Drittel der in Erziehungsberatungsstellen und schulpsychologische Dienste geschickten Kinder. Tabelle V zeigt, daß Jungen in jeder Altersgruppe mehr Straftaten begehen und erheblich häufiger inhaftiert werden. Mädchen verüben vor allem (und sogar häufi-

Tabelle V: Kriminalstatistik

	♂	♀
Polizeilich registrierte straftätige		
– Kinder	5,3 : 1*	
– Jugendliche	5,1 : 1*	
– Heranwachsene	7,1 : 1*	
Inhaftierte		
– Jugendliche	30 : 1	
– Heranwachsende	55 : 1	
Jugendliche, zur Haftstrafe verurteilt wegen		
– Diebstahl	60 : 1	
– Mord	2,3 : 1	
– Totschlag	6 : 1	
– Körperverletzung	12 : 1	
– Raub	57 : 1	

* Wilhelm Wieczerkowski / Hans zur Oeveste (Hg.): Lehrbuch der Entwicklungspsychologie, Düsseldorf 1982.
Quellen: Bundesamt für Statistik, Fachserie 10, Reihe 4, 1986 und eigene Berechnungen.

ger als Jungen) kleinere Diebstähle. Die «großen Dinger» drehen die Jungen. Zu einer Haftstrafe verurteilt werden 60mal mehr Jungen als Mädchen.

Der relativ größte Teil der eingesperrten Jungen muß nach der bundesweiten Strafvollzugsstatistik von 1986 für ein bis zwei Jahre hinter Gitter. Was möglicherweise als Jux oder Protzgehabe angefangen hat, bedeutet jährlich für rund 3500 15- bis 21jährige junge Männer Knast, Isolation und Gewalt. Autos knacken, Mopeds frisieren, Geschwindigkeitsübertretungen, Diebstähle und Randale, häufig in Verbindung mit Körperverletzung, sind die von Jungen bevorzugten Regelverstöße.

Anfang 1989 fand im Leverkusener Rathausfoyer eine Ausstellung statt, bei der Zeichnungen und Malwerke von jungen Strafgefangenen gezeigt wurden. In einer begleitenden Broschüre stellten sich die inhaftierten Künstler in Kurzbiographien vor. Bei fast allen war ein so oder ähnlich lautender Satz zu lesen: «Vor allem meine Leidenschaft für Autos hat mir diese Strafe eingebracht.»

Tabelle VI: Jungenanteil in Sonderschulen

Sonderschulen für Lernbehinderte	60%
Sonderschulen für geistig Behinderte	57%
Sonderschulen für Verhaltensgestörte	79%
Sonderschulen für Körperbehinderte	59%
Sonderschulen für Sprachbehinderte	71%
Sonderschulen für Hörgeschädigte	57%
Sonderschulen für Sehgeschädigte	58%
Sonderschulen für sonstige Behinderungen	59%
Sonderschulen insgesamt	60%

Quellen: Statistisches Bundesamt, Fachserie 11, Reihe 1, 1986 und eigene Berechnungen.

Jugendliche Straftäter treten häufig in Gruppen auf. Gewalt und Alkohol spielen eine wichtige Rolle. Überhaupt trinken schon Jungen, wie später auch Männer, mehr Alkohol als Mädchen und Frauen. Bei einer Befragung von 15 500 15- bis 25jährigen gaben die jungen Männer fünfmal häufiger (damit) an, im letzten Jahr mehr als zehn Alkoholräusche gehabt zu haben (vgl. H. Remschmidt/M. H. Schmidt 1985).

Jungen bleiben häufiger sitzen als Mädchen. In Sonderschulen sind sie durchweg überrepräsentiert (Tab. IV).

Statistiken spiegeln nie die ganze Vielfalt des menschlichen Lebens wider, und sie sind leicht zu mißbrauchen. Passen einem ihre Ergebnisse in den Kram, kann man sie entsprechend plazieren. Was nicht in die eigene Theorie paßt, wird schnell übersehen. Wir haben uns viel mit pädagogischer und Sozialisationsforschung beschäftigt und festgestellt, daß es für fast jeden theoretischen Ansatz die entsprechenden empirischen «Belege» gibt.

Besonders schwierig wird es bei Tabellen über psychische Störungen. Wer definiert, was eine psychische Störung ist? Wo beginnt die Abweichung von der Norm? Sind nur diejenigen krank, die auch eine medizinische oder psychotherapeutische Einrichtung aufsuchen? Ein Beispiel: Mehr Jungen als Mädchen sterben durch Selbstmord. Leiden deshalb Jungen unter größeren und schwerwiegenderen Konflikten?

Wir haben darauf hingewiesen, daß auf einen «geglückten» Selbstmord etwa 40 Suizidversuche kommen, die viermal häufiger von Mädchen unternommen werden. Nun könnte man sagen: Mädchen greifen zu diesem drastischen Mittel eher als Jungen, um nach Hilfe zu rufen, was ihre Geschlechtsrolle ihnen auch eher gestattet. Jungen dagegen halten die Bitte um Hilfe für unmännlich, weshalb sie letzten Endes zu härteren und damit todsicheren Methoden greifen. Ein zynischer Gedanke drängte sich auf: Wenn ein Mann etwas tut, dann macht er es auch richtig.

Das alles halten wir nicht für falsch, aber es läßt sich noch mehr dazu sagen: Immerhin legt die hohe Suizidversuchsrate der Mädchen den Schluß nahe, daß sie häufiger als Jungen an einen Punkt geraten, an dem ihre Not sie zu überwältigen droht. Auch das ist richtig, wenn auch immer noch nicht die ganze Wahrheit. Wir gehen davon aus, daß Mädchen und Jungen in gleichem Maße einen solch bedrohlichen Punkt erreichen können, die Jungen jedoch über mehr Ausweichstrategien verfügen als die Mädchen. Dazu zählt beispielsweise, sich besinnungslos zu trinken oder sich auf andere Weise seiner Existenz und Fähigkeiten zu versichern. Sei es durch Randale, indem sie irgendeinem die «Fresse polieren», ein Auto knacken oder wie die Henker durch die Straßen brettern – alles vermeintliche und hilflose Beweise ihrer Männlichkeit. Dennoch stellen solche kleinen und großen Fluchten oft genug die letzte Rettung dar. Gelingt Jungen auch das nicht mehr, dann, so glauben wir, gibt es für sie tatsächlich kein Halten mehr. Einem zerstörten männlichen Selbstbewußtsein hat die Welt nichts mehr anzubieten.

Ein anderes Beispiel. In Erziehungsberatungsstellen werden doppelt so viele Jungen wie Mädchen vorgestellt. Arnold Langenmayer (1987) folgert daraus, daß «Jungen bevorzugt jene Art von Symptomen aufweisen, die in unserer Gesellschaft von Eltern besonders schwer verkraftet werden können, nämlich Leistungsversagen und Aggressivität» (S. 127). Gleichzeitig kritisiert er, «daß die Probleme von Mädchen generell in unserer Gesellschaft nicht für so wichtig befunden werden wie die von Jungen» (S. 128).

Man sollte nicht den Fehler machen, die Jungen für bevorzugt zu halten, wenn vor allem ihre Störungen auffallen und behandelt werden sollen. Es ist zwar richtig, daß ein stilles und überangepaßtes Mädchen in der Regel einfach übersehen wird und mit seinen Problemen allein bleibt, aber unabhängig davon werden die verborgenen Ängste hinter den lautstarken Äußerungen der Jungen nur zu oft übersehen.

Ähnlich schwierig gestaltet sich die Interpretation der Daten aus dem psychiatrischen Bereich. In einer Untersuchung für das Bundesgesundheitsministerium bestätigen Reinhard Walter und Helmut Remschmidt (1989), daß für Jungen ein höheres Risiko besteht, psychische Auffälligkeiten zu entwickeln. Sie warnen jedoch davor, die zwei- bis dreimal so hohe Vorstellungsrate von Jungen in psychiatrischen Einrichtungen als Maß für die tatsächlichen psychischen Belastungen von Jungen und Mädchen zu nehmen. Jungen neigen mehr zu auffälligen «extraversiven Störungen», während Mädchen eher zu unauffälligen «intraversiven Störungen» tendieren. Letztere werden von Klinikern oftmals nicht als psychiatrisch relevant betrachtet. Aber auch Reinhard Walter und Helmut Remschmidt resümieren letzten Endes, daß es in gewisser Hinsicht müßig ist, zwischen «wahren» und normativ bedingten Diagnosen zu unterscheiden. Ob Jungen als psychiatrisch erkrankt eingestuft werden oder nicht, hängt in jedem Fall auch von den gesellschaftlichen Normen ab, denen sie unterworfen sind.

Soviel zu den harten Fakten. Die Interpretation solcher Zahlen bleibt schwierig und sollte keine falschen Argumente für eine Diskussion unter Erwachsenen liefern, wer denn nun mehr zu leiden habe in unserer Gesellschaft, die Männer oder die Frauen. Darum geht es nämlich nicht, sondern um eine Frage, die in bezug auf Mädchen schon oft formuliert worden ist: Hat ein Junge nicht vielleicht deshalb ein Problem oder eine Krankheit, *weil* er ein Junge ist?

Nach wissenschaftlichen Arbeiten, die sich bemühen, körperliche und seelische Störungen von Jungen mit ihrer geschlechtsspezifischen Lebenssituation in Zusammenhang zu bringen, sucht man bis heute allerdings vergebens. Falls Forscherinnen und Forscher überhaupt Interesse an der Frage haben, was Jungen krank macht, melden sie einen dringenden Forschungsbedarf an, das allerdings schon seit mindestens dreißig Jahren. Auch psychoanalytisch ausgerichtete AutorInnen sprechen selbst bei eindeutig jungenwendigen psychosomatischen Krankheiten wie Asthma bronchiale und Ulcus pepticum fast ausschließlich von «den Kindern». Eine geschlechtstypische psychosomatische Reaktion scheint es der Lehre nach – mit Ausnahme der Anorexia nervosa – für Kinder und Jugendliche nicht zu geben.

Wir haben den Eindruck, daß es nicht nur Eltern, sondern auch WissenschaftlerInnen und PsychotherapeutInnen schwerfällt, sich Jungen als schwach und bedürftig vorzustellen. Die möglicherweise geschlechtsspezifische Dynamik, mit der Jungen Krankheitssymptome entwickeln, wird systematisch vernachlässigt.

Im Erwachsenenalter kehren sich die Geschlechterverhältnisse in der Gesundheitsstatistik um – nun tauchen die Frauen häufiger auf. Einige AutorInnen argwöhnen jedoch, daß die Statistik die Männer zu Unrecht als gesünder ausweist. Annette Kluitmann (1989) schreibt, daß Männer weniger als Frauen bereit sind, Krankheit und Hilfsbedürftigkeit zu zeigen. Wenn sie einen Arzt aufsuchen, dann nur mit einem klar umrissenen Organbefund. Bei «Befindlichkeitsstörungen» wie Ungeduld, Hast, Ruhelosigkeit, Anspannung, Gereiztheit und Aggressivität wenden sie sich eher an ihre Frau als an eine medizinische Einrichtung. Beim Arzt werden ihnen nach Untersuchungen von Irmgart Vogt (1985) kaum Fragen zu ihrer allgemeinen Befindlichkeit gestellt.

Anders ergeht es Frauen. Sind sie krank, fühlt sich niemand in der Familie für sie zuständig. Im Gegensatz zu den Männern fahnden die Ärzte bei ihnen sogar vornehmlich nach Befindlichkeitsstörungen wie Nervosität, Überspanntheit, nervliche Erschöpfung und oftmals diffusen allgemeinen körperlichen Beschwerden. Vor diesem Hintergrund erscheinen Männer gesünder, als sie in Wirklichkeit sind.

Für den psychiatrischen Bereich weist Hannelore Käfer (1987) noch auf eine weitere Verzerrung der Gesundheitsstatistiken hin: Würde man Alkoholismus, Suizide, Perversionen und aggressive Formen der Straffälligkeit zu psychischen Störungen hinzuzählen, wiesen die Männer weit höhere Werte in den Statistiken über seelische Krankheiten auf.

Jungen und Männer gehen anders mit ihrem Körper um als Mädchen und Frauen. Krankheit und Schwäche kommen im männlichen Rollenrepertoire nun einmal nicht vor.

Männerstation im Krankenhaus: Junge und alte Männer werden von ihren Müttern und Frauen eingeliefert. Teilnahmslos und eingesunken hocken sie unwillig auf ihren frischbezogenen Betten, während die Frauen den Inhalt des Kulturbeutels am Waschbecken drapieren und Unterwäsche und Schlafanzüge im Spind verstauen. Am Tag der Operation dürfen die Frauen meistens nicht ins Krankenhaus kommen. Die Männer können es nicht ertragen, krank und schwach, womöglich noch in Narkose und außerhalb ihrer Kontrolle einfach nur dazuliegen und von ihren Frauen so gesehen zu werden. Im meist überfüllten Raucherzimmer der Station gibt es jedoch nur ein Thema: «Meine Krankheit und ich.» Hier dürfen Männer endlich einmal nach Herzenslust jammern. Aber eines wird immer ganz deutlich zum Ausdruck gebracht: Nie haben sie vorher etwas gespürt, noch nie sind sie krank gewesen. Von einem auf den anderen Tag hat es sie kalt erwischt. Kranke Männer sind wie urplötzlich von Zauberhand umgestoßene Kartoffelsäcke. Hinter ihrer oft beschmunzelten Wehleidigkeit steckt das schmerzliche Erkennen, daß ihr unter vielfachen Malträtierungen bewährter Körper wider Erwarten nun doch verwundbar ist.

Psychosomatische Erkrankungen

> «Lege ich einen Stein auf eine Palme, wächst sie besonders
> hoch.» (Sprichwort)

Eine der wichtigsten und schwierigsten Aufgaben von Eltern besteht darin, den Kindern zur rechten Zeit den jeweils nächsten Ablösungsschritt zu ermöglichen. Vom Gelingen dieser «Individuationsprozesse» hängt auch die körperliche und seelische Gesundheit der Kinder ab. Viele psychosomatische Erkrankungen von Kindern und Jugendlichen treten gehäuft zu Zeiten dieser inneren Ablösungsvorgänge auf.

Psychosomatisch anfällige Familien weisen aus familientherapeutischer Sicht eine Reihe gemeinsamer Merkmale auf: Das familiäre Beziehungsgefüge kann nur stabilisiert werden, indem die einzelnen Mitglieder zur strengen Einhaltung vorgegebener Regeln verpflichtet werden. Solche Familien schließen sich eng zusammen – bis hin zur grenzverwischenden Verschmelzung. Auf mögliche Veränderungen innerhalb dieses Gefüges reagieren sie mit verstärkter Abwehr. Sie rücken noch enger zusammen und vermeiden die anstehenden Konflikte stärker als ohnehin schon. Dadurch werden kurzfristig Belastungen der Familie vermieden, aber auf die Dauer werden die einzelnen Familienmitglieder verwundbarer – und schließlich krankheitsanfälliger (vgl. Michael Wirsching 1986).

Der enge Zusammenschluß einer psychosomatisch anfälligen Familie wird nicht vorrangig durch die Erkrankung eines Kindes verursacht. – Gerd Overbeck (1985) hat Familien mit bluterkranken Kindern mit Familien verglichen, in denen ein Kind an Asthma erkrankt war (vgl. hierzu S. 135 ff). Obwohl die Eltern der bluterkranken Kinder allen Grund hatten, ihr Kind vor Gefahren zu schützen und besonders eng an sich zu binden, waren die Generationsschranken hier sehr viel ausgeprägter als in den Familien mit einem asthmakranken Kind. «Die klassischen Merkmale ‹psychosomatischer Familien›», so resümiert Gerd Overbeck, «entstehen nicht durch die chronische oder schwere Krankheit eines Familienmitgliedes» (S. 303).

Das klassische Elternpaar von psychosomatisch erkrankten Kindern ist die überfürsorgliche, als übermächtig erlebte Mutter, und der schwach konturierte, innerlich abwesende Vater, wobei sich die beiden in ihrem Verhältnis zueinander und in ihrem Verhalten gegenüber dem Kind gegenseitig bedingen. Die Krankheit eines ihrer Kinder ermöglicht es ihnen auf oft perfekte Weise, von ihren eigenen Konflikten abzulenken. Das psychosomatisch kranke Kind hat den Auftrag, oder in der Sprache Helm Stierlins (1986): die «Delegation» anzunehmen, den Elternkonflikt nicht ausbrechen zu lassen. Es bezahlt die Rechnung seiner Eltern, indem es sich in seinen Entwicklungsmöglichkeiten einschränken läßt. Als ‹Belohnung› erhält das Kind neben der gesammelten elterlichen und geschwisterlichen Aufmerksamkeit durchaus Bestätigung und Anerkennung als zentrales und wichtiges Familienmitglied. «Derjenige, der die Delegation annimmt», schreibt Helm Stierlin, «erhält dadurch oft ein hohes Maß narzißtischer Zufuhr.» Und weiter: «Es läßt sich verstehen, wie ein solch Delegierter nun durch sein abwegiges und häufig selbstdestruktives Verhalten das psychologische Überleben eines oder beider Elternteile ermöglicht. Häufig entlastet er sie zugleich von Angst, Scham und Schuld. Denn der Kranke, der Versager, ist ja er, und nicht die Eltern» (S. 260). Auch die enge Bindung der Eltern an ihr Kind kann als Belohnung für die erbrachte Opferleistung erlebt werden. Regressionsangebote sind sehr verführerisch.

Solche familiären Bedingungen sind für Jungen *und* für Mädchen krankheitsfördernd. Wir glauben aber, daß Jungen anfälliger und empfänglicher sind für die Delegationen der Eltern.

Psychosomatische Störungen werden oft als eine besondere Form der Organsprache bezeichnet. Wenn Konflikte vermieden, berechtigte und angemessene Gefühle umschifft, Angst abgewehrt und Aggressionen tabuisiert werden müssen, dann meldet sich der Körper. Meist besteht eine «gewisse Prädisposition» (Andreas Wille 1981) für einen bestimmten Organbereich, der bei psychischen Konflikten besonders krankheitsanfällig reagiert. Jungen verfügen im Vergleich zu Mädchen über eine schwächere körperliche Konstitution. Schon von ihrer biologischen Anlage her sind sie verletzlicher. Das kann bedeuten: Jungen bringen mehr körperliche Prädispositionen für eine psychosomatische Erkrankung mit.

Ein weiterer Grund für die größere Anfälligkeit der Jungen könnte in einer für sie fatalen Doppelfunktion der Krankheit bestehen: Ein psychosomatisch kranker Junge wird mit Regressionsangeboten belohnt, die ihn gleichzeitig vor männlichen Rollenanforderungen schützen. Idealtypisch bindet die überfürsorgliche Mutter den Jungen eng an sich, weil der Vater sich ihr als Partner entzieht oder als Partner von ihr nicht anerkannt wird. Um Abstand von der Mutter zu bekommen, müßte der Junge Aggressionen äußern dürfen. Doch die sind tabu. Der Junge bleibt in der zu engen Bindung zur Mutter, und so schließt sich der Kreis um sein psychosomatisches Symptom.

Sowohl die Eltern als auch der Junge wissen, daß Krankheit und Regression («Muttersöhnchen») eigentlich als unmännlich gelten. Und natürlich haben auch sie eine klare Vorstellung davon, wie ein «richtiger» Junge gemeinhin zu sein hat.

Aggressives Verhalten, mit dem Jungen üblicherweise schon sehr früh ihre Eigenständigkeit und Geschlechtsidentität unter Beweis zu stellen versuchen, fällt weg. Das gilt zwar auch für Mädchen, jedoch macht die oft beklagte größere Aggressivität der Jungen deutlich, daß unter den gegebenen Umständen das Aggressionstabu für sie einen größeren Verlust bei der Identitätsentwicklung bedeutet. Der wie ein Augapfel behütete kranke Junge darf auch nicht bei wilden körperlichen Aktivitäten seine körperlichen Belastungsgrenzen austesten. In der Gleichaltrigengruppe gilt er bald als «Waschlappen» und «Hasenfuß».

Wenn der Junge versucht, aus der Umklammerung seiner Mutter auszubrechen, kann er sich auf seinen Vater kaum verlassen. Zudem behindert die Furcht vor Niederlagen in der männlichen Welt den Jungen bei der Stabilisierung seiner ohnehin brüchigen Geschlechtsidentität, was ihn schließlich noch bedürftiger für die «narzißtische» Zufuhr macht. Der psychosomatisch kranke Junge kann sich besser drücken (lassen).

Auch weil psychosomatische Symptome ein Zeichen dafür sind, daß andere Ausdrucksmöglichkeiten für seelische Konflikte verwehrt werden, liegt die größere Anfälligkeit der Jungen nahe. Jungen – und erwachsene Männer um so mehr – haben grundsätzlich eine Menge Probleme, ihren Gefühlen einen angemessenen Ausdruck zu geben.

Angst, Trauer und sogar innige Freude scheinen die stets bedrohte Männlichkeit noch mehr zu bedrohen. Wenn Jungen aus der Rolle fallen, sind die Bewertungen auch heute noch unerbittlich: Ein ängstlicher Junge ist eine «Memme». Jungen fürchten das Stille an der Trauer, weil Stille Innehalten bedeutet. Innehalten birgt die Gefahr, daß Angst emporsteigt, Angst, die ja gerade durch rastloses Rennen verscheucht werden soll. Ein stiller Junge stellt die unattraktive, langweilige Abweichung von der Norm dar. Solange von Jungen verlangt wird, sich im Zustand von Kummer zusammenzureißen, solange werden sie eher krank, als daß sie weinen. Weinen ist letzten Endes immer noch «weibisch». Weinerliche Kinder gehen zwar grundsätzlich auf die Nerven, den Jungen wird dieser Gefühlsausbruch aber besonders übelgenommen. Solange sich ein Junge über ein geschossenes Tor nur brüllend freuen kann und mit erigiertem Mittelfinger den restlichen Kameraden entgegenstürmt, weil er endlich und *nur so* seine Männlichkeit unter Beweis stellen kann, solange wird sich daran auch nichts ändern.

Ich kriege keine Luft: Asthma bronchiale

«Eddie nahm das nur verschwommen wahr. Er schob sich den Aspirator in den Mund und drückte auf die Flasche. Er inhalierte gierig, und seine Gedanken rasten in wilder Panik, wie immer in solchen Momenten: Bitte, Mom, ich ersticke, ich kann nicht ATMEN; oh, lieber Gott, oh, lieber Jesus sanft und mild, ich kann nicht ATMEN…»
(Aus: Stephen King, «ES»)

Wie wohl kaum eine Krankheit übersetzt Asthma bronchiale dauerhafte familiäre Enge so stimmig in die «Organsprache». Ein asthmatischer Anfall *bedeutet* Enge, Panik, Beklemmung, Angst und das Ringen nach erlösender Luft. Metallene Bänder ziehen sich um Brust und Hals und schnüren die Kehle ab. Asthma ist eine klassische psychosomatische Krankheit, häufig begleitet von Allergien gegen diverse Blütenpollen, Tierhaare, Pilze und Hausstaub sowie von Neurodermitis und Wetterfühligkeit. Jungen erkranken bis zum Jugendalter doppelt so häufig wie Mädchen.

In typischen Konstellationen von Familien mit einem asthmakranken Kind werden die Väter als wenig dominant, eher als depressiv und in ihrem Selbstwertgefühl als stark beeinträchtigt beschrieben. In manchen Fällen geben sich die Mütter ähnlich wie die Väter, so daß die Eltern um die untergeordnete und zuwendungsbedürftigere Position konkurrieren. Meistens jedoch nehmen die Mütter die dominante Stellung ein. Ihnen gehört die besondere Aufmerksamkeit des Kindes, in dessen Augen der Vater häufig eher eine Randfigur darstellt. Die gesunden Geschwister dagegen haben einen besseren Kontakt zum Vater und idealisieren die Mutter weit weniger als das asthmakranke Kind. Die Abwehr von Angst, ein strenges Aggressionstabu und ein ausgesprochenes Harmoniebestreben prägen die Familienathmosphäre. Schon geringste Ansätze ambivalenter Gefühle müssen im Keim erstickt werden.

Im Hintergrund solcher familiären Arrangements stehen häufig unbewältigte Trennungskonflikte der Eltern, die weit in die jeweilige Herkunftsfamilie zurückreichen können. Beide Partner fordern vom anderen (und schließlich von den Kindern) eine Art ‹Lebensversicherung› für uneingeschränkte Harmonie. Aufgrund der Rigidität dieser Forderungen, die jegliche Auseinandersetzungen um die Autonomie der Familienmitglie-

117

der zu unterbinden trachten, ist ihr Scheitern programmiert. Im klassischen Fall wählt die Mutter den Ausweg, das (asthmakranke) Kind an sich zu binden, und behindert auf diese Weise seine Autonomieentwicklung. Der Vater entzieht sich dem Kind und erscheint im Vergleich zur Mutter als nur wenig verläßlich. Er ermöglicht weder einem Jungen eine das Selbstgefühl potentiell stärkende Identifikation mit sich, noch stellt er sich einer Tochter als Liebesobjekt zur Verfügung, um die Loslösung von der Mutter zu unterstützen. Die Kinder verbleiben mit der Mutter in einer Dualunion, die Züge einer totalen Identifikation annehmen kann: «Du hast meinen/deinen/Kopf an meine Brust gelegt»; «Du must besser auf meine/deine/Lunge aufpassen»... (vgl. Gerd Overbeck 1986 und 1988).

Natürlich schadet das, was Jungen krank macht, in gleicher Weise auch den Mädchen. Dennoch halten wir die familiären Bedingungen für asthmakranke Jungen insgesamt für ungünstiger. Für sie hat die Krankheit eine besondere Doppelfunktion: Die Nähe zur Mutter ist gleichzeitg Folge *und* Bedingung der behinderten Identitätsentwicklung. – Die andauernde Symbiose mit der Mutter schadet zwar auf lange Sicht, schützt den Jungen aber auch vor den Anforderungen, die an ihn als Junge gestellt werden. Der Weg zum engen, am Ende atemberaubenden Verhältnis zur Mutter wird zu dem des geringsten Widerstands.
So beklemmend die Zweisamkeit von dem Jungen erlebt werden kann, so bereit ist er auch, die Mutter – und damit seine ‹Sicherheitsgarantie› – vor Anfeindungen von außen zu beschützen, was Therapeuten gelegentlich zu spüren bekommen, wenn sie dem Jungen gegenüber der überbehütenden und überkontrollierenden Mutter beispringen wollen. Für einen Jungen, der in seinem Alltag aufgrund der jederzeit drohenden Atemnot nur wenig Gelegenheit hat, Männlichkeit (Rittertum) zu demonstrieren, bietet sich die Möglichkeit dazu ausgerechnet mit der Verteidigung der ihn einschnürenden Mutterbeziehung.

Ein asthmakranker Mann erzählte uns folgende Geschichte nicht im Hinblick auf die möglichen Ursachen seiner Krankheit, sondern in einem anderen, privaten Zusammenhang. Bei dem Gespräch fielen uns allen jedoch die vielen Parallelen zu den klassischen Familienkonstellationen asthmakranker Kinder auf:

«Wenn ich abends im Bett lag, mußte meine Mutter das Licht anlassen. Die Tür zu meinem Schlafzimmer mußte einen Spalt offenstehen. Ich dachte immer, der Wolf habe sich in meinem Schlafzimmer versteckt, und meinte auch immer, sein Ohr an der oberen Ecke des Vorhangs deutlich erkennen zu können. Ich hatte manchmal höllische Angst und rief oft nach meiner Mutter, ob sie noch da sei und sie zu mir kommen könne. Ich glaube, meine Eltern hat das sehr genervt. Einmal kriegte ich von meinem Vater eine Tracht Prügel dafür. Später baute ich mir eine Schutzburg unter der Bettdecke und ließ nur einen kleinen Spalt zum Luftholen offen.»

Von seinem Vater bekam der Junge nur wenig zu sehen:

«Er hat mir Kartenspielen beigebracht und mir auch ein Blockhaus für meine Cowboys gebaut, aber das war ein Einzelfall. Später ist er dann auf Montage gefahren.»

Der ihm nahestehendste Mann war der geschichtenerzählende Opa, mit dem er oft spazierenging. Die Großeltern und die Mutter schirmten den Jungen von seinem Vater ab, sobald er ihn körperlich fordern wollte: «Der Junge darf nicht so stark belastet werden...» Geblieben ist ihm die Vermutung, daß sein Vater lieber einen gesunden und kräftigen Jungen zum Sohn gehabt hätte. Trotz seines frühen Asthmas waren seine Lieblingsspiele jungentypisch: Ritter und Cowboy und Indianer, «wobei ich immer der ‹edle Ritter› oder der Indianer war». Gewalt zwischen gleichaltrigen Jungen «schockte» ihn. Er begriff sie nicht. Gleichzeitig kannte er Gefühle von bohrender Wut:

«Ich war mit meiner Mutter in einem Gartencafé, und sie tanzte mit einem mir fremden Mann. Ich zog mich wütend unter einen Tisch zurück, bewarf die beiden mit Steinchen und brüllte, daß sie damit aufhören sollten.»

Die Zeit von seinem zehnten bis vierzehnten Lebensjahr schilderte er als «gedämpft und gedrückt», was – so vermutete er – an den großen Mengen Asthma-Tabletten gelegen haben könnte, die er damals einnehmen mußte. Dann starb plötzlich der Vater an einem Herzinfarkt, noch bevor der Junge ihm hatte beweisen können, daß in ihm doch ein «richtiger Junge» steckte:

«Der Tod meines Vaters hat mich getroffen. Weniger daß ich getrauert hätte, ich empfand es als Ungerechtigkeit. Irgendwas in meinem Weltbild brach zusammen. Als meine Mutter hereingestürzt kam und schrie, daß mein Vater tot sei, überkam mich etwas wie eine übermächtige Gewalt. Ich hatte das Gefühl, vor Wut platzen zu müssen, und rannte in mein Zimmer und zertrümmerte eine Gitarre. Gott war für mich gestorben.»

Er verließ die Schule. Kaum jemand machte ihm ernsthafte Vorwürfe. Schließlich litt er an Asthma! Er ließ sich die Haare wachsen, Figuren wie Che Guevara und dessen «militanter Freiheitskampf» imponierten ihm. Es folgten Probleme mit Alkohol, Rauschgift und kleinen Diebstählen. «Nach dem Tod meines Vaters glaubte ich, mir alles rausnehmen zu können.» Nach und nach entzog er sich der Kontrolle seiner Mutter. Das Asthma blieb. Jahrelang trug er eine alte Jacke seines Vaters. Eines Nachts sprach ihn eine alte Freundin seines Vaters an. Einen Augenblick lang habe sie gedacht, er sei sein Vater. «Ich habe gelacht und war stolz.»

Das nächste Beispiel gibt Einblick in die enorme emotionale Verstrickung einer Familie mit einem asthmakranken Jungen und beleuchtet die besondere Position des Jungen in diesem Beziehungsgefüge. Die Fallgeschichte entstammt der Zeitschrift ‹Familiendynamik› (3/81), in der Inge-Maria Haland-Wirth und Hans-Jürgen Wirth den familientherapeutischen Verlauf ausführlich beschrieben haben. Von Interesse soll jedoch nur das familiäre Beziehungsgefüge zu Beginn der Behandlung sein:
Familie A. betreibt in einem kleinen Dorf eine Gastwirtschaft und ein Lebensmittelgeschäft. Die Familie hat vier Kinder. Die älteste Tochter Petra (27) arbeitet sieben Tage in der Woche bis spät abends im elterlichen Betrieb. Die beiden mittleren Kinder, Michael (23) und Gabi (21) sind wie Petra schon verheiratet, leben und arbeiten aber nicht mehr im Familienbetrieb. Andreas (13) ist das jüngste Kind der Familie und leidet seit seinem ersten Lebensjahr an Asthma. Gabi hat davon gehört, daß Asthma auch psychische Ursachen haben kann, und überredet ihre Familie, die Familienambulanz einer Psychosomatischen Klinik aufzusuchen.
Niemand außer Gabi äußert wirkliches Interesse an einer therapeutischen Hilfe. Ihr geht es allerdings mehr um ihre eigenen Probleme mit der Familie als um das Asthma ihres Bruders. Sie bedrückt die Enge in ihrer Familie, aus der sie sich lösen will, ohne die Verbindung zu verlieren. Petra hingegen stellt den Sinn und Zweck der Therapie in Frage. Andreas habe schon als Säugling Asthma gehabt. Deshalb könnten keine psychischen Ursachen vorliegen. Sie ist verärgert und verbittert, weil Michael und Gabi sich von zu Hause abgesetzt haben.
Als Frau A. mit Andreas schwanger war, starb ihre Mutter. Seitdem ist sie zuckerkrank. Als Kind hat sie selbst nur wenig Liebe erfahren und überhäuft Andreas mit mütterlicher Zuwendung. Auf jeden Versuch ihres

Sohnes, sich selbständig zu machen, reagiert sie depressiv und anklammernd und fühlt sich dabei als Mutter schwach und unzureichend. Herr A. hat die Leitung des Familienbetriebs an seine Tochter Petra weitergereicht. Er ist ein stiller, in sich zurückgezogener Mann.

Der Familienbetrieb ist das organische Zentrum der Familie. Jede Veränderung an diesem «Herzstück» bedroht die einzelnen familiären Nischen, in denen sich jeder auf seine Weise zu arrangieren versucht. Daß Gabi nun mit Hilfe der Therapeuten das Beziehungsgefüge der Familie offenlegen will und gleichzeitig anregt, den Betrieb zu verkleinern, um die Belastungen für alle zu vermindern, bringt ihr den Zorn ihrer Schwester und der Eltern ein. Gabi will sich ohne Schuldgefühle von der Familie lösen können. Die Mutter hält Andreas in einer atemberaubenden Umklammerung, wofür der Vater ganz dankbar zu sein scheint, denn anderenfalls müßte er sich mehr um seine Frau kümmern. Petra trägt die Hauptverantwortung für den Betrieb *und* die Familie. Sie darf die Fäden ziehen, ist aber nicht glücklich dabei und beklagt, daß sich ihre beiden erwachsenen Geschwister aus der Verantwortung stehlen und den Bestand der Familie gefährden. Michael tritt kaum in Erscheinung und demonstriert als einziger eine distanzierte Haltung. Andreas als schwächstes Glied der Geschwisterreihe «beißen sozusagen die Hunde», wie es die beiden Autoren des Therapieberichts nennen.

Asthma behindert Jungen in hohem Maße in ihrer männlichen Identitätsentwicklung. In Wald und Wiesen herumzutollen birgt möglicherweise jederzeit die Gefahr, auf irgendwelche Pollen allergisch zu reagieren. Rennen und Raufen, überhaupt körperliche Anstrengungen, können Attacken von Atemnot auslösen. Die Jungen flüchten in die Arme ihrer Mutter und leiden dennoch an der Enge, denn gleichzeitig wünschen sie mehr Unabhängigkeit von der Mutter.
Ganz grundsätzlich: je mehr sich ein Junge nach männlichen Idealen strecken muß – und niemand da ist, der ihm das Gefühl eines angemessenen Körperstolzes vermittelt –, je öfter ihn Furcht und Niederlagen zurückwerfen, desto eher «geht ihm die Luft aus».

Ein Mann, ein Wort: Stotterer

«Bill Denbrough, der auch schon mit Henry zusammengestoßen war, glaubte, daß Henry ihn am meisten haßte, weil er mager war, weil er stotterte und weil er sich gern hübsch anzog (‹Sch-Schaut euch n-n-n-nur mal den v-v-verdammten H-H-HOMO an!› hatte Henry gebrüllt, als Bill zum Schulfest im April eine Krawatte getragen hatte).»
(Aus: Stephen King, Es)

Theorien über die Ursachen des Stotterns gibt es fast so viele wie Stotterer selbst. Der schweizerische Logopäde Hans-Joachim Motsch (1981) berichtet von über 220 wissenschaftlich anerkannten Therapiemethoden für Stotterer, die sämtlich von eigenen Erklärungsmodellen ausgehen. Hans-Joachim Motsch schlägt vor, daß jedem Stotternden ein «individuelles Bedingungsgefüge seines Stotterns» zugestanden werden sollte, das ihn von anderen Stotternden unterscheidet (S. 287).

Im Vorschulalter «stottern» fast alle Kinder. Entwicklungsbedingte Sprechunflüssigkeiten sind bei kleinen Kindern ganz normal. Dazu gehören Sprechpausen, Wiederholungen von Wörtern, Satzteilen oder ganzen Sätzen. Wenn Kinder Sprache ausprobieren oder wenn sie aufgeregt etwas erzählen wollen, auch wenn sie wütend erregt sind, stockt schon mal der Redefluß. Das geht selbst Erwachsenen so, denen es in einem Überraschungsmoment «die Sprache verschlägt», oder die in einer peinlichen Situation ganz «verdattert» sind und nur noch «rumstammeln» können. Hat sich die Situation entschärft, stellt sich auch der normale Redefluß wieder ein. Sind die Kinder selbstbewußt und reagieren die Erwachsenen auf die sich manchmal überschlagende Sprache verständnisvoll und nicht überängstlich, werden auch bei den Kleinen die störenden «Unflüssigkeiten» mit der Zeit verschwinden.

Der Diplom-Psychologe Hans-Werner Stecker (1987) geht davon aus, daß Stotterer Eltern haben, die ängstlich und unsicher reagieren, wenn ihr Kind nicht flüssig spricht. Auf dem Kind lastet ein hoher Erwartungsdruck, es kann zu einer regelrechten Blockade der Sprechbewegung kommen, die beteiligten Muskeln verspannen sich. Tricks und Kniffe werden angewandt, zusätzliche Anspannungen, energische Armbewegungen, Fußaufstampfen, um die Wörter doch noch hervorzubringen. «Diese

Techniken bringen zwar eine gewisse Entlastung, führen aber langfristig dazu, daß sich eine Angst vor Sprechunflüssigkeiten entwickeln kann und das letztlich so entstandene beginnende Stottern verstärkt und aufrechterhalten wird» (S. 56).

Unter Stotterern sind Jungen ungefähr viermal so häufig zu finden wie Mädchen. Auf die Frage, warum das so ist, gibt es bis heute keine schlüssige Antwort. Die Hinweise auf mögliche Ursachen sind so vielfältig wie die Palette der Stotterertheorien: Mädchen beginnen im Durchschnitt ein halbes Jahr eher mit dem Sprechen als Jungen. Bis zur Pubertät sind die Mädchen den Jungen nicht nur in motorischer und manueller, sondern auch in sprachlicher Hinsicht voraus, wobei man den größten Unterschied im Alter von sechs bis acht Jahren festgestellt hat. In diesem Zusammenhang hält man die Dominanz der linken Gehirnhälfte bei den Mädchen für entscheidend, während die Dominanz der rechten Gehirnhälfte bei den Jungen für die bessere räumliche Auffassungsgabe ab der Pubertät verantwortlich sein soll. Mit einem schnelleren Hirnreifungsprozeß bringt R. Chilla von der Universitätsklinik Göttingen (1976) die vergleichsweise geschicktere Zungenbeweglichkeit der Mädchen in Verbindung. Bei einer Untersuchung von mehr als tausend Kindern stellte man fest: «Je höher die Anforderungen an die Zungengeschicklichkeit sind, als desto geschicklicher erweisen sich die Mädchen in unserem Kollektiv von Vorschulkindern» (S. 32).

Organisch-physiologische Befunde als Erklärung für den Unterschied zwischen Mädchen und Jungen oder zwischen stotternden und nichtstotternden Kindern sind allerdings sehr umstritten. Hans-Joachim Motsch beispielsweise betrachtet die festgestellten körperlichen Besonderheiten von Stotterern als Reaktionen, die durch einen erhöhten, gelernten Stress hervorgerufen werden können. Daß die Unterschiede eher im biologisch-medizinischen Bereich gesucht werden, liegt nahe, wie Andreas Starke (1987) freimütig bekennt. Nach seinen Beobachtungen plagen sich Stotterer und die Eltern von stotternden Kindern in der Beratung häufig mit unbewältigten Schuldgefühlen. Die Annahme einer physiologischen Ursache entlastet dann die Betroffenen.

Barbara Zollinger (1987) hält es für erwiesen, daß die Ich-Entwicklung eines Kindes eng mit dem Spracherwerb und möglichen Spracherwerbsstörungen zusammenhängt. Spracherwerbsstörungen können ihrerseits wieder den kindlichen Individuationsprozeß behindern. Mit Sätzen wie «Ich bin groß», «Ich kann das», «Ich will das» und «Ich allein/selbst machen» drücken Zweijährige normalerweise ihre allmähliche Ablösung von der Hauptbezugsperson aus. Ein Kind, das Angst hat, seine Mutter zu «verlieren», wird unter Umständen davor zurückschrecken, sprachlich seine Eigenständigkeit unter Beweis zu stellen. Da Jungen sich im Vergleich zu Mädchen im Zuge ihrer Identitätsentwicklung stärker von der Mutter absetzen müssen, könnte ein weiterer Grund für den später einsetzenden und störungsanfälligeren Spracherwerb der Jungen in einer möglicherweise größeren Verlustangst liegen. Denkbar wäre, daß auch ältere Jungen mit Sprachstörungen Regressionswünsche zum Ausdruck bringen, ähnlich wie Kinder, die plötzlich in eine Babysprache verfallen, wenn sie auf jüngere Geschwister eifersüchtig sind und die Aufmerksamkeit der Eltern auf sich lenken wollen.

Daß Stottern Ausdruck einer Individuationskrise sein kann, bestätigt auch Ingeborg Stabenow (1983). Bei stotternden Kindern kann man drei Altersgipfel ausmachen: im Vorschulalter zwischen drei und fünf Jahren als größte Gruppe, im Einschulungalter und in der Pubertät. Überforderung und überkontrollierendes Verhalten der Eltern begünsti-

gen die Entwicklung und die Verfestigung des Stotterns. Ulrike Franke (1983) sowie Karl H. Bönner und Gertrude Kraus (1983) stellten in ihren Untersuchungen fest, daß Einzelkinder und die Jüngsten einer Familie am häufigsten unter den Stotterern zu finden sind, Kinder also, deren sprachliche Entwicklung von den Eltern mit besonderer Aufmerksamkeit verfolgt wird.

Zusammengefaßt ergibt sich folgendes Bild: Jungen beginnen im Vergleich zu Mädchen später zu sprechen und sind auch in ihrer Sprachentwicklung störungsanfälliger. Das kann hirnphysiologische Ursachen haben. Möglich sind aber auch jungenspezifische Individuationskrisen, die in eine Sprachstörung münden.

Ob die Entstehung von Sprachstörungen bei Jungen noch zusätzlich dadurch gefördert wird, daß Eltern auf sprachliche Unregelmäßigkeiten ihrer männlichen Sprößlinge ungehaltener reagieren als bei Mädchen, mag eine weitere Spekulation sein. Ganz sicher aber tragen die rigiden Rollenanforderungen an Jungen dazu bei, daß männliche Stotterer ihr Problem so leicht nicht wieder loswerden.

Ein stotternder Junge verstößt kraß gegen jedes männliche Rollenklischee. Stotterer wirken schwach, ängstlich, gehemmt und verschwiegen. Wer stottert, wird nicht richtig ernst genommen. Wem es dauernd die Sprache verschlägt, scheint permanent von etwas überrascht und überwältigt zu werden, weil er nicht abgeklärt genug ist. Intelligenz und Männlichkeit, die Bilder vom souveränen, redegewandten, selbstsicheren, erfolgreichen, cleveren und mutigen Mann, sind mit dem Bild des Stotterers unvereinbar. Genau das macht einem stotternden Jungen besonders zu schaffen. Er wird mit aller Gewalt versuchen, für ihn «gefährliche» Wörter zu vermeiden, er wird Situationen aus dem Weg gehen, in denen er vielleicht ins Stottern gerät, wodurch seine Angst, in entscheidenden Augenblicken zu versagen, noch größer wird. Er hört sich beim Sprechen selbst ängstlich zu und wird bei drohender Stottergefahr seinen Redefluß «freiwillig» unterbrechen, weil auch er sein Stottern als eine Zumutung für seine Umwelt empfindet. «Das Stottersymptom entsteht eben aus dem Versuch, das Stottern zu vermeiden», schreibt Horst Oertle (1987, S. 10). Das stotternde Kind gerät in einen «Teufelskreis», der es ihm im weiteren Verlauf seiner Entwicklung unmöglich macht, die Symptomatik aus eigener Kraft zu überwinden. Wolfgang Kölle (1987) ergänzt: «Er macht die erschreckende Erfahrung, daß je mehr er sich anstrengt und sich Mühe gibt, die Unflüssigkeiten in ihrer Härte und Unüberwindbarkeit noch zunehmen. Das Stottern ist wie ein starkes, wildes Tier, das er nicht mehr zähmen kann» (S. 40). Ausgerechnet Anstrengungs- und Leistungswillen, zwei männliche Tugenden, die sich der Stotterer vielleicht noch bewahren kann, versperren ihm den Weg zum Ziel.

Schwindet die Angst zu versagen, können Stotterer durchaus befreit sprechen, wie Bill Denbrough zeigt, der heftig stotternde Held in Stephen Kings Roman «Es» (1986). In Gegenwart seiner Freunde karikiert er den blöden Henry: «Bill zog seine Hose zurecht, stellte seinen Hemdkragen hoch und stolzierte mit geschwollener Brust umher. Mit tiefer Stimme gab er von sich: ‹Ich bring dich um, Junge. Komm mir ja nicht in die Quere. Ich bin saudumm, aber ich bin groß und stark. Ich kann mit meiner Stirn Walnüsse knacken. Ich kann Essig pissen und Zement scheißen. Mein Name ist Henry Bowers, und ich bin das größte Arschloch in ganz Derry und Umgebung›» (S. 170).

Die eine Hälfte des Himmels

Mit links: Jungen in der Schule

«Jungen sind weder schöner noch klüger als Mädchen.»
(Sigrid Metz-Göckel in: Wenn zwei dasselbe tun, ist es noch
lange nicht dasselbe)

In der Schule läßt sich die Situation von Jungen und Mädchen gut miteinander vergleichen. Hier werden sie miteinander unterrichtet und mit den-
selben Unterrichtsinhalten und Bildungszielen konfrontiert. Zumindest
in der Theorie sollen Jungen und Mädchen in der koedukativen Schule
die gleichen Bildungschancen erhalten. Seit einiger Zeit ist die koeduka-
tive Schule jedoch ins Gerede gekommen. Engagierte LehrerInnen und
SchulforscherInnen haben sich mit der Situation der Schülerinnen beschäftigt und sind zu dem eindeutigen Ergebnis gekommen, daß die koe-
dukative Schule die Mädchen benachteilt. Der Umkehrschluß, der sich
logisch anbietet, lautet: Die Jungen sind im Vorteil. Um sie muß man sich
weniger Gedanken und Sorgen machen als um die Mädchen. Wenn ein
Geschlecht in der Schule einer besonderen Förderung bedarf, dann sind
es die Mädchen.
Wir halten die Schlußfolgerungen zum Teil für richtig, zum Teil für falsch.
Sie sind nur die halbe Wahrheit – was nicht zuletzt an Männern liegt.
Geschlechtsdifferente Schulforschung wird fast ausschließlich von
Frauen betrieben, denen man kaum vorwerfen kann, daß ihr besonderes
Interesse den Lebensumständen der Mädchen gilt.
Die Männer generalisieren lieber. Der liebevolle Blick auf das eigene Ge-
schlecht scheint ihnen nicht so sehr zu liegen, denn selbst Bereiche der
Schulforschung wie Schulstörungen, die überdeutlich mehr Jungen be-
treffen, werden nicht geschlechtsdifferent angelegt. Schulstörungen wer-
den von «Kindern» begangen. Daß diese Kinder beinahe alle männlichen
Geschlechts sind, ist nicht Gegenstand des Interesses. Die Notwendigkeit
frauenorientierter Schulforschung wird regelmäßig damit begründet,

daß sich in solchen Untersuchungen die besondere Situation der Mädchen nicht widerspiegelt. Dem können wir zustimmen, allerdings fügen wir hinzu: Die der Jungen auch nicht. Wir können zustimmen, wenn Frauen fordern und durchsetzen, daß in der Schulforschung der Frauenstandpunkt berücksichtigt wird. Uns fehlt allerdings als Gegenüber der Männerstandpunkt, für den es keine neuen Forschungskapazitäten, sondern andere Schulforscher braucht. In der Schule braucht es Lehrerinnen, die sich gezielt für die Belange der Mädchen einsetzen, aber es braucht auch Lehrer, die sich ebenso engagiert um die besonderen Bedürfnisse und Probleme der Jungen kümmern.

Feministisch orientierte Arbeiten zur Geschlechtersozialisation in der Schule kommen zu dem Ergebnis, daß sich die Jungen im Unterrichtsgeschehen eindeutig in den Vordergrund drängen. Sie werden häufiger drangenommen, reden länger und öfter und erhalten mehr Aufmerksamkeit durch Blickkontakt, Nähe und Rückmeldung. In der Regel, so die Schulforscherin Uta Enders-Dragässer (1988), erhalten Jungen im Unterricht zwei Drittel der Aufmerksamkeit des Lehrers oder der Lehrerin. Sobald dieser Anteil sinkt, fühlen sie sich benachteiligt und protestieren gegen die angebliche Bevorzugung der Mädchen.
Die norwegische Forscherin Tore Skinnigsrud (1984) schreibt, daß Jungen und Mädchen im Unterricht einen grundsätzlich anderen Interaktionsstil haben. Während Jungen eher konkurrenzorientiert agieren, die Kompetenz der Lehrerin in Frage stellen und nur selten zugeben, daß sie etwas nicht verstanden haben, stellen die Mädchen Verständnisfragen, selbst dann, wenn sie etwas schon verstanden haben, was den MitschülerInnen zugute kommt und die Qualität des Unterrichts verbessert. Uta Enders-Dragässer bezeichnet den Interaktionsstil der Jungen als dominant-konkurrierend, den der Mädchen als kooperativ und integrativ.
Gegenüber den Mädchen verhalten sich Jungen schon im Grundschulalter herablassend und uninteressiert. Wenn ein Mädchen spricht, hören sie weniger aufmerksam zu. Obwohl die Jungen deutlich weniger zum Gelingen des Unterrichtes beitragen und eindeutig mehr Störungen provozieren, gelten sie selbst bei Lehrerinnen als die Kreativen und Intelligenten. «Was macht die Jungen so interessant?» fragt sich die Sozialisationsforscherin Sigrid Metz-Göckel (1989): «Für die Lehrerinnen sind die Jungen, die als schwieriger betrachtet werden, eine Herausforderung als Lehrerin und als Frau. Weibliche Autorität, die Anerkennung durch das ‹stärkere und schwierigere Geschlecht› steht für sie an. Da das Hauptkri-

terium für einen gelungenen Unterricht die Einhaltung von Disziplin ist, müssen Lehrerinnen ihren Unterricht an den Jungen ausrichten, damit sie bei der Stange bleiben und den Unterricht nicht stören» (S. 124).

Nach wie vor sind Schulbücher eher auf Jungen und männliche Erlebnisinhalte zugeschnitten. In den reich bebilderten Sachkundebüchern für die Grundschule ein Bild zu finden, auf dem zum Beispiel Hausarbeit sichtbar wird, fällt ausgesprochen schwer. Unterrichtsthemen durchzunehmen, die eindeutig weiblich identifiziert sind, ist nur selten möglich, weil eine Reihe von Jungen sofort lauthals protestiert, während es die Mädchen eher still hinnehmen, wenn sie mit Jungenthemen konfrontiert werden.

Die Pädagogin Astrid Ritter (1989) hat untersucht, wie Grundschulkinder aus der 3. und 4. Klasse mit einem Thema aus dem Bereich der Arbeitswelt umgehen. Es zeigte sich, daß das soziale Wissen der Mädchen und ihr Interesse weitaus größer waren als das der Jungen. Während sich die Mädchen aufmerksam mit einzelnen Produktionsstadien, den hergestellten Produkten und vor allem der Situation der arbeitenden Menschen befaßten, waren die Jungen mehr an automatisierten technischen Produktionsabläufen interessiert. Das persönliche Handeln der Menschen in der Arbeitswelt war für sie ausschließlich im Zusammenhang von Kontrolle und Aufsicht von Belang.

Die geringere soziale Kompetenz der Jungen zeigt sich auch im Unterricht. Jungen sind weniger konfliktfähig und können schlechter über ihre Probleme oder die der Gruppe sprechen. Sie können sich im Durchschnitt schlechter in die Situation eines anderen einfühlen. Ihr Unterrichtsverhalten ist weniger gruppendienlich als das der Mädchen. Pointiert läßt sich formulieren: Die Schule und die Jungen profitieren von dem unterrichtsfördernden und sozial kompetenten Verhalten der Mädchen.

Wie dringend notwendig mehr männliches Engagement in Fragen der Geschlechtersozialisation in der Schule ist, läßt sich aus einem Unterrichtsversuch folgern, den Heidi Scheffel und Gisela Wäschle an der Laborschule in Bielefeld mit Schülerinnen und Schülern eines sechsten Jahrganges durchgeführt haben. Ihre Unterrichtseinheit wurde im Friedrich-Jahresheft 1989 dokumentiert, dem alle nachfolgenden Zitate entnommen sind. «Hintergrund dieser Unterrichtsreihe» waren «Ergebnisse der feministischen Unterrichtsforschung über koedukativen Unterricht», nach denen Jungen es auf Kosten der Mädchen verstehen, «sich Aufmerksamkeit zu verschaffen und sich Raum zu nehmen». «Unsere Frage war, auf welchen nonverbalen Kommunikations- und Interaktionsebenen das Raumeinnehmen geschieht. Wie schaffen es die Jungen immer wieder, sich Raum zu sichern, obwohl viele Mädchen im Durchschnitt leistungsstärker sind als die Jungen?»

Die beiden Lehrerinnen beschlossen, einer Antwort auf diese Frage durch eine Untersuchung des Körperausdrucks ihrer Schülerinnen und Schüler näherzukommen. Interessant ist, was sie über ihre theoretische Vorbereitung auf die Unterrichtseinheit berichten. Ausführlich zitieren sie «in einem Frauenkollektiv erarbeitete» Thesen von Frigga Haug. Danach wird der «weibliche Körper sexualisiert» und ist «Einsatz in die Unterordnung der Frauen unter die Männer». Die Männer sind «keine Rosen wie Frauen, sondern sie sind Gärtner, die über wilde Sprößlinge zu verfügen haben».

Frauen würden «zu Objekten gemacht, zu Sklavinnen», die ihre Unterdrückung schließlich akzeptieren und in ihren «Sozialkörper einbauen». Im Anschluß an Frigga Haug wird Christine Woesler de Panafieu zitiert, die die «Geschichte von Frauenkörpern» als «eine Geschichte der inneren Entleerung bei gleichzeitiger äußerer Verschönerung» beschreibt. Elisa Bröckling wird angeführt, die beschreibt, wie Mädchen in der Pubertät lernen, «zwischen ihrem Körper und ihrem Selbst zu trennen». Schließlich erwähnen die Autorinnen Marianne Wex, die anhand von 5000 Fotos beschrieben hat, wie sich in den Körperhaltungen der Männer und Frauen «das patriarchalische Geschlechterverhältnis vergegenständlicht».

Von Jungen ist nach eigenem Bericht in der Vorbereitung der beiden Lehrerinnen so gut wie nicht die Rede. Wenn sie Erwähnung finden, dann als Nutznießer und Unterdrücker der Mädchen.

Über den Beginn der Unterrichtseinheit heißt es: «Wir hatten zu Beginn bewußt vermieden, das Thema theoretisch vorzustellen, und statt dessen den Einstieg über den Umgang mit der Videokamera gewählt.» Der Sklavinnenaufstand im 6. Schuljahr als geheime Kommandosache? Was die Schülerinnen und Schüler mit der Videokamera dokumentierten, entsprach der Vorbereitung der Lehrerinnen: «Fast durchgängig entsprachen die Körperhaltungen der Jungen und Mädchen den geschlechtsspezifischen Körperhaltungen, wie sie Marianne Wex in ihrem Bildband dokumentiert.» Die Kommentare der Kinder zeigten allerdings auch, daß sie bemerkten, wie sich hinter mackerhaftem Verhalten Unsicherheit verbergen kann: «Karl sitzt breit da. Er fühlt sich schön und ist dabei ganz unsicher. Karl war unruhig, sah aber dabei ganz cool aus, wie Elvis Presley. Lothar brauchte viel Platz beim Sitzen. Er tat mackerhaft und angeberisch. Dabei ist er doch unsicher. Otto kam rein wie ein Sandkasten-Django.» In einer zweiten Phase übte die Klasse verschiedene Körperhaltungen. Wie steht man sicher? Wie steht man unsicher? Sich Platz zugestehen, sich klein machen usw. Anhand von Fotos wurde dann versucht, verschiedene Körperhaltungen einem Geschlecht zuzuordnen. Bei den Körperübungen und Rollenspielen «fiel deutlich auf, daß es einigen Jungen enorm schwer fiel, über längere Zeit eine unsichere Haltung einzunehmen».

In einer dritten Phase sollte das Erlebte ausgewertet und diskutiert werden: «Zu Beginn stellten wir die Frage, ob die männlichen und weiblichen Körperhaltungen auch in der Klasse zu beobachten seien.» Eine erneute Durchsicht des Videomaterials «führte zu der These: Die Jungen in der Gruppe haben eine offene, Raum einnehmende Körpersprache. Damit wirken die Jungen cool, mackerhaft selbstsicher. Die Mädchen nehmen beim Gehen, Stehen, Sitzen wenig Raum ein. Sie wirken verschlossen, ängstlich, zurückgezogen, zu.»

Es folgte, so schreiben die Autorinnen, «eine hitzige Diskussion, die aber fast ausschließlich von den Mädchen geführt wurde».

Einziger «sachorientierter Kommentar» der Jungen sei die Bemerkung gewesen, «daß Mädchen und Frauen breitere Hüften haben». (Ein wichtiger Kommentar, an den man hätte anknüpfen können!) Jedenfalls stiegen die Jungen aus: «Sie störten die Diskussion durch Unruhe zunehmend.»

Doch selbst an diesem Punkt bemerken die beiden Lehrerinnen nicht, was es bedeutet, mit zwölfjährigen Jungen über ihre Körpersprache und die dahinter verborgene Unsicherheit zu sprechen: «Das Aussteigen der Jungen brachten wir zunächst nicht mit dem Thema in Verbindung. Wir reagierten wie gewöhnlich mit Ermahnungen.» Dann fragten sie sich, «ob wir Lehrerinnen das Thema nicht für die Jungen überstrapazierten».

Leider fragten sie sich nicht, ob sie nicht mit ihrer Herangehensweise an das Thema die Jungen überstrapaziert hatten. Leicht verschnupft stellen sie fest: «Die Jungen zogen sich aus der Diskussion zurück, als sie merkten, daß ihr Verhalten in Frage gestellt wurde. Sie stellten sich keiner Kritik.»

Schon die erarbeitete These ist Unfug. Wer wie ein Sandkasten-Django durch die Tür hereinkommt oder so tut, als sei er Elvis Presley, nimmt vielleicht Raum ein und anderen weg, aber er hat alles andere als eine «offene Körperhaltung». (Ganz am Rande erwähnen die beiden Lehrerinnen: «Wir hatten bewußt eine Klasse gewählt, die auf den ersten Blick den Eindruck vermittelt, als ob die Mädchen dominant wären. Durchweg sind sie leistungsstärker und rhetorisch versierter als die Jungen.»)

In dieser Unterrichtseinheit wäre ein Lehrer vonnöten gewesen, der sich an seine eigene Pubertät erinnert und bereit ist, sich auch mit seinem eigenen Körperausdruck zu beschäftigen. Es reicht nicht, Jungen Vorwürfe zu machen und sie aufzufordern, sich nicht mehr so dicke zu tun. Ebensoschlecht könnte man ein Kind, das sich versteckt, ultimativ auffordern, doch sofort aus seinem Versteck herauszukommen.

Daß sich die Jungen der Debatte entzogen, ist für die Lehrerinnen Bestätigung ihrer Ausgangsthese, daß schon im Kindesalter das männliche Geschlecht auf der Gewinnerseite steht: «Ihren Raum sicherten sich die Jungen damit auf andere Weise. Den Mädchen den Diskussionsraum zu erhalten war uns nur möglich, da wir zu zweit die Jungen in Schach halten konnten.» Womit die Lehrerinnen auf fatale Weise beim traditionellen Verständnis von Jungenpädagogik gelandet sind: Man muß sie in Schach halten.

Zum Abschluß ihres Berichtes stellen die beiden Autorinnen fest, daß es im koedukativen Unterricht nicht möglich gewesen sei, die Ergebnisse der Unterrichtsreihe mit den Mädchen zu vertiefen. «Hierfür», so fordern sie, «sind eigene Mädchen-Räume notwendig.» Dagegen ist kaum etwas einzuwenden. Nur, so fragen wir uns, wer tut derweil etwas für die Jungen?

Wir nahmen eine Einladung an, im Unterricht einer ersten Grundschulklasse zu hospitieren und zusammen mit dieser Klasse und ihrer Lehrerin einen Schulausflug zu unternehmen. Vieles, was wir bei feministischen Schulforscherinnen gelesen hatten, fanden wir bei unserer Unterrichtshospitation bestätigt: Die Jungen beanspruchten den Löwenanteil der Aufmerksamkeit und der Ansprache der Lehrerin. Sie kamen öfter dran, wurden mehr gelobt und mehr getadelt und störten und störten und störten, während die Mädchen mit braven, gruppendienlichen oder auf den Unterricht bezogenen Leistungen um die Aufmerksamkeit der Lehrerin buhlten. Auch den «Sexismus in der Schule» fanden wir bei unseren I-Dötzen wieder. In der Pause ging es für die Jungen nämlich vor allem darum, möglichst vielen Mädchen die Unterhose herunterzuziehen, was zu einer Menge Tränen und Elterngesprächen führte, bis die Lehrerin dem Spuk ein unverzügliches Ende bereitete, indem sie die Klasse darauf aufmerksam machte, daß eine Jungenhose nur durch einen Knopf in ihrer Position gehalten wird.

Nach einiger Zeit führt uns ein Schulausflug in einen Freizeitpark am anderen Ende der Stadt. Während wir auf den Bus warten, rennen drei Jungen davon und müssen zurückgeholt werden. Ingo und Bastian beginnen eine schlichtungsbedürftige Treterei, die mit Tränen und einem Racheschwur endet. Die Hand der Lehrerin ist fest im Griff des kleinen Stefan. Während der Busfahrt plazieren sich alle der insgesamt vier mitfahrenden Erwachsenen intuitiv in der Nähe der Jungen. Susan erzählt,

133

daß sie sich ein Springseil wünscht, das farblich zu ihrer Haarklammer, ihrem Kleid, ihren Socken und zu ihren Schuhen paßt. Von vier Jungen erfahren wir während der zwanzigminütigen Busfahrt alles über die absoluten Spitzenautos ihrer Väter. Marc verstößt gegen das Verbot, im Bus Kakao zu trinken, und stellt prompt eine ziemliche Sauerei an. Ansonsten verläuft die Fahrt recht harmonisch.

Beim Aussteigen schubst Ingo seinen Widersacher Bastian von hinten, der wutentbrannt losbrüllt, sich aber nicht verletzt hat, was alle beruhigt, weil jetzt der Streit zwischen den beiden fürs erste ausgestanden zu sein scheint. Im Park ist ein Kicker für die Jungen die Hauptattraktion. Vier größere Jungen besetzen das Spielgerät, nach einer kurzen Rangelei muß einer der vier gehen und wird durch einen etwas langsamen, aber stärkeren Jungen ersetzt. Die vier beschließen – obwohl sechs andere aufgeregt drumherum stehen, erst einmal ein Hin- und Rückspiel bis 11 zu spielen und dann das Ganze in wechselnder Besetzung zu wiederholen. Keiner der Jungen hat je an einem Kicker gespielt, aber nun hauen sie sich gegenseitig ihre Fachkenntnisse um die Ohren. Nicht aufgeregt und neugierig, sondern hektisch und besserwisserisch. Sie brauchen offenbar ständig jemanden, der «keine Ahnung hat». – Dirk und Ingo kassieren ein Tor. Dirk kann jetzt nicht mehr an sich halten. «Du Penner», brüllt er seinen Spielkameraden an, «hau bloß ab du! Du versaust mir ja alles. Ich mach das jetzt allein.» Tatsächlich gelingt es ihm, Ingo zur Seite zu drängen. Nun bedient er alle vier Spielstangen, niemand der anderen Jungen sagt etwas zu dieser Situation, das Spiel geht zu dritt weiter, als wäre nichts gewesen. Nur Dirk schimpft noch einmal los, als habe ihm sein Mitspieler den ganzen Tag verdorben: «Der versaut mir doch alles, der Penner!»

Auf Intervention eines Erwachsenen wird der freie Platz am Kicker mit einem kleineren Jungen besetzt, von dem wir bisher weder im Unterricht noch während des Ausfluges viel mitbekommen haben. Natürlich hat auch er schon begriffen, daß es bei diesem Spiel darauf ankommt, den kleinen Plastikball mit einer der Kickerfiguren zu treffen, und daß man dafür eine gewisse Übung braucht. Der kleine Niklas macht sich diese Mühe allerdings nicht, er greift mit der Hand ins Spiel und wirft den Ball ins Tor. Wieder wird gebrüllt, als habe Maradonna mit einem Foul die Fußballweltmeisterschaft unfairerweise zugunsten Argentiniens entschieden: «Du bist der größte Fuscher aller Zeiten.» Und wieder als einzige Konfliktlösung: «Hau bloß ab du!» Weil abzusehen ist, daß die meisten Jungen nicht in den Genuß kommen werden, sich am Kicker zu erproben, wenden sie sich anderen Dingen zu. Kurz nachdem die Zuschauer das Interesse verloren haben, beenden auch die Spieler ihr ursprünglich auf mindestens eine Stunde geplantes Match. Es kommt den ganzen Tag über nicht mehr zu einer nennenswerten Spielsituation am Kicker.

Nun gilt das Interesse der Jungen einer Baumbude in einem Kirschbaum. Sieben Jungen klettern in den Baum, nicht ohne daß es Diskussionen über die Reihenfolge gibt, wer zuerst dran ist, die Leiter zu benutzen. Selbst bei dieser einfachen sozialen Aufgabe kommt es zu einer Rangelei, die heftig genug ist, daß sich ein Erwachsener animiert fühlt, schlichtend einzugreifen.

Oben angekommen wissen die sieben Jungen nichts miteinander anzufangen, überhaupt haben wir den Eindruck, daß sich die Jungen viel stärker als die Mädchen isolieren und als Einzelkämpfer auftreten. Zumindest in dieser Schulklasse haben wenigstens fünf Jungen absolut genug damit zu tun, sich als Einzelkämpfer darzustellen und als solche die Aufmerksamkeit der Lehrerin zu erheischen. Gemeinsamkeit gibt es zumeist nur, wenn sich ein äußerer Feind findet. Einfach nur zusammen spielen, sich etwas zeigen, etwas erzählen: solche Aktivitäten haben wir bei diesem Schulausflug ausschließlich bei Mädchen beobachten können.

Die von den Jungen in der Baumbude schließlich verwirklichte Spielidee ist zwar auch gegen einen «äußeren Feind» gerichtet, aber sehr spielerisch: Sie beginnen, die Mädchen von oben mit Kirschkernen zu bewerfen. Inzwischen haben wir den kleinen Stefan von der Hand der Lehrerin losgeeist und versuchen, ihm auf den Baum zu helfen. Wir schieben von unten, und von oben kommen ihm giftige Kommentare entgegen, was «der Mini-Furz» denn im Baum wolle.

Einige Zeit später – die Mädchen haben die Spielidee der Jungen aufgegriffen und sich kreischend mit Kirschkernen bewerfen lassen – klettern auch die Mädchen in den Baum. Sie wollen ihre verdiente Revanche haben. Ein Teil der Jungen geht weg. Bastian sagt: «Ich hab kein Bock da drauf.» Nur drei Jungen bleiben dabei, aber sie begnügen sich nicht damit, den Wurfgeschossen auszuweichen, sondern greifen die Mädchen von unten an. Bastian wird am Arm getroffen. Er ist total erbost und beleidigt. Obwohl er nur einen harmlosen Kirschkern abbekommen hat, ist er zutiefst getroffen. Er nimmt einen Stein und schmeißt damit nach dem Mädchen, das ihm die Schmach bereitet hat, ihn am Arm zu treffen. Eine erwachsene Aufsichtsperson beendet die nun gefährliche Spielsituation.

Zum Abschluß des Ausfluges möchte die Lehrerin mit allen Kindern gemeinsam einige Kreisspiele machen. Drei Jungen sind trotz massiven Zuredens nicht zu bewegen, am Gemeinschaftsspiel teilzunehmen. Für sie sind Spiele wie Plumpsack mit ihren sechseinhalb Jahren absoluter Babykram. Weiberzeug.

Die Erfahrung, daß es heute schwieriger geworden ist, Kinder zu gemeinschaftlichen Spielen zu bewegen, haben uns auch andere Grundschullehrerinnen berichtet. Bei diesem Schulausflug jedenfalls hatten wir den Eindruck, mit drei HeMans, fünf Knight-Riders und vier Boris Becker verreist zu sein, die alle verbissen und eigentlich mit Tränen in den Augen darum kämpfen, wer von ihnen der eigentliche Held ist.

Wir sind nicht mit einer schlecht geführten Schulklasse verreist, die Lehrerin hat zu allen Kindern einen liebevollen und unterstützenden Kontakt. (Viel Zeit, sich um die Mädchen zu kümmern, bleibt ihr allerdings nicht.) Unsere Helden kamen nicht aus einem unwirtlichen und aggressionsfördernden Hochhausgebiet, sondern zumeist aus einer Eigenheimsiedlung.

Hätten wir während des Ausfluges auf die Mädchen geachtet, dann wäre uns wahrscheinlich aufgefallen, daß während der begehrten Zeit kein Mädchen auch nur den Hauch einer Chance gehabt hätte, ohne Hilfe eines Erwachsenen am Kicker mitzuspielen. Wir hätten registriert, daß die Jungen die Erwachsenen die meiste Zeit auf Trab gehalten haben und doppelt so viele Geschichten loswurden wie die Mädchen. Wir hätten Knüffe, Beleidigungen und herablassende Worte miterlebt. Es wäre uns leichtgefallen, auch anhand dieses kleinen Schulausfluges zu bestätigen, daß die Schule die Mädchen benachteiligt.

Wir haben allerdings mehr auf die Jungen geschaut und einen Riesenberg von Not, Angst und Hilflosigkeit miterlebt. Wir tun uns ausgesprochen schwer, zappelige, überdrehte und von einem ungelösten Konflikt in den nächsten schlidderne Sechsjährige als Bösewichte anzusehen.

Es wird häufig argumentiert, daß es den Jungen in der Schule besser ergeht, weil sie sich holen, was sie brauchen. Auch negative Aufmerksamkeit sei schließlich Aufmerksamkeit. Es sei psychisch viel gesünder, Konflikte nach außen zu tragen, als sie in sich hineinzufressen.

Andererseits möchte kein Mensch einfach nur Aufmerksamkeit erregen, denn dann würden wir alle nur mit lauten Trommeln, Trillerpfeifen und Böllern durch die Straßen laufen. Wir wollen als Individuum gesehen und liebevoll betrachtet werden. Und bekommt ein Junge, der sich durch Störungen, Clownerien, Zappeligkeit und Frechheit in den Vordergrund spielt, wirklich, was er braucht?

Natürlich gibt es charmante Schulstörer, die nur Unfug im Kopf zu haben scheinen und trotzdem zumindest die heimliche Sympathie der Lehrerin genießen. Solche Jungen verfügen über ein hohes Maß an sozialer Sensibilität und Kompetenz.

Sie testen das System aus, zeigen Grenzen auf und bringen in Bewegung. Sie stehen für die Mitschüler und Mitschülerinnen. Auf ihre bockige Art fordern sie Schule heraus und fördern die pädagogische Diskussion.

Ein guter, produktiver Störer steht im Kontakt mit seiner Umwelt. Er hat die innere Freiheit, auf seine Störung zu verzichten, wenn sie für ihn oder andere gerade keinen Sinn ergibt. Sosehr solche Jungen der Schule auf die Nerven gehen können: sie zeichnen sich durch Zivilcourage, Mut und Kreativität aus. Ihre Zahl scheint rückläufig zu sein, während die Zahl derjenigen Kinder steigt, die nicht diese Art «sympathischer» Störungen produzieren, sondern ohne Kontakt und Ziel auf sich aufmerksam machen. Hinter ihren Disziplinverstößen, Dominanzansprüchen und Störungen verbirgt sich eine große Bedürftigkeit. Sosehr sie sich in den Vordergrund spielen und den Entfaltungsspielraum von anderen Kindern (von Mädchen und stilleren Jungen) einschränken, sowenig bekommen sie, was sie brauchen. Warum sonst müßten sie ununterbrochen und mit hoher Frequenz immer weiter stören?

Natürlich muß sich Schule intensiver auch um die Kinder kümmern, die still allen Kummer in sich hineinfressen und sich zurücknehmen. In der Mehrzahl handelt es sich dabei um Mädchen, doch es gibt auch eine ganze Reihe von stillen Jungen, die übersehen werden, weil die Schule alle Hände voll damit zu tun hat, ihre Störenfriede zu besänftigen.

Jungen bekommen in der Schule, so lehrt uns durchaus glaubhaft die feministische Schulforschung, zwei Drittel der Aufmerksamkeit. Nur ist es wirklich solch ein Zuckerschlecken, ständig Aufmerksamkeit einfordern zu müssen? Was sind das für Kinder, die enttäuscht sind, wenn sie nicht doppelt so oft drangekommen sind wie andere? Wieviel Selbstzweifel verbirgt sich dahinter, wenn ein Kind wenigstens einmal am Tag absolut im Mittelpunkt stehen *muß*, und sei es durch einen ausgekippten Schul-Tornister oder eine rüde Zankerei? Wie unsicher müssen Jungen in der Konfrontation mit dem anderen Geschlecht sein, wenn sie es kaum ertragen können, daß nicht immer «ihre» Themen durchgenommen werden?

Wie unterlegen fühlt sich jemand, der von morgens bis abends seine Überlegenheit demonstrieren muß? Irgendwann glauben die Jungen daran, daß sie wichtiger, besser und bedeutender sind als die Mädchen, obwohl in ihrem Inneren etwas ganz anderes verborgen ist. Nach unserem Eindruck läßt die Schule viel zu oft die Jungen mit unrealistischen Selbstentwürfen allein und wartet stumpf ab, bis wieder ein neuer Schwung Männer fertig gebacken ist: außen hart und innen pappig.

In einer Kölner Gesamtschule konnten wir auf Einladung des Schulpsychologen einige Wochen an einem sogenannten «fachunabhängigen Förderungskurs» für verhaltensauffällige Schüler und Schülerinnen teilnehmen. Auf Vorschlag ihrer Klassenleiter und in Absprache mit ihren Eltern kommen acht Jungen und Mädchen auf freiwilliger Basis zwei Jahre lang für zwei Stunden in der Woche zusammen, um – so das Kursziel – soziales Verhalten zu lernen. Ihre Verhaltensauffälligkeiten sind unterschiedlicher Art: Extreme Aggressivität, mangelnde Konzentrationsfähigkeit, völlige Zurückgezogenheit in der Klasse und extrem hohe Angstwerte, die in psychologischen Tests ermittelt wurden.

Für die Arbeit mit den Kindern braucht der Psychologe Nerven wie Drahtseile. Bei all dem Lärm, den die 10- bis 12jährigen veranstalten, versteht man die meiste Zeit sein eigenes Wort nicht: In der einen Ecke kloppen sich zwei, in der anderen Ecke zieht ein Junge einem dicken Mädchen den Stuhl unterm Hintern weg. Die anderen Mädchen finden das gemein, wollen aber auch nicht neben der «Dicken» sitzen. Ein Junge steht zu Beginn der Stunde auf und geht wieder. Er habe heute keine Lust, ruft er dem Schulpsychologen zu. Nach wenigen Minuten kommt er wieder, um nach kurzer Zeit mit derselben Begründung erneut zu gehen. Im Verlauf der Stunde macht er das fünfmal. Die eine Hälfte der Kinder wirkt wie aufgedreht und losgelassen, die andere Hälfte sitzt teilnahmslos oder einfach wartend auf ihren Stühlen. Bis sich alle Kinder gemeinsam auf das Geschehen konzentrieren können, ist viel Zeit vergangen. Man spürt, daß die Kinder trotz ihres Spektakels und ihrer häufigen Maulerei gern kommen. Gegenüber dem Psychologen können sie sich mehr rausnehmen als im Unterricht, und er gibt ihnen das Gefühl, daß er sie trotzdem mag und akzeptiert. Dadurch entsteht ein Freiraum, in dem die Kinder sich nach und nach öffnen können.

Auf zwei der Jungen, die uns gleich zu Anfang besonders auffielen, möchten wir näher eingehen. Peter und Gerd sind die Radaubrüder der Gruppe. Von ihrem äußeren Erscheinungsbild her könnten die beiden Asterix und Obelix sein. Sie treten immer gemeinsam auf.

Peter ist sehr klein für sein Alter und ständig in Bewegung. Selbst wenn er halbwegs ruhig auf einem Stuhl sitzt, zuckt sein Gesicht, flattern seine Augenlider, gibt er ununterbrochen irgendwelche Laute von sich. Peter ist frech, laut und aggressiv. Er tut so, als interessiere ihn das Kursgeschehen nicht die Bohne, aber man sieht ihm an, daß er alles genau mitverfolgt.

Gerd ist ein großer, dicker Brecher mit blondem Bürstenhaarschnitt. Er orientiert sich stark an Peter, macht ihm alles nach und genießt es, wenn sie gemeinsam im Mittelpunkt stehen. Wir haben den Eindruck, daß er sich zwischen Anpassung an die Gruppensituation – was ihm Zuspruch einbringt – und Krawallmachen mit Peter – wobei er sich großartig vorzukommen scheint – hin und her gerissen fühlt.

Vor ein paar Wochen haben die Kinder auf Karteikarten charakteristische Eigenschaften von sich und den anderen aufgeschrieben. Nun will der Kursleiter die Karten vorlesen, auf denen die Kinder sich selbst beschrieben haben. Die Kinder sollen erraten, wer die Karte ausgefüllt hat.

Peter und Gerd sitzen an einem Tisch, trommeln mit den Händen auf der Platte, werfen mit Papierkugeln und boxen sich. Aber der Psychologe muß nicht nur gegen sie anbrüllen. Die Mädchen haben irgendeinen Streit miteinander. Plötzlich springen Peter und Gerd auf und rennen in den Vorraum, um dort Fußball zu spielen. Der Kursleiter ruft die beiden zurück. Gerd kommt hereingetrottet, brüllt: «Hey Fans» und läßt sich polternd auf seinem Platz nieder. Er lacht und will wieder raus zu Peter laufen, doch der Schulpsychologe legt ihm einen Arm auf die Schulter und fragt, ob er das Spiel nicht mitmachen wolle. Die Wirkung ist phantastisch: Im Arm des Kursleiters wird der Junge augenblicklich ruhig und zugänglich. Als Peter merkt, daß Gerd nicht zurückkommt, setzt auch er sich wieder in die Runde. Jetzt können die Karten vorgelesen werden. Die ersten beiden Kinder werden geraten. Bei der Karte von Gerd tippen die anderen daneben. Auf die Frage: «Wie reagiert die Person auf Kritik?» hat Gerd «Er weint» geschrieben. Für die anderen Kinder war diese Antwort das Ausschlußkriterium. «Stimmt ja gar nicht», rufen sie laut protestierend, «der Gerd wird immer aggressiv!» Gerd scheint selbst von seiner eigenen schriftlichen Selbsteinschätzung überrascht zu sein. Das «Weinen» ist ihm peinlich, und so beeilt er sich umgehend, seinem Ruf wieder alle Ehre zu machen: Er tritt nach einem Mädchen, dessen Kritik nach unserem Eindruck ihn am meisten schmerzt. Dann ist die Stunde rum.

Beim nächstenmal braucht der Kursleiter weniger Zeit als üblich, um einigermaßen Ruhe in den Laden zu bringen. Gerd hat ein Bein in Gips. Peter habe ihm beim Fußballspielen einen «Bänderriß zugefügt», was aber keine Absicht gewesen sei, wie Peter sofort betont. Er trägt Gerds Plastiktüte, in der sich ein Fotoapparat befindet. Peter kümmert sich um seinen fußlahmen Kameraden.
Weiter geht's mit den Karteikarten. Peter wird sofort geraten. Einem Mädchen fällt auf, daß er fast nur negative Eigenschaftswörter für sich gefunden hat: Mutig, laut, frech, faul, gemein. Der Kursleiter fragt, ob jemand etwas Positives zu Peter sagen könne. Gerd und ein anderes Mädchen meinen, Peter könne nett sein, wenn er wolle. Peter selbst hört nicht zu. Es scheint ihm peinlich zu sein. Dann werden die Karteikarten mit den Fremdeinschätzungen verteilt. Die Kinder sollen sich äußern, wenn sie mit irgend etwas nicht einverstanden sind. Gerd hat nur negative Eigenschaften zugeteilt bekommen. Für einen Augenblick steht ihm Bestürzung im Gesicht, dann pfeffert er die Karte in die Ecke und beginnt laut mit seinem Tisch zu wackeln. Peter ist stinksauer. Mit feuerrotem Kopf hält er seine Karte in der Hand. Erregt ruft er: «Wer hat hier geschrieben, daß ich schlampig sein soll!?» Auf der Karte stehen weitaus schlimmere Wörter, aber das eine scheint ihn besonders zu treffen. Es stellt sich heraus, daß Gerd der «Übeltäter» war. Peter fordert ihn auf, mit nach draußen zu kommen. Wir hören nur, daß er ihn zur Rede stellt. Warum ihn das «schlampig» so verletzt hat, erfahren wir nicht.

Zum Abschluß unserer Hospitation schilderte uns der Schulpsychologe einige Hintergründe der beiden Jungen. Wir sollten nicht verkennen, betonte er, daß die beiden seit Beginn des Kurses vor eineinhalb Jahren schon erhebliche Fortschritte gemacht haben.
Peters Eltern hat trotz mehrmaliger Einladungen noch niemand zu Gesicht bekommen. Bei einem psychologischen Test stellte man bei ihm eine extrem ängstliche Grundhaltung fest. In den ersten Wochen zitterte «der ganze Kerl», und man bekam keinen Zugang zu ihm. Seine Arbeitsmaterialien waren stets unvollständig. Alle fünf Minuten rannte er zur Toilette. Er war unfähig, sich länger als einige Minuten zu konzentrieren.

Wörter sah er nicht ganzheitlich, sondern nur Buchstabe für Buchstabe. Ihn anzufassen war in der ersten Zeit völlig unmöglich. Heute ist er kein sonderlich guter Schüler, aber er kommt mit. «Vermutlich», so der Schulpsychologe, «hat er hier erfahren, daß man sich für ihn interessiert und man durchaus bereit ist, ihm Zuwendung zu geben. Wir haben den starken Verdacht, daß es ihm daran besonders mangelt.»

Gerds Standardsätze lauten: «Immer ich!» und «Egal!». Von seinen Eltern wird er vor allem materiell verwöhnt, während es ihm besonders an körperlicher Zuwendung fehlt. Seine aggressiven Attacken auf andere Schüler können auch als Versuche der Kontaktaufnahme gedeutet werden. In der Anfangszeit war Gerd völlig desorientiert, wußte häufig nicht, welches Fach als nächstes auf der Tagesordnung stand, und war kaum ansprechbar. Er stellte seine Ohren ständig auf Durchzug und brauchte eine ganze Weile, um festzustellen, daß man ihn nicht immer kritisieren will, wenn man ihn anspricht. «Die beiden brauchen einfach eine besondere Zuwendung», sagte uns der Kursleiter. «Vielleicht sind wir hier die einzigen, die ihnen das Gefühl geben, daß jemand an sie glaubt. In Wirklichkeit wollen die gar nicht stören.»

Wenn die Schule die Mädchen benachteiligt – woran wir keinen Zweifel haben –, dann läge es eigentlich nahe, daß die Jungen bessere Noten nach

Tabelle VII: Schulentlassene 1985/86 nach Schularten und Abschluß

	gesamt	Jungen	Mädchen	Jungenanteil
ohne Hauptschulabschluß	65 241	39 313	25 928	60,3 %
mit Hauptschulabschluß	284 840	158 361	126 579	55,8 %
mit Realschulabschluß	327 406	154 215	173 191	47,1 %
mit Fachhochschulreife	5 753	2 571	3 182	44,7 %
mit Hochschulreife	205 246	102 624	102 622	50 %

Quellen: Statistisches Bundesamt, Fachserie 11, Reihe 1, 1986 und eigene Berechnungen.

Hause brächten. Bei all der Zuwendung und Förderung, beim Zuschnitt der Lerninhalte auf ihre Interessen und durch ihre Dominanz im Unterrichtsgeschehen müßten sie deutlich besser abschneiden als die Mädchen – vorausgesetzt, sie sind nicht sehr viel dümmer. Doch seltsam: Das Gegenteil ist der Fall.

Die schulische Überlegenheit der Mädchen wird schon deutlich, bevor die Schultüten verteilt sind: 30 % mehr Jungen als Mädchen besuchen wegen mangelnder Schulreife einen Schulkindergarten (Statistisches Bundesamt, Fachserie 11, 1986). Dort sollen Kinder gefördert werden, die das schulreife Alter erreicht haben, aber für noch nicht schulreif befunden werden.

Bei der Verteilung auf die verschiedenen Schultypen zeigt sich, daß die Mädchen im Vergleich zu früher deutlich aufgeholt haben. An der Realschule beträgt ihr Anteil bundesweit 53 %, am Gymnasium 50,4 %. Dagegen werden an der ungeliebten Restschule, der Hauptschule, deutlich mehr Jungen unterrichtet.

Die Schulentlassungsstatistik zeigt, daß das Schulsystem auffällig mehr «Versager» als «Versagerinnen» hervorbringt. Während die Zahl der Jungen und Mädchen, die ihre Schulzeit mit dem Abitur beenden, nahezu gleich ist, zeigt die Statistik bei den Schulentlassungen «ohne Hauptschulabschluß» einen deutlichen Jungenüberhang. Über 60 % der Schulentlassenen ohne Hauptschulabschluß sind Jungen.

Auch während der Schulzeit haben Jungen mehr Probleme, die geforderten Leistungen zu erbringen. 400 000 SchülerInnen bleiben jedes Jahr sitzen. Etwa doppelt so viele stehen jeweils auf der Kippe (Klaus Hurrelmann 1988). In der Mehrzahl handelt es sich hierbei um Jungen (siehe Tab. VIII).

261 000 Schülerinnen und Schüler besuchten im Schuljahr 1985/86 eine Sonderschule. Der Jungenanteil betrug 61 %. Der Jungenüberhang an

Tabelle VIII: Sitzenbleiberanteil 1985/86 nach Schularten

	Jungenanteil
Grundschule	57%
Hauptschule	61%
Realschule	54%
Gymnasium	57%

Quellen: Statistisches Bundesamt, Fachserie 11, Reihe 1, 1986 und eigene Berechnungen.

Sonderschulen wird häufig damit erklärt, daß Jungen insgesamt schwieriger, auffälliger und aggressiver seien und deshalb eher Gefahr liefen, aus dem normalen Schulbetrieb ausgegliedert zu werden. Auf den Regelschulen ist man eher bereit, ein angepaßtes lernbehindertes Mädchen durchzuziehen als einen aufmüpfigen lernbehinderten Jungen. Dieses Argument kann den Jungenüberhang zum Teil erklären. So stellen zum Beispiel Sonderschulen für Verhaltensgestörte fast reine Jungenschulen dar. Hier beträgt ihr Anteil erschreckende 79%. Allerdings ist der Jungenanteil auch an anderen Sonderschularten überproportional hoch: Sonderschule für Sprachbehinderte – 71%, Sonderschule für Körperbehinderte – 59%, Sonderschule für Hörgeschädigte – 57%, Sonderschule für geistig Behinderte – 57%, Sonderschule für Sehgeschädigte – 58%. An der häufigsten Art der Sonderschule, der Sonderschule für Lernbehinderte, beträgt der Jungenanteil 60%.

Wenn Mädchen und Jungen entsprechend ihres prozentualen Anteils an der Gesamtzahl der Schülerinnen und Schüler auch an Sonderschulen vertreten wären, dann müßte der Jungenanteil an der Sonderschule 52,5% betragen.

Die Schulforscherin Marianne Horstkemper (1989) hat in einer breitangelegten Untersuchung an hessischen Gesamtschulen festgestellt, daß Jungen mit zunehmendem Alter an der Schule im Durchschnitt immer selbstbewußter werden. Sie verarbeiten die Leistungsbeurteilungen der Schule selbstdienlicher als die Mädchen. Was sie in ihrem Selbstwert bedrohen könnte, wehren sie erfolgreich ab. Soviel zeigt allerdings die Statistik: Sosehr die Schule den Jungen dabei zu helfen scheint, sich in unschuldigem Anachronismus als das überlegene Geschlecht zu fühlen, viele, viel zu viele Jungen scheitern bei der Ausbildung zum Herrn der Dinge. Eine gute Frage lautet: Wer benachteiligt sie?

Die Mädchen, so wird häufig beklagt, geben den Wettstreit mit den konkurrenzorientierten und ihnen gegenüber oft abwertenden Jungen irgendwann auf. Sie stecken in einer Zwickmühle. Es wird als unweiblich empfunden, wenn sie genauso verbissen darauf aus sind, besser, erfolgreicher und beachteter zu sein (vgl. Ute Enders-Dragässer 1988). Natürlich: Wenn hinterher die Chancen und wichtigen Posten verteilt werden, machen ihnen die Jungen eine Nase. Endlich, denn all die Jahre zuvor hatten sie im Schnitt die schlechteren Noten als die Mädchen! Das Männerleben ist hart, vom Kindergarten an: Du machst die Frauen nieder, kämpfst gegen sie, machst Witze und putzt herunter, erklärst für lächerlich und kindisch – bis du es schließlich selbst glaubst. Wir können an diesem Programm nicht viel Lebenswertes entdecken: Der Herr der Dinge friert auf der Sonnenseite des Lebens.

Der Zwang der Jungen zur Überlegenheit bezieht sich häufig auch auf die Schule selbst und nicht nur auf Mitschülerinnen und Mitschüler. Eine paradoxe Situation, denn in der Schule soll den Kindern bei aller modernen Didaktik und trotz partnerschaftlicher und demokratischer Unterrichtskonzepte ja etwas beigebracht werden, was sie bisher nicht wissen. Sie gehen in die Schule, um zu lernen. Nur: Im Prinzip kann ein Junge alles, noch bevor das Kindergartentäschchen ausgemustert ist. Nur ja nicht wieder klein, abhängig und unwissend sein! So rebellieren viele Jungen auch gegen Anforderungen, die ihre Schule an sie richtet. Die Lehrerin ist blöde (und eine Frau), die Aufgaben sind «puppig», die Schule Blödsinn, und schlechte Noten kommen zustande, weil sie «keinen Bock hatten». In allen Altersstufen zählt die Lässigkeit zu einer der Jungeneigenschaften, die von den Gleichaltrigen mit am positivsten bewertet werden. Sich zu melden und zu sagen, daß man nichts versteht, gilt als unmännlich. In einer solchen Situation die Lehrerin zu attackieren oder den dargebotenen Stoff in der anschließenden Pause für idiotisch zu erklären gilt als männlich. Wenn Jungen lernen, dann «mit links». Streber sind Muttersöhnchen!
Natürlich ist es sinnvoll, wenn Schülerinnen und Schüler den Anforderungen der Schule mit Distanz begegnen und nicht brav und gehorsam alles hinnehmen, was ihnen erzählt wird. Insofern könnte manche Grundschülerin, die gebannt an den Lippen der Lehrerin hängt und ihr jeden Wunsch von den Lippen ablesen möchte, von ihrem frechen und unbekümmerten Banknachbarn eine Menge lernen. Nur erscheint uns die Zwanghaftigkeit, mit der viele Jungen ihre Unabhängigkeit von der

Schule demonstrieren, ein Zeichen dafür zu sein, daß sie in Wirklichkeit voller Angst vor einer sie erdrückenden Abhängigkeit stecken. Bei Angsttests, die mittels Fragebogen durchgeführt werden, schneiden Jungen im Durchschnitt besser ab als die Mädchen, ihre Angstwerte sind niedriger. Andere Verfahren zur Angstmessung (z. B. Messung der Leitfähigkeit der Haut) zeigen jedoch, daß Jungen im Durchschnitt genausoviel Angst haben wie Mädchen (Horst Speichert 1979). Nur scheint es ihnen nicht erlaubt zu sein, diese Angst zu zeigen und mit ihr anders als abwehrend umzugehen.

Manche Jungen verdrängen ihre Angst so gründlich, daß sie sie selber nicht mehr wahrnehmen können. Sie wollen sich von Problemen nichts anmerken lassen. – Wir halten es keinesfalls für ein gutes Zeichen, daß Jungen in schriftlichen Angsttests besser abschneiden. Im Gegenteil! Durch ihr ausgeklügeltes Instrumentarium der Angstabwehr haben sie kaum Möglichkeiten, mit Situationen umzugehen, die mit Angst verbunden sind. Sie werden nicht mutiger, sondern in Wirklichkeit immer ängstlicher, auch wenn die Angst im Laufe der Jahre bis zur Unkenntlichkeit hinter Machtstreben, Unruhe, Rationalisierung usw. versteckt werden wird.

Wer seine Grenzen kennenlernen will, lernt auch die Angst kennen, und nicht zuletzt durch das fatale Mißverständnis, daß ein Mann angstfrei zu sein hat, meiden viele Jungen (und erwachsene Männer) solche Erfahrungen und überspielen ihre Mutlosigkeit durch grandiose Gesten.

Wir möchten einige Mutmaßungen über die Angst von Jungen anstellen:

Daniel fällt alle zwanzig Minuten vom Stuhl. Was würde mit ihm passieren, wenn er stillsäße? Stiege Beklemmung in ihm hoch, wenn er sich auf den schwierigen Unterrichtsstoff konzentrieren könnte? Wenn er es schaffte, sich das Ungeheuer «Rechenaufgaben» wirklich anzusehen, was machte er mit dem Gefühl, daß er nicht richtig versteht? Daniel fällt natürlich nicht einfach. Er kombiniert seine Fluchten mit einer witzigen, störenden und vom Unterricht ablenkenden Rolle.

Michael ist der Stärkste. Jede Pause. Ihn traut niemand anzugreifen. Er lebt, so klein wie er ist, in der Vorstellung, daß nur der Stärkste überleben wird.

Bei Bastian fiel es uns schwer, Angst zu finden. Er springt mit sieben Jahren vom Zehn-Meter-Turm, fährt Fahrrad wie ein Henker und gilt in seiner Klasse als der Mutigste. Bis wir erfuhren, daß er schon drei Gehirnerschütterungen hinter sich hat. Er überspringt angstvolle Situationen derart gründlich, daß man ernsthaft Angst um ihn haben muß. In vielen gefährlichen Situationen setzt seine Wahrnehmung aus.

Klaus findet seine Englischlehrerin absolut bescheuert. In Wirklichkeit träumt er davon, in einer Band zu spielen und englische Texte zu singen. Ein großartiges Ziel, dessen Realisierungschancen nicht überprüft werden können: weil halt die Lehrerin so doof ist...

Danny hat keinen Bock auf Rechnen. Er findet das langweilig. Er hat die Vorstellung, daß ihm das Lernen leichtfallen muß. Wenn etwas schwer wird, hat er keinen Bock mehr. Aus Scham.

Tobias zankt, stänkert, stört und tut sich dicke. Im Grunde ist er voller Angst, daß ihn die Lehrerin nicht leiden mag – leider bekommt er auf die Dauer recht.

Mikes Eltern haben sich getrennt, ihm ist schon lange nur noch zum Heulen zumute. Jetzt bringt er lauter kleinen Fürzen das Heulen bei.

Chiko ist völlig cool, ihn kann scheinbar nichts erreichen. Ein interessantes Verfahren der Angstabwehr: Temperaturabfall.

Lars ist der King. Mit zwölf Jahren war er der Zweite der Schulmeisterschaften im Schachspielen. Er ist ein Tenniscrack und in der Klasse sehr beliebt. Er bringt gute Noten nach Hause, ist lieb zu seiner Mutter und in den Augen seines Vaters ein prächtiger Bursche. Seine Angst hat einen realen Hintergrund: Wenn er einmal stolpert, was nicht ausbleiben wird, fällt er in ein tiefes Loch.

Marc ist auf dem Schulhof der große Bestimmer, was nicht weiter schlimm wäre, wenn er darüber nicht vergessen würde, wie hilflos er sich oft im Unterricht und gegenüber den Anforderungen des Lernens fühlt. Marc überbrückt die Zeit zwischen den Pausen nur notdürftig.

Stefan weiß Bescheid und hat mit 15 Jahren klare Pläne über seine Zukunft, und man glaubt ihm, daß er diese Pläne verwirklichen wird. Er ist überaus ehrgeizig, energisch und wettbewerbsorientiert. Sicherlich, Konkurrenz macht einsam, und ein wenig spürt Stefan schon davon. Aber niemand würde ihm anmerken, am wenigsten er selbst, wieviel Versagensangst hinter seiner zielgerichteten Gewinnermentalität verborgen ist.

Alle Menschen wehren Ängste ab. Sie verdrängen unangenehme Gefühle und Regungen, projizieren auf andere, was sie sich selbst nicht trauen oder gestatten, verschieben Gefühle von einem Objekt auf ein anderes, weichen vor einer Anforderung in regressives Verhalten aus oder rationalisieren, wenn ihnen ihre wirklichen Gefühle zu peinlich sind.

Insofern haben die gerade skizzierten Verhaltensweisen durchaus einen lebenspraktischen Aspekt. Allerdings löst sich natürlich nicht in Luft auf, was abgewehrt worden ist: Stefan plant eben nicht nur, die Karriereleiter hochzusteigen, um viel Geld zu verdienen, sondern weil die Angst hinter ihm herklettert. Daß Daniel vom Stuhl fällt, erspart ihm unangenehme Gefühle, aber er hat sein Problem mit den Rechenaufgaben dadurch nicht erledigt. Tobias findet als kotzbrockiger Störenfried viele einsichtige Gründe, warum er sich nicht gemocht fühlt, aber er bekommt nicht, was er braucht.

Die Schulforschung hat sich in den vergangenen Jahren sehr intensiv mit Formen manifester Schulangst beschäftigt, die Kinder lähmen und immer mißerfolgsorientierter und mutloser machen kann. – Wir halten es für notwendig, sich intensiver als bisher auch mit angstvermeidendem Verhalten zu befassen. Es stimmt, daß Angst dumm machen kann. Aber gilt dieser Satz nicht auch für die verdrängte Angst? «Das Annehmen und das Meistern der Angst», schreibt Fritz Riemannn (1979), «bedeutet einen Entwicklungsschritt, läßt uns ein Stück reifen. Das Ausweichen vor ihr und vor der Auseinandersetzung mit ihr läßt uns dagegen stagnieren; es hemmt unsere Weiterentwicklung und läßt uns dort kindlich bleiben, wo wir die Angstschranke nicht überwinden» (S. 9).

Die Schule müßte mehr als bisher den Jungen beibringen, mit angstvollen Situationen, Schwächen und unangenehmen Gefühlen umzugehen. Nicht damit sie wie das Kaninchen vor der Schlange erstarren, sondern damit sie lernen, daß Angst zum Leben dazugehört. Auch zu einem Männerleben.

High Noon im Jugendheim:
Skizzen zur Sozialarbeit

«Ein Kuhfladen und ein Trabbi treffen sich auf einer Weide. Sagt der Trabbi: ‹Tach auch, ich bin ein Auto.› Sagt der Kuhfladen: ‹Ja, wenn das so ist, dann bin ich eine Pizza.›» – «Soll ich sofort lachen, oder kommt noch was?»

Klaus II, genannt Fetzer, erzählt Klaus I diesen Witz, aber er kann damit nicht landen. Klaus I mag es nicht, wenn die Jugendlichen solche Witze erzählen. Sexistischen Scheiß und gegen Ausländer und jetzt so großkotzig über die ehemalige DDR. Klaus I sagt: «Schon mal 'ne Pizza Wartburg probiert? Schmeckt saugut.»

Klaus I ist siebenunddreißig Jahre alt und stellvertretender Leiter einer städtischen Jugendfreizeiteinrichtung in einer Trabantensiedlung. Er hat keinen Spitznamen. Daß seine Frau Klausi zu ihm sagt, ist in seiner Dienststelle nicht bekannt. Klaus II ist siebzehn und heißt bei allen seinen Freunden nur Fetzer. Seit einem halben Jahr arbeitet er im Rahmen einer vom Sozialamt finanzierten Arbeitsbeschaffungsmaßnahme beim städtischen Garten- und Friedhofsamt. Schon seit langem gehört Fetzer zu den regelmäßigen Besuchern der Jugendfreizeiteinrichtung. Beide, Klaus und Fetzer, sind beliebt, ohne daß genau auszumachen wäre, worin ihre Beliebtheit eigentlich begründet liegt. Jedenfalls sagen die Jugendlichen: «Laß ma, der Klaus ist ganz in Ordnung.» Im Team heißt es: «Der Fetzer hat was. Klar, er ist nicht einfach, aber er hat was.» Die Beziehung zwischen Klaus und Fetzer ist zudem so etwas wie ein Gradmesser für das soziale Klima im Jugendheim. Wenn es zwischen den Jugendlichen und den Erwachsenen Streit gibt, sind sie die Wortführer, die die Interessen ihrer jeweiligen Gruppe vertreten, aber auch im eigenen Kreis für die Sichtweise der anderen werben. Mit Klaus' Hilfe hat Fetzer im Keller des Jugendheimes einen Kraftraum aufgebaut, und er sorgt dafür, daß dort fachkundig und ohne Randale trainiert wird. Klaus und Fetzer brauchen sich im gewissen Sinne gegenseitig.

Jetzt stehen sie sich gegenüber; ein großer gemeinsamer Auftritt bahnt sich an.

«Du führst dich hier auf wie ein Zwölfjähriger, ich habe die Schnauze voll von deinem ewigen Scheiß!»

«Hör doch auf zu labern, du Arschloch.»

Es geht um einen Tischtennisball, genauer gesagt, um den vierten Tischtennisball, den Fetzer innerhalb einer Stunde mutwillig zerdetscht hat. Zwischen Klaus und Fetzer kommt es zu einem Machtkampf, und alle anwesenden Zuschauer wissen, daß nach dem bestehenden Arrangement keiner der beiden verlieren darf. Jeder ist auf ein ehrenvolles Unentschieden angewiesen. Klaus findet, daß an diesem Abend genug Tischtennis gespielt worden ist. Er reagiert heftiger als sonst, weil dieser Vorfall einen der für sein Gefühl lächerlichsten Aspekte seiner beruflichen Tätigkeit symbolisiert: Die Organisation profaner Freizeitvergnügungen für gelangweilte Jugendliche. Auch Fetzer will es wissen: Er besteht auf einer neuen Packung Tischtennisbälle. Er genießt den vor Publikum eskalierenden Kampf mit Klaus. Der wird später im Team davon sprechen, daß Fetzer in seiner AB-Maßnahme den ersten großen Durchhänger und zudem Krach mit seiner Freundin hatte. Des weiteren wird Klaus darauf drängen, daß das Problem der von Jugendlichen in die Einrichtung geschmuggelten Flachmänner konsequenter angegangen wird.

Fetzer sagt: «Ich gehe nicht eher, bis ich dieses Spiel fertig gespielt habe. Und ohne Ball ist Scheiße.»

Inzwischen ist es 21.55 Uhr. Klaus wird auf die angepeilte Spätvorstellung im Capitol verzichten müssen. Mitten in eine langsam unangenehme Stille hinein sagt Fetzer: «Pizza? Find ich gut.»

Wer steht sich da gegenüber? Eine Aufsichtsperson und ein Rotzlöffel, der gegen die Regel verstößt, daß die Bude um zehn Uhr dicht zu sein hat? Ein, wie Klaus' Abteilungsleiter formulieren würde, marginalisierter Jugendlicher und ein Angehöriger der Mittelschicht? Klaus und Fetzer, die sich auf ihre kumpelige Art doch eigentlich gut verstehen und den Laden im Griff haben?

Soviel steht fest: Der Film, der nun hier und nicht im Capitol abläuft, ist ein Western – hier stehen sich zwei Männer gegenüber, und sie haben mehr miteinander zu tun, als sich die soziologische Analyse des Abteilungsleiters träumen läßt.

Klaus und Fetzer kennen sich noch aus der Grundschule beziehungsweise in Klaus' Fall noch aus der Volksschule. Nicht persönlich natürlich, denn Klaus studierte schon Sozialpädagogik, als Fetzer geboren wurde. Aber zwei Jungen wie Klaus und Fetzer gibt es in jedem Kindergarten und in jeder Grundschulklasse.

Klaus weiß noch, daß dem Fetzer öfter Stifte, Hefte oder die Turnschuhe fehlten. Bei den kleinen Theaterstücken, die jedes Jahr für die Weihnachtsfeier einstudiert wurden und bei denen er einmal den Hänsel und einmal den Fischer in «Der Fischer und seine Frau» spielen durfte, war Fetzer immer nur ein Baum, der Wind oder das Volk. Für eine Hauptrolle machte Fetzer viel zuviel Unfug, und höchstwahrscheinlich hätte er sich auch den Text nicht merken können.

Auf dem Schulhof oder beim Sport war Fetzer Klaus überlegen. Und er war frecher. Er verstieß gegen Regeln, die Klaus unantastbar erschienen. Zu seinen Zeiten gab es in der Volksschule noch mit dem Stock auf die Finger; schon früh also konnte er studieren, wie Fetzers Sozialisierungsprozeß möglicherweise positiv beeinflußt werden kann. Eine Zeitlang stellte Fetzer auf dem gemeinsamen Heimweg seinen Ranzen auf Klaus' Ranzen, was dieser mit ohnmächtiger Wut zuließ, so daß er nicht nur seine eigenen, sondern auch noch Fetzers Schulsachen zu tragen hatte. Klaus' Mutter war froh, als sich die Lebenswege der beiden nach dem vierten Schuljahr trennten.

Fetzer weiß noch, daß Klaus wegen jedem Mist flennte und daß man mit ihm nicht richtig kämpfen konnte, weil er jeder Prügelei aus dem Weg ging, und daß man ihn besser in Ruhe ließ, weil die Gefahr bestand, daß er zur Lehrerin lief, um sich zu beschweren. Bestimmt ein Jahr lang mochte er Klaus gut leiden. Er zeigte ihm auf dem Schulhof Tricks und wie man als Torwart einen Fletscher hinbekommt. Im Gegenzug ließ er sich dafür von Klaus die Judoregeln beibringen, ohne daß er allerdings verstanden hätte, wofür dieser Sport gut sein könnte.

An Klaus' Mutter erinnert er sich. In den ersten Schuljahren wurden Kinder wie Klaus von ihren Müttern gebracht. Beim Schulfest verkauften diese Mütter Limonade und Karten für die Tombola, während seine Mutter zu weitaus unerfreulicheren Anlässen zur Schule kam, wie überhaupt der Kontakt zwischen Schule und Elternhaus für Fetzer nur negative Folgen hatte. Die Schule und seine Familie schienen nicht recht zusammenzupassen, und wenn sie sich trafen, dann hatte er das auszubaden.

Für Fetzer war schon als Kind klar, daß er zu den Verlierern und Klaus zu den Gewinnern gehören sollte – eine paradoxe Angelegenheit, denn er hatte Klaus schneller im Schwitzkasten, als der gucken konnte. Klaus erlebte diesen Widerspruch ebenfalls. Er begriff ohne große Mühe, wie die Multiplikation funktioniert, und seine Lehrerin mochte ihn. Es war klar, daß er aufs Gymnasium gehen würde. Er war viel besser als Fetzer, doch sobald es zur Pause geläutet hatte, war Fetzer der richtige Junge und er nicht. Sein teurer Judoanzug und die Tatsache, daß er mit viel Mühe den orange Gürtel erkämpft hatte, zählten überhaupt nicht. Klaus und Fetzer haben also eine gemeinsame Geschichte. Ihr Altersunterschied spielt dabei keine Rolle.

In dieser Geschichte gibt es einige sehr schöne Annäherungen; doch vor allem haben sich Klaus und Fetzer gegenseitig Niederlagen bereitet. Daß sie jetzt – im Kampf um eine neue Packung Tischtennisbälle – auf ein Unentschieden angewiesen sind, dient also nicht nur dem Erhalt des sozialen Friedens im Jugendfreizeitheim, sondern wurde schon eingeübt, als die beiden noch Kinder waren: Jeder trägt seinen Tornister selbst, und es ist verboten, den anderen in die Hecke zu schubsen; eine zutiefst ungerechte Anordnung, weil doch Fetzers Tornister viel schwerer war als Klaus' Tornister.

Klaus wurde ein engagierter Gymnasiast. Nachdem er in den ersten Jahren bei allen Lehrern beliebt war, erprobte er sich nach der Pubertät als Rebell. Zweimal wurde er zum Klassensprecher gewählt, und im vorletzten Jahr seiner Schulzeit wurde er Mitglied im Sozialistischen Schülerbund. An den Blockadeaktionen zur Verhinderung von Fahrpreiserhöhungen der städtischen Verkehrsbetriebe beteiligte er sich ebenso begeistert wie an den endlosen Debatten in seinem Schülerzirkel. Benno Ohnesorg war tot, die Gewalttätigkeit des Staates galt als feste Größe, die Diskussion kreiste nur noch um die Frage, wie darauf zu reagieren sei. Klaus war längst kein braver Junge mehr, sondern auf dem besten Wege, ein kämpferischer und kraftvoller Mann zu werden. Eine gewisse Störung seiner heroischen Gefühle war mit seinem abendlichen Heimweg verbunden. Er zog es vor, einen Umweg zu gehen, weil der kürzeste Weg am Jugendzentrum der evangelischen Kirche vorbeiführte, in dem sich die trafen, die damals Rocker genannt wurden. Hier fürchtete Klaus eine andere Gewalt als die, über die er zuvor diskutiert hatte.
Mit Fetzer, davon war er überzeugt, wäre kaum zu reden. Nur aus der Zeitung wußte er, daß sich zu dieser Zeit revoltierende Studenten mit Heimjugendlichen zusammengetan hatten und daß an der Spitze dieser damals «Heimkampagne» genannten Aktionen Ulrike Meinhof und ein gewisser Andreas Baader standen. Mehrmals in der Woche jedenfalls hatte Klaus einen Umweg zu gehen, eine ernsthafte Irritation für einen jungen Mann. Zwei unausgesprochene Wünsche aus dieser Zeit: Im Polizeisportverein boxen zu lernen und Sozialpädagogik zu studieren.

Fetzer kennt die Geschichte. Er war zwar nur einmal im Jugendcafé in der Innenstadt, aber dafür gründlich. Eines dieser schlau schwätzenden Jüngelchen machte ihn blöde von der Seite an, er solle doch, bitte schön, mit seiner Cola aufpassen, den Teppichboden hätten sie schließlich selber ausgesucht und verlegt. Den verdrosch er nach Strich und Faden, und zehn andere aus dem Jugendcafé, das muß man sich vorstellen, standen drum herum und guckten zu. Nach zwei Stunden kam Fetzer mit ein paar Kumpeln wieder, schmiß ein Fahrrad durchs Fenster und mischte den Laden gründlich auf. Dieser Ausflug in die ordentliche Jugendarbeit brachte ihm seinen ersten Jugendarrest und die bisher letzte Tracht Prügel von seinem Vater ein.

Klaus hat inzwischen kaum noch Angst, daß er während seiner Arbeit im Jugendfreizeitheim in eine Schlägerei verwickelt werden könnte. Seinen Studienabschluß in Sozialpädagogik hat er vor mehr als zehn Jahren gemacht, und aus langer Erfahrung weiß er, daß er von den Jugendlichen viel zu sehr gebraucht wird, um Dresche zu beziehen. Wenn er mit Fetzer oder seinen Freunden über Gewalt spricht, dann stellt er die Folgen in den Vordergrund, für die Opfer, aber vor allem für die Jugendlichen selber. Er will ihnen helfen, auf anderem Weg mit ihren Aggressionen umzugehen.

Als gestandener Sozialarbeiter erinnert er sich aber nicht daran, wie stark die Furcht in ihm steckt, dieser verwamste Jüngling aus dem Jugendcafé zu sein. Im Kampf Mann gegen Mann bestehen zu können, um dieses alte und mächtige Männermotiv hat Klaus immer einen Umweg gemacht. Inzwischen findet er, daß die Gewalt nicht nötig sei, oder ehrlich gesagt, daß er Manns genug sei, sich ohne Gewalt durchzusetzen.

Fetzer sagt: «Schmeiß mich doch raus, wenn du dich traust!»

Klaus antwortet: «Du Kind.»

Fetzer weiß um Klaus' Schwäche in diesem Moment, und um ihn nicht bloßzustellen, nimmt er die Beleidigung zwar grinsend, aber kommentarlos hin.

Fetzer springt von der Tischtennisplatte und geht an Klaus vorbei zum Klo – nah genug, um ihm deutlich zu signalisieren, daß er den Kampf nach einer kurzen Auszeit fortsetzen möchte. Klaus fällt ein, und im selben Moment findet er diese Erinnerung lächerlich und unangemessen, daß eine seiner nahesten Begegnungen mit Fetzer auf dem Klo stattfand. Sie trafen sich dort gegen Ende einer Samstagsdisco, redeten über irgend etwas und konnten beide pissen wie ein Pferd. Kein Unterschied, null.

Die Zeit der Pubertät: Klaus sitzt in seiner Eisdiele, hört Adriano Celentano zu und verzehrt sich nach der um einige Jahre älteren Eisverkäuferin. Gleichzeitig achtet er vollkommen unauffällig, aber sehr dringend auf die Tür der Männertoilette. Er möchte sicher sein, daß er allein ist, wenn er am Pissoir steht. Er hat Angst, daß er vielleicht nicht kann, wenn er einen Nebenmann hat. Bis zu diesem Zeitpunkt hat ihm noch niemand gesagt, daß es bei allen Männern einen Moment dauert, bis sie können, und einmal ist es ihm passiert, daß die Tür aufging, einer reinkam, pißte, sich in Ruhe die Hose zuknöpfte und wieder verschwand, ohne daß er auch nur einen Tropfen hervorgebracht hätte. Seitdem ist er vorsichtig. Aus diesem Abschnitt seines Lebens weiß Klaus so gut wie nichts mehr. Er hat vergessen, daß er zu Anfang seiner Pubertät wie ein Schluck Wasser in der Kurve hing, während die gleichaltrigen Mädchen aufblühten und von Jungen schwärmten, die drei Klassen über ihm waren. In dieser Zeit saß Klaus Nachmittage lang allein in seinem Zimmer; nichts mehr fürchtend, als daß seine Mutter hereinkommen, die Musik leiser drehen und ihn zur Rede stellen würde, warum er denn schon wieder nur herumhängt. In der Schule lernten sie Bertolt Brecht.

Sein erstes Rendezvous hatte Klaus mit vierzehn, und er kam sich wie ein erbärmlicher Versager vor, weil er sich nicht traute, die Hand auf das Knie seiner Eroberung zu legen.

Fetzer erlebte die Zeit seiner Pubertät anders. Mit denen aus der Abschlußklasse der Hauptschule konnte er allemal mithalten, mit den meisten jedenfalls, und mit dreizehn holte er für einen Freund seines Schwagers seine ersten Autoradios. Lediglich seine um einige Jahre ältere Schwester hegte Zweifel an seiner Männlichkeit und nannte ihn – sehr zu seinem Leidwesen – zwei Jahre lang nur Kläusken. Auch Klaus' Name veränderte sich während der Pubertät. Zwischen 12 und 14 schrieb er sich auf Schulheften vorne mit einem C. Claus, wie der Ehemann der holländischen Königin.

Weder Fetzer noch Klaus erinnern sich an die tiefe Verunsicherung, die sie während ihrer Pubertät erlebt haben. Fetzer ist 17 und hat keine Zeit für unangenehme Rückschau. Klaus ist 37 und arbeitet mit Jugendlichen. Natürlich weiß er über Fetzer Bescheid, eines seiner Lieblingsworte heißt Überkompensation. Fetzers Prahlerei sei ein Ausgleich für Mißerfolgserlebnisse und gesellschaftlich bedingte Insuffizienzgefühle. «Der Fetzer», so hat er es vor einigen Wochen der Praktikantin erklärt, «markiert so oft den dicken Max, weil er in Wirklichkeit ein ganz armer Hund ist.» Offen und interessiert reagiert Klaus auf die Probleme des anderen Mannes – allerdings kann er sich nicht vorstellen, daß es möglicherweise seine eigenen Probleme sein könnten. Er weiß nichts mehr von dem – sicherlich ganz anderen – Max, den er selbst dargestellt hat, vergessen ist, wie seine Mutter an seiner Krawatte herumnestelt, wie Sabine sich wegdreht, als er ihr seine Liebe gesteht.

Klaus schrieb mit 14 Gedichte, Fetzer klaute wie ein Rabe. Klaus weiß auch nichts davon, daß er meistens mit Neidgefühlen zu tun hat, wenn er von Überkompensation spricht.

Fetzer hat einen Standardspruch, um sich kritischen Diskussionen zu entziehen: «Kein Bock auf Laber.» Er meint damit, daß ihm die Lust fehlt, mit Klaus durch die geschlossene Tür hindurch zu sprechen.

Fetzer lächelt, während er wieder in den Ring steigt und seinen Platz auf der Tischtennisplatte einnimmt.

Er sagt: «Mach hinne, ich muß morgen früh raus, ich kann nicht so lange pennen wie du.»

Ein klarer Treffer.

Die wichtigsten Bestände des seit einem halben Jahr eingerichteten Kraftraumes im Keller des Jugendheimes stammen aus der Konkursmasse eines pleite gegangenen Fitness-Centers. Über das Schulamt hat Klaus zusätzlich Matten, Medizinbälle und eine komplette Gewichtheberausstattung besorgt. Einmal in der Woche kommt auf Honorarbasis ein ausgebildeter Trainer, um mit den Jugendlichen zu üben. Den Rest der Woche ist Fetzer für den korrekten Ablauf im Kraftraum verantwortlich, er hat einen Schlüssel an seinem Schlüsselbund. Für diese Vertrauensstellung wurde extra ein neues Schloß in der Tür des Kraftraumes montiert, das unabhängig von der zentralen Schließanlage des Jugendheimes benutzt werden kann. Auf der Tabelle, die im Kraftraum die Rangfolge im Drücken anzeigt, steht Fetzer mit 105 Kilogramm auf Platz drei. Klaus ist mit 75 Kilogramm derzeit neunter. Seit im Jugendheim Gewichtheben trainiert wird, läßt sich objektiv feststellen, wer stärker ist.

Klaus bekommt für seine Initiative zur Einrichtung eines Kraftraumes in der Konferenz der Jugendpflegeabteilung viel Lob. Er führt aus, daß die Jugendlichen lernen, mit ihrer Kraft und Aggressivität verantwortungsbewußter umzugehen. Wer merke, wieviel Disziplin und Technik es braucht, um 100 Kilogramm zu stemmen, der habe weniger Ambitionen, als Rambo durch die Gegend zu laufen, der alles und jeden zu Klump hauen kann. Durch das Krafttraining sei gerade für diese Klientel die

Möglichkeit gegeben, meßbare Leistungen zu erbringen. Später in der Kantine sagt er zu einer Kollegin aus der Familienfürsorge: «Diese ganze Kraftmeierei ist in Wirklichkeit ein einziger Anachronismus. Aber besser als gar nichts.»

Fetzer kennt diesen Zusammenhang ebenfalls. Männliche Kraft ist heute nicht mehr gefragt. Viel mehr zählt, daß er keinen Schulabschluß und die Ausbildung zum Landschaftsgärtner in den Sack gehauen hat. Um so verbissener arbeitet er an den 110 Kilogramm.

Klaus unterstützt seinen Ehrgeiz, weil er findet, daß der Junge den Erfolg und vor allem den Schweiß braucht. Einmal in der Woche trainiert auch Klaus zusammen mit den Jugendlichen, als persönliches Ziel hat er angegeben, in absehbarer Zeit auf den fünften Platz vorzurücken. Fetzer empfindet keinen Triumph, daß er 30 Kilogramm mehr hochbekommt als Klaus; statt dessen hilft er und gibt Tips. Trotzdem sind Klaus und Fetzer im Kraftraum ein ungleiches Paar. Wenn Fetzer erzählt, daß gestern abend die Asbach-Fete bis drei Uhr gegangen und er nur schwer aus dem Bett gekommen ist, dann spürt Klaus, daß er in ein Alter gekommen ist, in dem er seine acht Stunden Schlaf braucht. Während er auf Fetzer einspricht, er solle ja keinen Mist machen auf seiner ABM-Stelle, spürt er die Zerrung im Oberschenkel, die er sich beim Rock'n'Roll-Kurs mit seiner Frau zugezogen hat, eine Verletzung, die ihm aus unerfindlichen Gründen bedeutsam erscheint. Klaus wird alt, eine Tatsache, vor deren Erkenntnis er sich auf vielfältige Weise schützt. Um so aufmerksamer betrachtet er Fetzers jugendlichen, knackigen Körper. – Einen Vergleich zwischen ihren beiden Körpern findet er jedoch unangemessen, nicht nur aus Gründen des Altersunterschiedes. Er lehnt Fetzers Konzept maskuliner Körperkultur für sich selbst ganz grundsätzlich ab.

Einmal hält Fetzer ihm seine angespannte Oberarmmuskulatur entgegen und bittet um bewundernde Überprüfung. Klaus tut ihm diesen Gefallen: «Hart wie Krupp-Stahl», sagt er und fügt hinzu: «Ich schenk deiner Freundin einen Satz Schraubenschlüssel.»

Klaus' Jugendzeit: Er steht im Foyer der Tanzschule und verteilt Flugblätter, mit denen für die Reform der Oberstufe am Gymnasium geworben wird. Er hat lockiges, langes Haar, einen in endlosen Diskussionen erstrittenen Parka aus dem US-Shop und einen entschiedenen Gesichtsausdruck. Tanzen lernt er hier nicht, er verbirgt seine Furcht hinter Wichtigerem.

Klaus kommt gut an bei den Mädchen. Wenn eine Party gegeben wird, bringt er beiläufig seine Gitarre mit und läßt sich gegen elf bitten, «The House of the Rising Sun» zu spielen. Seit dieser Zeit kennt Klaus viele Wege, an Frauen heranzukommen. Er hört aufmerksam zu, ist wichtig und bedeutsam in seiner jeweiligen In-Group, leidet hintergründig und vielverprechend und hat Bewegenderes zu bereden als immer nur das Eine. Damit ist er meistens gut gefahren, allerdings hat er sich nie vorstellen können, daß eine Frau einfach nur scharf auf seinen Körper ist. Dieser Mangel an Phantasie hat ihn jedoch nicht irritiert; in über zwanzig Jahren ist er nie von einer Frau wegen eines Modellathleten verlassen worden. Das quälende Bild vom maskulinen Mann stammt aus einer anderen Zeit. Klaus ist zwölf und von seiner Mutter anstatt in den gewünschten Fußballverein in die Fecht-AG des Gymnasiums gesteckt worden. Er steht in der Umkleidekabine. Es riecht nach Mann, und nichts ist selbstverständlich. Vorsichtig wurschtelt er sich aus seinem Fechtanzug, immer sein teures Florett und seine Gesichtsmaske im Auge. So gerne er den fremden Unfug los wäre, sosehr befürchtet er einen Diebstahl. Ihm gegenüber zieht sich ein junger Mann aus, bis auf die Haut und für den Zwölfjährigen viel zu schamlos, obwohl er sich von Klaus abwendet, um seine Unterhose auszuziehen. Klaus sieht breite, sehr muskulöse Hinterbacken, behaart, besonders am After, und in einem kurzen Moment durch die Beine hindurch einen Teil des Hodensacks. Es wäre völlig sinnlos, ja kaum zu bemerken, wenn er auf den riesigen Rücken dieses fast ausgewachsenen Fechters einboxte, ebenso sinnlos wie ein Gespräch über den gemeinsam betriebenen Sport.

Irgendwann, und zwar sehr erfolgreich, hat Klaus beschlossen, die aussichtslos erscheinende Konkurrenz zum maskulinen Mann auf andere Felder zu verlagern. Fetzer wird sich den Volvo, den Klaus fährt, nie leisten können, es sei denn, er überschuldet sich oder klaut ihn, woran Klaus manchmal, ganz in Sorge um Fetzers Zukunft, denkt.

Wie sehr sich Klaus und Fetzer unterscheiden, wird auch an ihrer Kleidung deutlich. Fetzer trägt bei allen Temperaturen über dem Nullpunkt ein ärmelloses T-Shirt, das immer einen kleinen Streifen seines Bauches freiläßt. Klaus hingegen zeigt nicht seinen Körper, sondern seine Einstellung, seine lockere Haltung. Er ist modern angezogen, aber nicht gestylt; sauber, aber nicht bieder; salopp, aber nicht schlampig; jugendlich, aber nicht anbiedernd. Im Grunde trägt er auf seiner Dienststelle Berufskleidung; im letzten Jahr hat er ein paar neue Fußballschuhe von der Steuer absetzen können.

Auch hier im Jugendheim kommt Klaus auf diese Weise gut bei den Mädchen an, sie mögen seine aufgeschlossene Art, und weitergehende Empfindungen stehen nicht zur Debatte, obwohl Klaus mit einer ganzen Reihe von Besucherinnen des Jugendheimes ins Bett gehen könnte, auch ohne über einen ausgeprägt muskulösen Körperbau zu verfügen. Im Grunde fühlt er sich Fetzer in seiner Körperlichkeit trotz seines Alters und trotz der dreißig Kilo Rückstand im Kraftraum überlegen. Für ihn ist das Training ein Spiel und eine pädagogische Intervention. Es hat nichts mit Überkompensation zu tun, im Gegenteil. Klaus ist davon überzeugt, daß ein Mann heutzutage vor allem seine weichen Anteile entfalten muß. Ein Mann braucht eine weiche Körpergrenze. Nur sein Volvo, so findet er, braucht eine harte Karosserie. Er empfindet Fetzers Verbissenheit im Kraftraum als Holzweg eines deklassierten Arbeiterjugendlichen, der für seine eigene Männlichkeit wenig Bedeutung hat. Klaus täuscht sich, wie damals in der Tanzschule. Alles mögliche Weiche hat er in den vergangenen Jahren mit sich herumgetragen und gezeigt; er hat sich Zärtlichkeiten und Tränen, Gefühle und Kuscheltücher erarbeitet, aber wie man sich offen und schutzlos in seiner Männlichkeit zeigt, könnte er vor allem von Fetzer lernen. Dann stünde alles auf dem Kopf.

Auch jetzt, als Klaus seinem Gegenüber auf der Tischtennisplatte etwas Entlastendes sagen will, kommt er durcheinander. «Kein Arsch in der Buchse, aber La Paloma pfeifen!» will er halb provozierend, halb spaßig zu Fetzer sagen und bemerkt erst im letzten Moment sein Herzklopfen. Gerade noch kann er den Satz herunterschlucken. Jetzt gibt er ihm innerlich noch zehn Minuten, dann wird er den Konflikt eskalieren lassen und in der nächsten Teamkonferenz durchsetzen, daß ihm der Schlüssel zum Kraftraum abgenommen wird.

Fetzer sammelt nun leere Zigarettenschachteln zusammen, nimmt das Stanniolpapier heraus und versucht den daraus geformten Ball mit seinem Tischtennisschläger möglichst lange in der Luft zu halten. Mit dieser letzten Show-Einlage bereitet er seinen Abgang vor. Intuitiv hat er den Stimmungsumschwung bemerkt, und gewinnen kann er hier nicht. Wenn der Streit wirklich ernst wird, ist er seine Rolle als Wortführer der Jugendlichen und Ansprechpartner von Klaus los. Eine Zeitlang würde er sich wahrscheinlich noch als Klaus' Feind halten können, aber dann würde er den Schwanz einziehen oder gehen müssen. So ist es Fetzer schon immer ergangen. Fetzer kann einen Gegner vernichtend schlagen, vor allen Dingen mit einem unerwarteten Kopfstoß auf die Nasenwurzel; eine Knockout-Technik, die er nahezu perfekt beherrscht. Aber seine Siege sind immer nur symbolischer Natur. In der Realität verliert er. Es gibt Hausverbote, Palaver, Jugendgerichtshilfe, Bewährung und Gezeter zu Hause. Er verschafft sich Respekt, aber keinen Platz. Und würde er hier auf Sieg setzen und Klaus erniedrigen wollen, dann hätte er heute gewonnen und ab morgen keine Chance mehr. Außerdem hat er diesen Vollstußti gern. Klaus weiß, daß Fetzer nun nachgegeben hat und das Jugendheim bald verlassen wird, mit höhnischen Sprüchen oder laut fluchend, aber friedlich.

Klaus wird dafür bezahlt, Fetzers Scheitern zu verhindern. Seine Brüche, sein Saufen, seine Schlägereien, seine kindische Achtlosigkeit, mit der er seine letzten fünf Mark in die Spielbude bringt. Klaus soll Fetzer aufbauen, damit dieser morgens den Wecker hört. Fetzer soll arbeiten lernen, Frust ertragen und seine tiefen Selbstzweifel durch Erfolg und Anerkennung niederhalten. Klaus wird bezahlt, damit Fetzer nicht der Allgemeinheit zur Last fällt. Besser, er streitet hier um Tischtennisbälle, als daß er alten Frauen die Handtasche wegnimmt oder seinem Vorarbeiter die Nase einschlägt. Klaus weiß um die profane Logik seiner Arbeit, aber es hat ihn nicht nur in diesem Job ausgezeichnet, daß er immer für seine Leute gekämpft hat – und Fetzer hat er richtig gern.
Klaus macht sich Sorgen um Fetzer, obwohl es im Moment gut läuft. Wahrscheinlich hält er den Job beim Gartenamt noch ein halbes Jahr durch, und dann kann er ihn in einer großen Landschaftsbaufirma unterbringen, die Lärmschutzwälle an der Autobahn bepflanzt. Wenn das nicht klappt, wird die Baukonjunktur dafür sorgen, daß er irgendwo unterkommt. Natürlich gibt es Risiken. Fetzer kommt oft mit einem alten Scirocco vorgefahren; wenn er damit erwischt und für die Fahrschule gesperrt würde, dann würde ihn das härter treffen als vieles andere. Oder er begeht im Suff eine Körperverletzung und setzt seine Bewährung aufs Spiel. Aber mit ein bißchen Glück wird es dazu nicht kommen. Nein, ernste Sorgen macht sich Klaus um Fetzers weitere Zukunft. Spätestens mit zweiundzwanzig wird Fetzer heiraten, erst recht, wenn er ihn noch eine Zeitlang in der Arbeit hält und er richtiges Geld verdient. Fetzer wird eine mutige, ebenfalls viel zu junge Frau heiraten, einen Neuwagen leasen, eine Wohnungseinrichtung bestellen, Kinder in die Welt setzen und scheitern. Fetzers Kinder können schon im Heim sein – hat Klaus einmal gedacht –, bevor er seine jetzige Frau überhaupt kennengelernt hat.
Ein großer Unterschied also zwischen Klaus, der in einem sicheren Job

nach BAT bezahlt wird, und Fetzer, dessen Lohn vom Sozialamt kommt. Klaus hat die Phase der Familiengründung hinter sich und Fetzer noch vor sich. Sie haben einen anderen familiären Hintergrund, ein anderes Bildungsniveau und einen anderen Zugang zu gesellschaftlichen Möglichkeiten. Ihre Lebenspläne waren immer unterschiedlich.

Und doch sind sie über das Thema des Scheiterns eng miteinander verbunden. Natürlich: Klaus wird anders, undramatischer scheitern als Fetzer. Wenn seine Ehe kaputtgeht, wird er genug Unterhalt für seine beiden Kinder bezahlen können. Selbst das Haus ist inzwischen, seit die Immobilienpreise wieder aus dem Keller herausgekommen sind, mit Gewinn zu verkaufen. Seine Frau wird mit den Kindern klarkommen, und er wird einen passablen Wochenendvater abgeben. Trotz aller Probleme könnte eine Trennung für beide ein Neuanfang sein. Fetzers Ehe scheitert heftiger. Sein Traum vom trauten Heim endet im Strafvollzug, oder er haut seine Frau ein Jahr lang grün und blau, bevor er sie freigibt, und in jedem Fall hinterläßt er, was die Gesellschaft für das Bedeutendste hält, einen Riesenberg von Schulden.

Klaus sorgt sich, weil er Fetzers Vorstellungen vom Leben ziemlich unrealistisch findet. Und er hält ihn hinter all dem martialischen Gehabe für einen sehr unreifen jungen Mann. Klaus' größtes Problem im Umgang mit Fetzer ist die eigene Vergeßlichkeit. Er weiß nie, wann er von sich selber spricht.

Lebenswege: Als Klaus siebzehn war, gab es in der Hauptsache drei Pläne. Den seiner Mutter, die davon träumte, daß ihr Sohn einmal ein städtisches Jugendamt leiten oder bei all seinem sozialen Engagement Karriere in der Politik machen würde. Die beiden anderen Pläne stammten von ihm selber. Der eine jugendlich-grandiose verband ihn als Revolutionär mit der ganzen Welt. Durch diese Vorstellung bekam vieles Bedeutung, was für sich genommen eher belanglos war. Sein zweiter Plan war seinem erst später beginnenden erwachsenen Leben vorbehalten. In einigen Jahren wollte er drei Kinder zeugen und ein viertes, adoptiertes in seine Familie aufnehmen. Und er wollte, dieser Gedanke erschien ihm sehr wichtig zu sein, seine bis dahin gewiß dahinsiechenden Eltern zu sich nehmen und pflegen. Daß er für diese mittelfristige Planung eine Frau finden würde, hielt er für absolut sicher.

Wann er mit seinen erwachsenen Plänen beginnen wollte, war lange Zeit völlig unklar, allerdings gab es auch wenig Anlaß, sich vorschnell festzulegen. Klaus hatte lange Zeit, ein erwachsener Mann zu werden. Insofern weiß er natürlich, wovon er spricht, wenn er sich wegen Fetzers mangelnder Reife sorgt. Sieben Jahre lang hat er sein Studium verschlafen und zerredet, das Geld verbraucht und über die Rettung der Welt nachgedacht. Ja, mehr noch, Klaus macht sich solche Sorgen um Fetzers Zukunft, weil er insgeheim fragt, was passiert wäre, wenn er als junger Mann Fetzers Leben hätte leben müssen. Im ersten Semester wäre er aus zwei Baufirmen, einem Tiefbauunternehmen, einer Gärtnerei und einer städtischen Trainingsmaßnahme geflogen. Im zweiten Semester hätte er schwarz bei einem Krauter Fenster geputzt und sich übers Ohr hauen lassen. Im dritten Semester hätte er an der Tür Zeitschriftenabos verkauft und im vierten Semester auf dem Sozialamt gesessen. Sein Vordiplom hätte er, mit einer Flasche Bier in der Hand, am Nordeingang des Hauptbahnhofs entgegengenommen.

Und in seinem eigenen Leben? Alle Pläne des Siebzehnjährigen sind eingeschlafen, was nicht weiter schlimm wäre, wenn Klaus nicht zwanzig Jahre soviel Energie für ihre Realisierung verbraucht hätte. Und noch aus einem anderen Grund sind Klaus und Fetzer über das Motiv des Scheiterns miteinander verbunden. Der ältere Mann ist so sehr an dem interessiert, was der junge vor sich hat, weil er es auf eine sehr diffuse Weise sinnlos findet. Klaus befindet sich in seiner Lebensmitte. Die Zwischenbilanz steht an. Die Pläne des Siebzehnjährigen und seiner Mutter müssen abgeheftet und ins Regal gestellt werden. Klaus mag keine Bilanzen. Er hat sich auf der Arbeit mächtig ins Zeug gelegt und für das Projekt Kraftraum viele Überstunden geleistet. Er studiert aufmerksam den Stellenmarkt und stellt sich vor, bei einem kleinen, engagierten Träger eine neue Arbeit anzufangen. Er hat mit der Jahrespraktikantin geschlafen und besucht seit einigen Wochen mit seiner Frau einen Rock 'n' Roll-Kurs.

Natürlich, er hat recht, wenn er sich um Fetzers Zukunft sorgt. Doch daß er sein eigenes, stinknormales und gemütliches Scheitern nicht wahrhaben will, trennt die beiden Männer. Es geht nicht mehr um ein Lebensthema, um ein Männerthema, sondern um solche wie Fetzer. *Die* scheitern. Klaus sorgt sich und denkt, er wäre aus einem anderen Holz geschnitzt.

Fetzer zielt mit seiner Stanniolkugel auf die Theke. Er trifft eine Bierflasche und zwei halbvolle Pappbecher. «Scheißladen hier, ich geh nach Hause.»

«Fetzer? Rauchst du noch 'ne Zigarette mit mir?» Die beiden gehen zusammen ins Büro des Jugendheims, Klaus nimmt eine Packung Tischtennisbälle aus dem Schrank und schmeißt sie auf den Tisch: «Hier, schenk ich dir. Kannst se mitnehmen.»

Klaus dreht von Fetzers Tabak, sie teilen sich noch eine Flasche Bier, und beide haben die Füße auf dem Tisch. Eine unerwartete Nähe. Klaus wird später sagen: «Sozialarbeit vom Feinsten.» Die ganze Nacht könnten die beiden hier sitzen und miteinander sprechen, über das, was sie verbindet: Ihre so unterschiedliche und doch gemeinsame Jungenkindheit, über die Gewalt, den Kampf Mann gegen Mann, über ihre Körper und ihre Sexualität, über ihre Lebenswege, über Pläne, Ängste und Träume. Ehrlich gesagt, sie könnten sogar über ihre gegenseitige Zuneigung und Wertschätzung miteinander reden. Um sechs dann in den Volvo, zum Frühstück in den Großmarkt, dann bringt Klaus Fetzer zur Arbeit und fährt anschließend nach Hause ins Bett.

Klaus und Fetzer verbringen diese Nacht nicht miteinander. Klaus sagt: «Schwamm drüber», und er meint die Geschichte mit den Tischtennisbällen: «Jeder hat mal einen verrückten Tag.»
Ein verrückter Tag – Schwamm drüber! Was könnten Klaus und Fetzer füreinander sein? Freunde? Ein großer Bruder und ein kleiner Bruder? Vater und Sohn? Wie sitzen sie hier beisammen?
Gewiß, Klaus braucht bei allem Engagement professionelle Distanz zu seinen Leuten, und zu Hause wartet seine Frau. Schon deshalb kann er nicht Fetzers Freund, sein Vater oder Bruder sein. Also Schwamm drüber!
Nur, Freunde hat Klaus auch in seinem Privatleben nicht, was nicht weiter auffällt, weil kaum ein Mann in seinem Alter Freunde hat. Es wäre geradezu abstrus, wenn er hier plötzlich freundschaftliche Gefühle für den anderen Mann entwickelte. Und was sollten sie tun miteinander? Wirklich reden? Männerfreundschaft kommt ohne viele Worte aus. Klaus weiß, was in seiner Wohnung los ist, wenn die Freundinnen seiner Frau zu Besuch sind. Frauen reden, Männer tun etwas zusammen. Das ewige Gequatsche – sie mögen es beide nicht. Fetzer mag nicht, wenn Klaus auf ihn einredet, überhaupt wird mit Fetzer vor allem dann geredet, wenn er sich ändern soll. Klaus hat keinen anderen Mann, der ihn bespricht, er stört sich an seiner Frau und ihrem Hang, unendlich lange mit ihm über die Probleme ihrer Ehe sprechen zu wollen. Manchmal sagt er zu seiner Frau, daß er ein wenig eifersüchtig auf ihre Freundinnen und ihre langen Gespräche ist, und immer fügt er hinzu: «Ich könnte das gar nicht.» Das

Gespräch von Mann zu Mann – es findet nicht statt, weil die Bedürftigkeit im verborgenen bleibt. Männer brauchen in Gegenwart anderer Männer keinen Rat, keinen Trost, keine Hilfe, keinen Beistand.

Noch eine Männergeschichte verhindert, daß sich Klaus und Fetzer in dieser Nacht näherkommen, ihre Angst vor der Homosexualität. «Albern», würde Klaus sagen. Vor einigen Jahren hatte er sogar, wenn auch betrunken, ein homosexuelles Erlebnis. In seinem Bekanntenkreis gibt es zwei Schwule, mit denen er sich ohne Ressentiment und ausgesprochen gern unterhält. – «Albern», würde Fetzer sagen. Wenn einer etwas gegen Schwule hat, dann er. Es ist noch gar nicht so lange her, daß er regelmäßig mit ein paar Kumpels in den Park zum Schwulenticken gegangen ist. Diese Säue! Und trotzdem: Unter dem Schwamm ist es feucht und warm, und es riecht wie damals in der Umkleidekabine. Nicht daß einer der beiden Lust verspürte, dem anderen an die Wäsche zu gehen. Allein eine zu große Nähe würde ein diffuses Unbehagen hervorrufen. Das Schwimpfwort «Du schwule Sau» kennen sie beide noch aus ihrer Kinderzeit. Es war generell verwendbar, ähnlich wie: «Der stinkt.» Es bezeichnete keine Präferenz für gleichgeschlechtliche Sexualität, sondern stellte einen Angriff auf die geschlechtliche Identität dar: Der ist ja gar kein Junge. Kämen sich Klaus und Fetzer hier im Büro des Jugendheimes zu nahe, so spürten sie vielleicht, wie sehr sie auch diese Nähe wünschen. Die Angst vor Schwulitäten und die Angst, kein richtiger Mann zu sein, verhindern diese Nähe. Was ist denn der hämische Verweis auf Helmut Kohls Männerfreundschaften anderes als ein Schwulenwitz? Macht man sich deshalb über Kohl lustig, weil man den Bundeskanzler zu staksig für eine schwule Affäre findet?

Nicht nur die Stummheit, das zur Schau getragene «Ich komm alleine klar» und die Angst vor der Homosexualität erschweren freundschaftliche Empfindungen zwischen Klaus und Fetzer, sondern auch der Altersunterschied. Im alltäglichen Umgang der beiden miteinander fällt auf, daß der eine sich älter und der andere sich jünger macht.
Klaus ist nur zwei Jahre jünger als Fetzers Vater. Trotzdem tun die beiden so, als seien sie in etwa gleich alt. Manchmal braucht Fetzer Klaus wie einen Vater, manchmal wie einen großen Bruder, manchmal wie einen älteren Mann. Manchmal empfindet Klaus so wie ein Vater oder so wie ein großer Bruder. Manchmal spürt er den starken Wunsch, dem jüngeren Mann etwas von seiner Lebenserfahrung mitzuteilen. Manchmal möchte

er etwas fragen, was er mit seinen 37 Jahren nicht mehr mitbekommt. Platz ist für alle diese Wünsche, Erwartungen und Beziehungsmuster kaum. Alle ihre Gefühle müssen in der Kumpeligkeit untergebracht werden. Sie sind locker und vermeiden jede offene Ungleichheit. Sie spielen auf unentschieden, so als würden Punkte vergeben, wenn sie Kontakt miteinander haben.

High Noon im Jugendheim – wie endet diese Geschichte? Was würde passieren, wenn Klaus und Fetzer umeinander wüßten und sich im anderen sähen?

Der eine sagt: «'ne Pizza und 'n Porsche treffen sich im Linienbus. Sagt die Pizza...»

Die beiden brechen in albernes Gelächter aus, bevor der Witz an sein nebensächliches Ende gekommen ist.

«Nä, der geht anders. 'ne Pizza und 'n Tischtennisschläger fahren zusammen auffe Automobilausstellung...»

«Nä, so geht der auch nicht. Zwei Tischtennisbälle gehen zusammen zum Italiener...»

«Sacht der eine: ‹Ham Se Pizza?›»

«Pizza? Find ich gut!»

«Sacht der Italiener: ‹Pizza? Pizza ham wer nich.›»

Wenn die beiden sich sähen, als Klausi und Kläusken, als Kuhfladen und Trabbi, als Porsche und Pizza, dann wäre eigentlich ziemlich egal, was weiter passiert. Es wird schon das richtige sein. Doch fragte man Klaus, den großen Klaus, den Sozialarbeiter-Klaus, wie er diesen Schluß findet, dann würde er sagen, daß er nicht ins Genre paßt, weder in einen Western noch in ein Jugendfreizeitheim.

Später im Bett wird er lange nach einem Wort suchen, und als er es schließlich findet, mag er es seiner Frau nicht sagen, weil es ihm so zerbrechlich erscheint.

Es heißt Männersolidarität.

Im Prinzip männlich

Wie Pech und Schwefel:
Freundschaften, Anführer und Gefolgsleute

«Oh, wenn ich jetzt einen Freund gehabt hätte, einen Freund in
irgendeiner Dachkammer, der bei einer Kerze grübelt und die
Violine danebenliegen hat! Wie hätte ich ihn in seiner Nacht-
stille beschlichen, wäre lautlos durchs winklige Treppenhaus
emporgeklettert und hätte ihn überrascht, und wir hätten mit
Gespräch und Musik ein paar überirdische Nachtstunden gefeiert.» (Aus: Hermann Hesse, Steppenwolf)

Hermann Hesses «Steppenwolf» wünscht sich in den Stunden seiner inneren Bedrängnis nichts so sehr wie einen Freund. Den aber hat er nicht,
und selbst in seiner Phantasie muß er den anderen Mann «beschleichen»,
sich «lautlos» in ferne, dunkle Höhen vortasten, um endlich «überirdische» Momente der Friedfertigkeit erleben zu können. Das scheinbar
Selbstverständlichste unter Männern, die Männerfreundschaft, ist alles
andere als unkompliziert und unverbrüchlich. Häufig ist und bleibt sie nur
ein Traum.

Einträchtig haben einst «Die Drei von der Tankstelle» besungen, daß ein
Freund, ein guter Freund, das Schönste sei, was es gibt auf der Welt.
Wenn dann nur nicht die schöne Lilian (Harvey) vorbeigekommen wäre
und dem Beau Willy (Fritsch) den Kopf verdreht hätte. Schon gab's
Krach im Männerbunde, und die eben doch etwas biederen – und eifer-
süchtigen – Kumpel Hans (Heinz Rühmann) und Kurt (Oskar Karlweis)
mußten fürs erste verzichten – auf die Frau und auf den Freund.

Jungen sind da doch treuer, jedenfalls wenn die Eltern nicht dazwischen-
funken. Unter gegenseitiger Obhut verlassen zwei kleine Freunde ihre
Familien. Wenn es gutgeht, erfahren sie dabei, daß es auch außerhalb der

Familienbande Liebe und Sicherheit gibt. Daß sie jetzt die Freiheit der Wahl haben, bedeutet Freundschaft. Manchmal bindet diese Freiwilligkeit ein Leben lang. Unter Ausschluß der Frauen natürlich, die jene Exklusivität einer Busenfreundschaft sogar besser kennen als die Männer.

Eine Freundschaft ist das Versprechen, daß einem im Leben auch dann nichts geschieht, wenn alle Stricke reißen sollten. Mit dem Freund opponieren Jungen gegen die Mutter. Sie testen aus, wie weit sie sich von ihr entfernen können, um doch noch zu ihr zurückzufinden. Außerhalb mütterlicher Kontrolle und (vermeintlich) fernab von weiblich identifizierter sorgender Ängstlichkeit sind die Freunde auf der Suche nach ihrer männlichen Identität. «Streifzüge» ohne mütterlichen Begleitschutz durchs nahe gelegene Waldstück oder um den nächsten Häuserblock können zu berauschenden Ereignissen werden. Erinnern wird man sich ihrer als Momente von Stolz und Unabhängigkeit.

Zwei Freunde auf Abenteuerfahrt, auf der den Müttern selbstverständlich alle fünf Minuten das Herz stillstehen würde, suchen – ganz nebenbei – auch ihren Vater. Der aber hockt auf keinem Baum, lungert an keinem Bauzaun herum und steht auch nicht im Tor – höchstens mal am Wochenende –, sondern er sitzt wahrscheinlich in irgendeinem Büro. Aber sie haben ja sich, und wenn sie in Augenblicken dankbar das Gefühl registrieren, wie Pech und Schwefel zusammenzugehören, träumen sie auch den (oft unerfüllten) Traum ihres Vaters: Es gibt einen männlichen anderen, der absolut zuverlässig nah ist. Keinen Freund zu haben oder ihn zu verlieren ist schlimm, besonders dann, wenn die Eltern dem Jungen die Tour vermasseln. Ein Mann berichtete uns von den Folgen:

«Ich hatte immer Einzelfreunde, aber das ging nur immer so lange gut, bis meine Eltern mir den Freund auf Dauer ausredeten. Ich wehrte mich dagegen, aber irgendwas fanden meine Eltern immer, daß die Freundschaften nicht so intensiv wurden. Später wurde ich von den Jungen, die ich als Freunde haben wollte, immer zurückgewiesen. Einmal gab ich unheimlich viel Geld für eine Doppel-LP aus, die ich einem Jungen schenken wollte. Ich ging zu ihm hin, sagte: ‹Hier, für dich›, und er komplimentierte mich mehr oder weniger wieder raus. Ich war wieder der Idiot. Aber je weiter er mich zurückstieß, desto eher lief ich auch wieder hin. Ich wollte halt eine Beziehung mit ihm haben, wollte mit ihm Gemeinsamkeiten haben.»

Ein weiterer Mann erzählte uns von einer unerfüllten Freundschaft:

«Der Hans war total schüchtern. Die anderen sagten immer, er sei ein richtiges Muttersöhnchen, weil er jeden Nachmittag mit seiner Mutter in die Stadt einkaufen ging. Er hatte diesen Stempel weg, und hinzu kam, daß er speckfett war. Der Hans hatte einen richtigen Busen, und der Turnunterricht war eine richtige Folter für ihn, besonders wenn es hieß: ‹Mannschaften bilden. Eine Gruppe zieht die Hemden aus!› Er war aber richtig gut in Mathe und Englisch, und ich habe immer zu Hause bei ihm abgeschrieben, was auch von seiner Mutter unterstützt wurde. Die fand gut, daß überhaupt jemand zu ihm kam, aber sie hing ewig dazwischen, wenn wir mal in seinem Zimmer waren. Dann wußten wir auch gar nicht, was wir miteinander groß anfangen sollten.
Das wurde besser, als wir aus der Schule raus waren. Ich ging in die Lehre und er aufs Gymnasium. Wir sahen uns trotzdem noch jahrelang drei-, viermal in der Woche. Wir haben ferngesehen und fingen an, chaotische Kassettenaufnahmen zu machen. Das hat Spaß gemacht. In der ganzen Zeit aber habe ich keinen richtigen Draht zu ihm bekommen. Wenn ich mal ein Problem hatte, konnte ich ihm das zwar erzählen, er hörte auch zu, aber er wußte nichts dazu zu sagen. Er sprach ja auch sonst mit niemandem, wußte ja gar nicht, was draußen überhaupt passierte.»

Beobachtet man Jungen und befragt man Männer nach ihren Erinnerungen an Freundschaften, offenbaren sich einem viele kleine und große Beziehungsdramen: Sie wollen so sein wie der andere (oder vielleicht ein bißchen besser). Verrat (mit einem anderen spielen) ist das schlimmste überhaupt. Vom erstbesten zum zweitbesten Freund abzurutschen ist eine Tragödie. Wenn es Streit gibt, werden schon mal die Väter (und ihre Autos) ins Rennen geschickt. Manche versuchen, sich als Freund mit der Spendierhose regelrecht einzukaufen, andere lassen den Chef einer Truppe bei sich abschreiben, in der Hoffnung auf Aufnahme in dessen Kreis. Nach einem Schul- oder Wohnortwechsel gehen Freunde verloren, Eltern mischen sich ein, weil sie den Freund für einen schlechten Umgang halten.

Wer als Junge richtig dicke Freunde hat, erfährt etwas sehr Essentielles, das denen, die keine haben, möglicherweise ihr Leben lang fehlen wird. Wie groß die Sehnsucht nach dem Freund ist, der einem ganz allein gehört, und wie faszinierend die Vorstellung von einer unverbrüchlichen Bruderschaft im Geiste ist, zeigen die vielen klassischen Jungen- und Männerduos der Comic- und Filmgeschichte: Lolek und Bolek, Fix und Foxi, Pit und Pikkolo, Asterix und Obelix, Pat und Patachon und zu guter Letzt Stan und Olli.
Nicht von ungefähr handelt es sich bei diesen männlichen Traumpartnern

um ziemlich ungleiche Paare. Der Kleine und der Große, der Dünne und der Dicke und der etwas Dumme und etwas Schlauere ergänzen sich auf ideale Weise. Der eine gibt dem anderen, was er selbst nicht besitzt, und hat dafür teil an den Gaben seines Freundes. Auf wundersame Art sind die beiden sozusagen komplett – und unschlagbar.

Bei Asterix und Obelix und bei Stan und Olli beispielsweise geht es um nichts Geringeres als um Männerliebe, die von keiner Frau aufgebrochen werden kann, die aber auch frei von homosexuellen Anwandlungen sein muß, um weiterbestehen zu dürfen. Alles andere ist erlaubt – und wird genossen: Die Wiedervereinigung nach einem Streit, die Sorge um den anderen, die Rettung aus der Gefahr und die glücklich überstandenen, gefährlichen Abenteuer.

Benjamin Henrichs (1989) schreibt über Stan Laurel und Oliver Hardy: «Unser Komikerpaar spielt in seinen Filmen alle nur vorstellbaren Paarungen des Lebens durch, gleichnishaft und leibhaftig. Sie sind Mann und Mann, Freund und Freund, Herr und Knecht, Vater und Sohn. Manchmal (die Quadratur des Schreckens!) verdoppeln sie sich, spielen sich selbst und ihre eigenen Frauen, Zwillingsbrüder, Kinder. Die häufigste und stärkste Konstellation aber ist diese: Oliver Hardy als Inkarnation der gütigen Mami, Stan Laurel als das störrische, entweder debile oder geniale, jedenfalls rätselhafte Kind» (S. 58). Viel mehr und Trefflicheres kann man über den Traum von der Männerfreundschaft nicht sagen. Olli ist wie Obelix gar nicht wirklich dick, Stan ist keineswegs doof, und Asterix könnte ohne seinen Freund kein einziges Abenteuer überstehen. Die Anmut eines Oliver Hardy und die Ratlosigkeit eines kleinen, schlauen Asterix versöhnen in der Phantasie alle miteinander und mit sich selbst. Die wirklichen Helden sind nichts ohne ihre Freunde.

Natürlich gibt es unzählige Versuche, das Gegenteil zu behaupten. Während Stan und Olli aus den Tiefen der männlichen Seele entspringen, reagieren Figuren von HeMan bis James Bond (die Helden der Jungen sind meistens Erwachsene) eher nach männlichen Ordnungsprinzipien. Sie haben keine wirklichen Freunde, sondern nur einige treu ergebene Zuarbeiter.

Ein Beispiel hierfür ist «Tarzan» – nicht der aus dem Dschungel, sondern der Kopf der «TKKG-Bande». Tarzan ist äußerst erfolgreich: Die Kinderkassettenhersteller von «Europa» konnten bis Mitte 1989 60 Folgen dieser Kinderserie auf den Markt bringen und zweieinhalbmillionenmal verkaufen.

Gemeinsam mit Jens, Michael und Benni feierten wir eine spannende Kassettenfete. Um Spaß zu haben, aber auch um die «TKKG-Bande» näher kennenzulernen. Manchmal war es richtig aufregend, und keiner der Jungen traute sich, in seine Chips zu beißen oder mit der Gummibärchentüte zu rascheln.

«TKKG» – das steht für Tarzan, Karl, Klößchen und Gabi. Die Bande kämpft, wie sollte es anders sein, für das Gute und gegen das Böse. Sie überführt schräge Typen: «Zotte», «Katzentod», «Froschauge» und «Knubbelnase». Im Titelsong jeder Folge stellt sich das Quartett vor: «Ja, das sind wir, die neuen Vier. Tarzan ist der Kopf des Ganzen, Karl läßt schnell die Faxen tanzen, Klößchen ist ein guter Typ, Gabi hat den Tarzan lieb.»

Gabi (12), wegen ihrer übertriebenen Tierliebe auch «die Pfote» genannt, ist die Tochter von Kriminalkommissar Glockner und, hier trifft die an Kindermedien oft geübte feministische Kritik, eine ziemlich blöde Tussi.

Tarzan: «Ich muß dir einen Handkuß geben.»
Gabi: «Aber bitte mit Verbeugung.»
Klößchen: «Ihr zwei, wir sind doch nicht im Urwald.»
Gabi: «Gut, daß ich nach Seife schmecke.»

Es gibt einige gute und sehr viele weniger gute Gründe, warum die Liebe mit zwölf nach Seife schmeckt. Allerdings hindert ihre Zurückhaltung die über beide Ohren verknallte Gabi nicht daran, Tarzan vorbehaltlos anzuhimmeln. Auf die Idee, einmal eine andere Meinung zu haben als der Held ihres Herzens, kommt sie nicht. Gabis Eltern sind großzügig. Bis nachts um zwölf erlauben sie ihr den Besuch der Kirmes. Tarzan hat eben nicht nur tadellose Manieren, sondern auch sonst kann sich Kommissar Glockner auf den Freund seiner Tochter verlassen.

Tarzan: «Du darfst zu Zottes Bauwagen nur mit, wenn es nicht gefährlich wird. Du bist schließlich ein Mädchen.»

In den einzelnen Folgen ist Gabi für Tiere aller Art und für Gefühle («Welch ein gemeiner Kerl, dieser Zotte!») zuständig und dafür, Tarzan zu loben («Tarzan, dir haben wir den Sieg zu verdanken», «Tarzan, mein Gott, es ist alles so gekommen, wie du gesagt hast»).

Gabi hat viele attraktive Attribute: einen tollen Hund, einen noch tolleren Freund, einen großzügigen Vater mit einem spannenden Beruf und eine Mutter, die nie auftaucht. Gabi wird als ein sehr patentes Mädchen geschildert. Trotzdem kann man sich schon heute vorstellen, was aus ihr einmal werden wird, wenn sie denn nicht noch weitere zehn Jahre als Tarzans Groupie gebraucht wird: Die schön ausstaffierte und frustrierte Vorzeigegattin eines Karrieremannes.

Unsere besondere Aufmerksamkeit galt während der Kassettenfete aber den drei Jungen der Bande, ihrem Verhältnis zueinander und zu Gabi.

Klößchen ist der typische dicke Junge und der Witzbold der Gruppe. Sein Vater hat eine Schokoladenfabrik, und Klößchen ißt von morgens bis abends einen Riegel nach dem anderen. (Auch eine Form der Identifikation: In einer Folge stellt sich heraus, daß Klößchens Mutter vor drei Jahren durchgedreht ist und nur noch Brennesselsuppe und Körnerfutter auf den Tisch bringt. Seitdem treffen sich Vater und Sohn immer, wenn Muttern beim Friseur ist, und hauen sich den Bauch mit Schweinshaxe voll.) Klößchen ist als Dicker darauf angewiesen, eine halbwegs akzeptable Nische in der Gruppe zu finden. Natürlich hat er nicht die geringste Chance, Tarzan die Position des Anführers streitig zu machen, und er versucht es auch erst gar nicht. Vielleicht gilt Klößchen gerade deshalb als der gute Kumpel und echte Freund. Manchmal verpatzt er bei den komplizierten Ermittlungen der Bande etwas (Dicke sind eben tolpatschig!), und so manche rasante Verfolgungsjagd kann er aufgrund seiner Statur nicht mitmachen. Aber durch seine Witze und seine Treue wird er von den anderen akzeptiert. Bei Gabi, der Schönen, kriegt er freilich keine Schnitte. Er ist halt nur (ein) Klößchen. Und weil er für Tarzan keine Konkurrenz darstellt, darf Gabi Klößchen auch ab und zu bemuttern.

Die Typisierung des dicken und witzigen Kumpel-Jungen ist weit verbreitet. Sie findet sich bei Erich Kästner und Enid Blyton ebenso wie in amerikanischen Fernsehserien. Für Jens, Michael und Benni war Klößchen, wie wir an diesem Nachmittag erfuhren, der Liebste von den vier Figuren. Bei jeder Freßorgie und jedem Schokoladenwitz wurde der Kassettenrecorder angehalten und zurückgespult. Klößchen ist der Zugänglichste der Bande. Mit seiner Hilfe können sich immerhin auch solche Jungen in die «TKKG-Bande» hineinträumen, die sich nicht für den großen Zampano halten. Klößchen ist der einzige, der über sich selber Witze machen kann. Aber er stellt die Hierarchie der Gruppe nicht in Frage, er tröstet sich mit Schokolade und Sahnetorten.

Klößchen ist wie die anderen eine erdachte Klischeefigur, und so muß es gestattet sein, auch über seine Zukunft Spekulationen anzustellen: Mit vierzehn wird er seine Freunde mit Schokoriegeln und Fanta versorgen. Mit sechzehn wird er alle neuen Musikhits kennen. Von Klößchen wird man sich immer die neuen Scheiben zum Überspielen ausleihen können. Er wird drei, vier Tarzans zu seinen Freunden zählen und mit ihnen einfühlend und verständig über Mädchen reden, bei denen er selber nie eine Chance hätte. Auch bei Mädchen wird er wohlgelitten sein, eben weil er, wie es im «TKKG»-Erkennungslied heißt, «ein guter Typ» ist. Mehr aber nicht. Möglicherweise wird er der ewige Gagmacher und Scherzkeks bleiben, vielleicht aber wird er sich später einmal daran erinnern, wie unerträglich und beschissen dieser permamente Zwang zum Witzereißen für ihn damals war. Kann sein, daß er in der Zwischenzeit andere Freunde gefunden hat, daß er sich gesund ernährt, hier und da noch ein Pfund zuviel hat und mal ernst und mal fröhlich ist, ganz so, wie es ihm gerade geht.

Für Jens, Michael und Benni hat Klößchen von der «TKKG-Bande» trotz der Sympathie, die sie ihm entgegenbringen, eine traurige Botschaft parat: Wenn du in einer auf Konkurrenz und Hierarchie aufgebauten Gemeinschaft voller Supertypen mitmischen willst, ohne über die gängigen Eigenschaften zu verfügen, dann mußt du einen verdammt hohen Preis bezahlen.

Karl hat es auch nicht viel leichter. Seit einigen Jahren trägt er den Spitznamen «Der Computer», weil er versucht, sich durch lexikonhaftes Allgemeinwissen von Tarzan abzugrenzen. Kommt er manchmal allzu naseweis daher, wird er von Gabi sofort zurückgepfiffen. Es ist nicht einsichtig, warum sich Karl so sehr auf die Rolle des Schlaumeiers zurückzieht, denn eigentlich verfügt er über alles, was es für einen Anführer in der Kindermedienwelt braucht: Wie Tarzan ist auch er sportlich, mutig, klug und anständig. So anständig allerdings, daß er niemals auf die Idee käme, mit Tarzan zu konkurrieren. Dazu hat er wohl ein zu hehres Verständnis von Freundschaft. Richtiger wäre es, von Vasallentreue zu sprechen. Das Verhältnis zwischen Karl und Gabi ist absolut sauber, eine Freundschaft zwischen einem Jungen und einem Mädchen ohne Hintergedanken.

Karl ist ein feiner Kerl. Von seinen Mitstreitern und seiner Mitstreiterin wird er hochgeschätzt. In seiner Bandennische hat er einen Riesenhaufen nützliches und unnützes Wissen aufgetürmt. Wenn es ihm dort zu eng wird, sprudelt er einfach los, ob es paßt oder nicht. Karl bleibt als Person undeutlich und blaß. Unsere drei jungen Zuhörer wußten auch nach mehreren «TKKG»-Kassetten nichts über ihn zu sagen. Was fehlt dem Karl bloß, daß er so farblos wirkt?

Wir mußten lange überlegen, um die Antwort zu finden: Karl fehlt überhaupt nichts. Er bekommt lediglich die schlechteren Auftritte. Auf so einer kleinen Hörspielkassette scheint es für die Macher zu kompliziert gewesen zu sein, wenigstens zwei Helden unterzubringen. Karls Botschaft: Um in dieser Welt ein Gesicht zu haben, reicht es nicht aus, in Ordnung zu sein. Chef, Anführer muß man sein. Es hilft nichts: Wer ein richtig toller Junge sein will mit treu ergebenen Freunden, der muß so sein wie Tarzan.

Tarzan sieht blendend aus, ist durchtrainiert, fährt Rennrad und kann mit seinen dreizehn Jahren zwei Rocker gleichzeitig vom Sattel hauen, ohne auch nur die geringste Schramme abzukriegen. Er ist sehr edel und anständig, klug und einfallsreich und mit seinen jungen Jahren bereits der Traum jeder potentiellen Schwiegermutter. Kurz: Die Figur, an der sich alle Beteiligten orientieren, ist als einzige im wirklichen Leben so nicht anzutreffen. Tarzan ist es, der die «TKKG-Bande» so unwirklich erscheinen läßt. Ihn gibt es nicht. Er muß «gemacht» werden, während man Kinder wie Gabi, Klößchen und Karl überall finden kann.

Helden wie Tarzan können sich um all die Widersprüche und Anforderungen herumdrücken, mit denen so viele Jungen zu schaffen haben. Und Tarzan löst noch nicht einmal wie ein Held die Probleme eines Kindes, denn er hat sie erst gar nicht. Keine endlosen Debatten, wer denn jetzt der Anführer, der Bestimmer ist. Keine Mutter, die befiehlt, daß zur Gangsterjagd der scheußlich grüne Pullover angezogen werden muß. Kein schmucker Nebenbuhler, der ihm Gabi ausspannen will. Es gibt auch keinen Vater, der Stubenarrest erteilt, und keinen Lehrer, der kritisiert.

Wenn Jens, Michael oder Benni mit dem Fahrrad einem Gangsterauto hinterherjagen, dann sind da plötzlich überall Straßenbahnschienen. Und wenn sie sich prügeln, dann schießen ihnen vor Wut und Schmerz die Tränen in die Augen, und bisweilen wissen sie sich auch nicht anders zu helfen, als dem Gegner ganz unehrenhaft in die Eier zu treten. Wenn sie in der Schule «Tarzan» spielen wollen, fliegen sie raus.

Im Grunde kann Tarzan nichts dafür, daß wir ihn nicht mögen. Er wurde als der geborene Spießer konzipiert, und in Wirklichkeit hätte ein solch makelloser Lackaffe nicht das geringste Charisma. Auf lange Sicht eignete sich ein Junge wie Tarzan auch nicht als guter Freund. Mit ziemlicher Sicherheit wäre er nur so lange bereit, etwas von sich zu geben, solange seine Anhänger ihn anhimmeln. Versagten sie ihm einmal die Gefolgschaft und die uneingeschränkte Anerkennung, platzte sein Ego wie eine Seifenblase. Er wäre auf der Stelle der einsamste Junge auf der Welt.

Eine realistische Variante des Typs «Anführer» beschrieb uns ein junger Mann:

«Wir waren die brutalste Bande der Stadt. Da sind Kriege im wahrsten Sinne des Wortes geführt worden. Ich vergesse nie, als wir uns mit Feuerwerkskörpern bekämpften und zwei Jungs ins Krankenhaus mußten, weil sie dicke Chinaböller auf die Haut bekommen hatten. Jeden Nachmittag war Treffen. Unser Anführer hieß Klaus, ein unglaublich brutaler Typ, einer, der nur Macht gesucht hat. Die jüngsten von uns mußten für ihn Botengänge machen oder mit dem Fahrrad ins Nachbarkaff fahren, um Cola zu kaufen. Zehn Kilometer hin und zehn Kilometer zurück, und das mit Zeitlimit. Wehe, die schafften das nicht. Die kamen total fertig wieder, und dann patsch (!) kriegten sie erst mal eine.
Ich war zwar etwas still und schüchtern, aber trotzdem hatte er vor mir großen Respekt. Ich stand immer so als Neutrum an seiner linken Seite, so 30 Zentimeter zurück. Und wenn er andere fertigmachte – das konnte er auch gut mit Worten –, stand ich immer daneben und dachte nur: Wie können die so blöd sein und auf den eingehen. Heute weiß ich es, damals habe ich es nur gespürt, daß sein ganzes Verhalten ein Ausdruck von Schwäche war. Er hat oft versucht, sich mir gegenüber durchzusetzen, und ging immer bis an die Grenze, daß ich auch Angst bekam, aber er hat mich nie geschlagen.
Dann zogen er und seine Eltern in ein anderes Viertel, und er wurde sofort ausgesperrt. Er gehörte nicht mehr zu uns und hatte keine Macht mehr. Ich habe ihn dann ignoriert. Heute ist er immer noch so ein Schlägertyp, hat ein paar Frauen laufen, besitzt zwei Nachtclubs und hat also immer noch Macht über Leute. Ich grüße ihn nicht auf der Straße, und ich habe über ein paar Ecken gehört, daß ihn das unheimlich kratzt.»

Jede Gruppe, jede Bande, jede Clique und jeder Freundeskreis besitzt eine halbwegs ausgewogene, aber ganz sicher auch hierarchische Struktur. Es gibt immer wenigstens einen, der ein bißchen dominiert, und sei es, weil er der Bestaussehende, der Integrativste oder Phantasievollste der Gruppe ist. Allerdings vereinigt selten jemand alle diese Eigenschaften auf einmal in seiner Person. Gegen «Anführer» haben wir nichts

einzuwenden. Wir erinnern uns an bewundernswerte, einfach tolle Jungs, die – sagen wir: das gewisse Etwas hatten. Es war schön, von ihnen gemocht und geschätzt zu werden. Und auch als Erwachsene sind uns diese Gefühle nicht fremd. In manchen Phasen und bei manchen Gelegenheiten waren wir selbst diejenigen, die im richtigen Augenblick die richtige Idee hatten oder die klarste Vorstellung davon, wie eine Sache weitergehen konnte. Der Dank und das Zutrauen der Freunde hat gutgetan. Also nichts gegen Anführer, aber viel gegen «Anführertypen».

Daß komplizierte Gefühle von Kindern untereinander und ihre zarten Beziehungen zueinander treffsicher und weitgehend klischeelos beschrieben werden können, hat der amerikanische Romanautor Stephen King bewiesen. In fast all seinen Horror- und Fantasygeschichten spielen Kinder eine zentrale Rolle, und ihre Welt unterscheidet sich denkbar kraß von der Welt einer «TKKG-Bande». Stephen King nimmt Kinder mit erschreckender Konsequenz ernst. Er gehört zu den weltweit erfolgreichsten Autoren der 80er Jahre.

In vielen seiner Bücher tauchen Erwachsene als Bedrohung der Kinder auf. Oder sie werden erbarmungslos von den Schrecken ihrer Kindheit eingeholt. Sie müssen sie gewissermaßen erneut durchleben, aber dies-mal mit einer Chance auf Erlösung. Kings Themen sind Angst, Ohnmacht und Sehnsucht, Freundschaft, Liebe und Tod, Kampf, Scheitern und nacktes Überleben. Das alles sind keine außergewöhnlichen Roman-stoffe. Daß es aber Minderjährige sind, die sich gezwungen sehen, das Geheimnis des Lebens (und des Todes) zu ergründen, verleiht den Ge-schichten ihren unheimlichen Zauber. Stephen King geht es in der Haupt-sache um die Macht und um die Bedrohung von Liebe und Freundschaft. Er ortet die Position der Kinder im verwirrenden Widerstreit dieser ge-gensätzlichen Kräfte. Er verurteilt keine seiner Figuren, sondern erzählt ihre Geschichte. Auch dem brutalsten und bösartigsten Kind gehört am Ende Kings Sympathie. Und seine Helden sind voller Trauer.

Stephen Kings wohl bekanntestes Buch heißt «Es» (1986). Der Roman erzählt die Geschichte von sechs zwölfjährigen Jungen und einem Mäd-chen, die Ende der 50er Jahre auf jeweils unterschiedliche Weise in be-drückenden familiären oder sozialen Verhältnissen leben. Sie alle sind auf der Flucht vor dem brutalen Henry Bowers und seiner Bande und schließ-lich vor «ES», einem kindermordenden Monster.

«Stotter-Bill» leidet nach dem Tod seines kleinen Bruders, der «Es» zum Opfer gefallen ist, an Schuldgefühlen und der eisigen Atmosphäre seines Elternhauses. Stan ist ein angstvoller, zarter und behüteter Junge stren-ger, jüdischer Eltern. Richie trägt unglaublich starke Brillengläser, ist ein Possenreißer, der nie den Mund halten kann und deshalb von größeren Jungen (Henry Bowers und seiner Bande) immer wieder Prügel bezieht. Ben ist unsagbar dick und hat keine Freunde. Seine Mutter stopft ihn mit Süßigkeiten voll, und er rettet sich in die Welt der Bücher. Eddie hat Asthma und eine einsame, alles kontrollierende Mutter. Mike ist schwarzhäutig und bekommt den 1958 noch staatlich sanktionierten Ras-sismus zu spüren. Ihn haßt Henry Bowers, der bei jeder Gelegenheit von seinem Vater verdroschen wird, am meisten. Henrys Vater bringt mit den Schwarzen den sozialen Abstieg der Gegend in Verbindung.
Beverly, das einzige Mädchen in diesem «Club der Verlierer», wie sie sich selbst ironisch und stolz zugleich nennen, ist ein sehr hübsches Mädchen, das von seinen manierierten Klassenkameradinnen geschnitten und von seinem Vater unentwegt (sexuell) bedroht wird.

«Es» ist ein Monster, dessen Herkunft und Wesen erst gegen Ende des Romans offenbart werden. «Es» ist die Inkarnation des Bösen, und auch «Es» hat eine Geschichte, kennt Angst und Schmerz und Rache. Mal tritt «Es» in Clownsgestalt auf, mal als großer Vogel, dann als Werwolf, und manchmal ähnelt «Es» teuflisch Beverlys Vater oder Eddies Mutter. Die Begegnung mit ihm führt den «Club der Verlierer» zusammen, und im gemeinsamen Kampf dieser Sieben im magischen Kreis bewährt sich ihre Freundschaft. Nur durch ihre Liebe zueinander sind sie in der Lage, «Es» zu besiegen.

Bill ist ein fürchterlich stotternder Held. Aber das Stottern bedeutet keinen Makel, es ist lediglich etwas, das ihm das Leben manchmal verdammt schwer macht. «Stotter-Bill» ist der Anführer der Gruppe, weil er der Entschlossenste ist. Er ist nicht der Chef, sondern der Führer, und das wider Willen:

«Ihre Augen hingen an ihm, und er hätte ihnen am liebsten zugeschrien, sie sollten woanders hinschauen, schließlich sei er ja keine Mißgeburt. Aber natürlich tat er das nicht, denn sie erwarteten von ihm ja nur, daß er ihnen sagte, was sie jetzt tun sollten. Sie hatten schreckliche Erlebnisse hinter sich, und sie brauchten jemanden, der ihnen sagte, wie es jetzt weitergehen sollte. Warum gerade ich? wollte er ihnen wieder zuschreien, aber auch das war ihm im tiefsten Innern klar. Er war für die Führungsrolle auserwählt worden, ob es ihm paßte oder nicht. Weil er einen Bruder an dieses Es verloren hatte, was Es auch sein mochte, weil er der ideenreiche Junge war, hauptsächlich aber, weil er auf irgendeine ihm selbst unverständliche Weise für sie Big Bill geworden war. Er schaute zu Beverly hinüber, wandte seinen Blick aber rasch wieder ab, als er das ruhige, feste Vertrauen in ihren Augen las. Wenn er Bev anschaute, hatte er immer so ein komisches Gefühl in der Magengrube.» (S. 477)

Bill steht als Anführer nicht an der Spitze der Gruppe. Er ist ein Teil von ihr. Als Anführer braucht er nicht nur die Hilfe der anderen, sondern auch ihre Freundschaft. Ohne sie wäre Bill verloren. Keines der Kinder ist entbehrlich für die Gemeinschaft.

Der dicke Ben ist in Beverly verliebt. Die Gemeinschaft gibt ihm die Kraft, nicht zu verzagen. Und er besitzt – aufgrund seines inzwischen ehemaligen Daseins als Bücherwurm – überlebenswichtiges, technisches Wissen. Im Vergleich zu «Klößchen» ist Ben erheblich vielschichtiger «gestaltet». Natürlich ist Ben ein «Dicker» mit einem sagenhaften Schwabbelbauch. Die anderen Kinder sind fasziniert von soviel Masse und necken ihn auch ein bißchen, aber im Verlauf der Handlung tritt Bens Bauch mehr und mehr hinter seine Persönlichkeit zurück (bis er ganz verschwindet). Richie ist der etwas schräge Kumpel in der Gruppe. Sein Mundwerk geht immer dann besonders hektisch los, wenn er Angst hat. Dann aber ist er mutig und entschlossen. Seine Freunde beschützen ihn, und er beschützt sie. Eddie ist wegen seiner asthmatischen Anfälle das Sorgenkind der Gruppe. Die Zuneigung der anderen befreit ihn von der Furcht, Angst zu haben. Eddie verfügt über einen unglaublichen Orientierungssinn, ohne den die Gruppe nicht überlebt hätte. Der schwarzhäutige Mike ist vorsichtig. Nur langsam nähert er sich den anderen, die ihn in ihren Kreis aufnehmen. Mike behält die Übersicht über das Geschehen. Im Hintergrund sichert er den Rückzug. Stan hat einen trockenen Witz, kann hervorragend die nötigen Sachen «organisieren», wird aber am wenigsten mit seiner Angst fertig. Die Gruppe unternimmt jedoch nichts gegen seinen Willen. Alle Jungs lieben Beverly. Sie hält die Gruppe zusammen. Ihre Weiblichkeit ist keine Fassade und wird in ihrer archaischen Ursprünglichkeit in die Gruppe integriert.

«Es» ist in jeder Hinsicht starker Tobak. Jungen (und Mädchen), die das Buch lesen, tun dies sicherlich nicht nur wegen der zum Teil haarsträubenden Horrorszenen und der ungemein spannenden und unterhaltsamen Lektüre. Wir sind davon überzeugt – denn uns geht es so –, daß sie auch davon fasziniert sind, wie gut hier einer über ihre Ängste und Sehnsüchte Bescheid weiß, ohne moralinsauer daherzukommen oder offensichtlich allzu platte Erfolgsrezepte verkaufen zu wollen. Die «Helden» sind nicht nur mutig, weil sie ihre Angst überwinden, sondern sie sind es auch, weil sie die Angst zeigen – und mehr.

Das folgende Zitat macht den entscheidenden Unterschied zwischen der «TKKG-Bande» und dem «Club der Verlierer» vielleicht am schönsten deutlich. Richie und Bill sind dem Monster gerade noch entwischt:

«‹N-N-Nicht›, beruhigte ihn Bill. ‹E-Er ist f-f-fort, R-Richie. Er ist v-v-verschwunden.› Richie sah die leere Straße, auf der sich nichts bewegte, und plötzlich brach er in Tränen aus. Bill legte die Arme um ihn und drückte ihn fest an sich. Richie umklammerte seinen Hals und umarmte ihn ebenfalls. ‹N-N-Nicht, Richie›, sagte Bill, ‹n-n-n...› Dann brach er selbst in Tränen aus, und sie hielten einander fest und weinten am Straßenrand, neben Bills umgestürztem Rad, und ihre Tränen hinterließen helle Streifen auf ihren mit Kohlestaub beschmierten Gesichtern.» (S. 261)

In jeder «harten Bande» gibt es «zarte Bande», mit denen sich Jungen umgarnen. Je jünger die Jungen sind, desto unverstellter und selbstverständlicher äußert sich ihr Wunsch nach der Nähe des anderen, desto leidenschaftlicher werben sie um ihn, und desto eher sind sie in der Lage, Trennungsangst und Trennungsschmerz zu zeigen. Jungen, die sich als Freunde ausgesucht haben, fühlen sich wie durch ein natürliches Band miteinander verknüpft, wie mit einem Bruder, der aber nicht wirklich jünger oder älter ist und mit dem sie sich auch nicht ums Essen oder die Gunst der Eltern streiten müssen. Anders als im sonstigen Jungenalltag stehen sich die Freunde nicht konkurrierend und herabwürdigend gegenüber, sondern in einer innerlich gleichen Position. Liebe ist im Spiel, blanke Zuneigung und herrliche Irrationalität.

Männer müssen auf die Frage nach einer Freundschaft in der Regel lange überlegen, um dann zögerlich einzugestehen, daß sie eigentlich keinen richtigen Freund haben. Früher, ja sicher, da hatten sie noch Freunde, aber plötzlich werden sie unsicher und kommen ins Grübeln. Daß Mädchen und Frauen Freundinnen haben, mit denen sie ständig die Köpfe zusammenstecken, mit denen sie kichern, Geheimnisse austauschen, sich streiten und wieder vertragen, gilt als normal. So mancher Mann blickt neidisch auf soviel vertraute Zweisamkeit. Ist auch für Jungen das Bedürfnis nach einer Freundschaft noch normal und selbstverständlich, so scheinen es die meisten Männer erfolgreich verdrängt zu haben.
Was geschieht nur im Zuge des Älterwerdens, daß Männer später so häufig allein dastehen?

Wir fragten zwei heute 30jährige Männer. Der erste hatte als Junge sämtliche Qualitäten eines Anführers, die ihn als Freund attraktiv machten. Im Sport war er gut und auch in der Schule, wo er zusammen mit seinem Freund im Alter von neun Jahren als Meinungsmacher bestimmen konnte, wo es langging. Das Anführergespann stellte in der Klasse auch die ersten Kontakte zu Mädchen her, was – so sieht er es heute – gleichzeitig das Ende der Freundschaft einleitete:

«Wir waren im vierten Schuljahr, als wir uns an einem Nachmittag trafen, um ein Gesellschaftsspiel zu machen. Dazu hatten wir auch die wohl schärfste Schnalle aus der Klasse eingeladen. Ich habe ein ungutes Gefühl, wenn ich mich an diesen Nachmittag erinnere. Plötzlich erhielt unsere Freundschaft eine neue Komponente, eine spaltende Komponente. Ich weiß gar nicht mehr genau, was wir damals eigentlich gemacht haben, aber jeder versuchte etwas im Fokus auf das Mädchen. Wir waren kein Duo mehr, sondern jeder war einzeln für sich und versuchte Kontakt zu dem Mädchen zu bekommen. Wir gingen dann später auch noch zusammen in eine höhere Schule, waren sogar in derselben Klasse, aber jeder suchte sich bald andere Kontakte, und das war's dann.»

Im Gespräch dachte er lange darüber nach, ob er überhaupt jemals wirkliche Freundschaft erlebt hat, obwohl er sich an einige Jungenbeziehungen erinnern kann. Viel stärker als Momente unbeschwerten Zusammenseins sind ihm Enttäuschungen über unerfüllte Wünsche nach Nähe und den Verlust von Freundschaften in Erinnerung geblieben: Ein Junge war der Mutter nicht genehm, weil er als «Raufbold» galt. Verabredungen zu gegenseitigen Besuchen, die nicht eingehalten wurden. Der Frust darüber, daß er oft mehr wollte, als er zurückbekam, und auch das Einge-

ständnis, daß er andere Jungen abblitzen ließ, an denen er kein Interesse hatte. Irgendwann sei er auf der Hut gewesen, umschiffte mögliche Körbe und vermied Beziehungskonstellationen, in denen er sich von einem anderen Jungen abhängig fühlte. Seit der Zeit des «Anführergespanns» habe es für ihn keine echte Freundschaft mehr gegeben. Fortan hielt er sich mehr an Mädchen. Erst im Rückblick wird ihm klarer, daß ihm etwas gefehlt hat. Richtig vermißt hat er es damals nicht mehr:

«Was fehlte, war eine Nähe des Austauschs, des gemeinsamen Wachsens, des gemeinsamen Welterfahrens und Daran-Lernens und auch jemand, der mich in gewisser Weise schützte. Ich war allein, nicht generell, sondern als Junge, als Mann. Das konnte von keinem Mädchen, von keiner Frau aufgefangen werden. All die Fragen, die ich mir stellte, was um mich herum passierte, Fragen des Lebens, was weiß ich, da konnten mir Mädchen und Frauen nie *die* Antworten drauf geben. In meiner Angst hab ich von ihnen Trost bekommen und Verständnis, aber da war niemand, der sagte: ‹Ach, das geht mir auch so.›»

Auch unser zweiter Gesprächspartner tat sich schwer mit der Erinnerung an seine Kinder- und Jugendfreunde. Da waren Jungen, mit denen er Fußball spielte und im freien Gelände Höhlen aushub, aber er fühlte sich auch oft ziemlich allein. Heute scheut er sich, diese Beziehungen als Freundschaften zu bezeichnen. Alles, was für Freundschaft steht – das Bedürfnis nach Nähe, Intimität und Vertrautheit –, suchte er schließlich bei Mädchen und Frauen und fand es auch nur da. Beziehungen zu Jungen dagegen hatten in ihrem Kern stets einen «sachlichen Gegenstand»: «Wir haben zum Teil wirklich viel Zeit miteinander verbracht, spielten Fußball, hörten Musik, und ohne das funktionierte die Freundschaft auch nicht. ‹Zweckfreie Beziehungen› gab es mit Jungen nicht.»

Über Sexualität hat er mit anderen Jungen nie geredet. «So nah hab ich Jungen nie an mich herangelassen», erzählte er uns. Wie bei den meisten Jungen und Männern waren auch seine Empfindungen widersprüchlich: Einerseits blieb ein unausgesprochener Wunsch nach männlicher Nähe bestehen, andererseits schreckte er auch vor vertraulicher Intimität zurück. Die Angst vor der Homosexualität spielt hier keine unwesentliche Rolle. Wer käme vergleichsweise auf die Idee, zwei miteinander turtelnde 14jährige Mädchen als lesbisch zu beschimpfen? Jungen haben diesen Freiraum auch heute noch nicht.

Wenn Männer sich eine Freundschaft wünschen, dann haben sie dabei häufig die Phantasie, einmal auszubrechen, sich einmal die Freiheit zu nehmen, den Alltags-, Familien- und Beziehungstrott hinter sich zu lassen. Es klingt dann wie das erste, frühe Motiv von Jungen, die gemeinsam «außer Haus» die Welt entdecken möchten. Zu Hause, da wartet die Mutter. Und die Väter? Sind sie gerade bei ihrem Busenfreund? Wohl kaum. Als Vorbild dafür, daß eine Männerfreundschaft auf lange Sicht hin eng, vertraut und einfach normal sein kann, fallen sie in aller Regel aus. Die Söhne, mit denen wir sprachen, konnten uns von keinen Freunden ihrer Väter berichten. Ihr Vater habe vielleicht zuviel Stress für eine Freundschaft und auch keine Zeit, denn wenn er mal frei habe, stünde die Familie im Vordergrund. Ein Junge vermutete, daß sein Vater «ein paar gute Freunde» habe, konnte sich aber nicht vorstellen, was sie zusammen unternehmen: «Der geht mit denen nicht ins Schwimmbad, der läuft mit denen auch nicht Schlittschuh oder so etwas. Ich weiß gar nicht, was der alles macht.»

Die meisten Jugendlichen und Männer fühlen sich ausschließlich mit Mädchen und Frauen vertraut. Vielleicht können sie sich ihnen öffnen, und dennoch wird ein Mangel am verläßlichen Gefährten bestehen bleiben. Wie schon als Jungen finden sie für dieses Gefühlsleck keine richtigen Worte, weshalb auch so wenige Väter ihren Söhnen etwas Wesentliches über die Unersetzlichkeit einer Freundschaft mitteilen können. Sie zeigen ihnen ja, daß es auch ohne zu gehen scheint. Kleinere Jungen, für die schon sehr früh die Schranke zwischen sich und den anderen fallen kann, bleiben häufig auf ihren Sorgen sitzen. Bis zur Pubertät kommen Mädchen für persönliche Gespräche kaum in Frage. Also bleibt ihnen nichts anderes übrig, als das zu kultivieren, was Frauen an den späteren Männern so oft kritisieren: Sie fressen alles in sich hinein. Der Mangel an Intimität und Sicherheit mit den Geschlechtsgenossen ist zu einem erheblichen Teil mitverantwortlich für die Neigung der Jungen, so zu tun, als hätten sie überhaupt keine Probleme.

Es fehlt an männlicher, freundschaftlicher Solidarität, oft schon im Kindergarten, auf der Straße, in der Schule und später im Beruf. Es fehlt nicht an Kumpanei, nicht an gehässiger Komplizenschaft gegenüber Frauen und anderen Männern. Und wehrbereite Heere gibt es auch genug. Jungen brauchen Vorbilder für Freundschaft, und die sollten ihnen im alltäglichen Leben zur Verfügung stehen, nicht nur im Comic und im Film – zumal sie dort, wie wir glauben, ohnehin in der Minderheit sind.

Eines der wenigen guten Sachbücher über Jungen- und Männerfreundschaften hat der US-Amerikaner Stuart Miller (1988) geschrieben. Über
drei Jahre hinweg interviewte er in den USA und in Europa mehr als
tausend Männer über ihre ehemaligen und heutigen Freundschaften. Das
Ergebnis war niederschmetternd. Freundschaften? Fehlanzeige! Stuart
Miller beschreibt auch seine eigenen – man muß schon fast sagen – ver-
zweifelten Versuche, mit Ende Dreißig noch einen Männerfreund zu finden, bis sich schließlich ein zarter Hoffnungsschimmer am Horizont
zeigte. Stuart Miller beklagt, daß Männer sich stets nur ängstlich gerüstet
entgegentreten, und hat am Ende doch noch etwas anderes erfahren:

«In Gegenwart eines echten Freundes schmilzt diese starre Panzerung für Augenblicke dahin. Der Atem geht langsamer und tiefer. Der Rücken entspannt
sich, und kaum merklich entspannen sich sogar die Hoden. Sicherheit. Die
Sicherheit, die aus der unmittelbaren Erfahrung kommt, daß dieser eine von
allen Männern keine Bedrohung darstellt. Und daß dieser Mann, im Falle
eines Angriffs, buchstäblich deinen Arsch schützen würde, so, wie du den
seinen schützen würdest.» (S. 26)

Von der Unverwüstlichkeit des Körpers:
Sport, Gewalt und andere Leidenschaften

«‹Sei vorsichtig!›

‹Auf 'nem Skateboard kann man doch nicht vorsichtig sein›, er-
widerte der Junge und schaute Bill an, als hätte er wirklich nicht
alle im Dachstübchen.

‹Das stimmt›, meinte Bill.

Der Junge stellte einen Fuß auf das Skateboard und stieß sich
mit dem anderen ab. Sobald er richtig rollte, stellte er auch den
anderen Fuß drauf und sauste mit einer Geschwindigkeit, die
Bill direkt selbstmörderisch vorkam, die Straße hinab. Aber er
fuhr so, wie Bill es sich vorgestellt hatte: mit einer selbstver-
ständlichen Anmut, die verriet, daß er keine Furcht kannte. Bill
verspürte Liebe zu dem Jungen, und ihn überkam eine wahnsinnige Angst um das Kind. Der Junge sauste dahin, so als gäbe es
kein Älterwerden und keinen Tod. Und irgendwie wirkte er in
seinen Khakishorts und seinen abgetretenen Segeltuchschu-
hen, mit seinen nackten, schmutzigen Knöcheln und den we-
henden Haaren tatsächlich unverletzbar und unsterblich.

Paß auf, Kleiner, die Kurve schaffst du nie! dachte Bill besorgt,
aber der Junge schwenkte seine Hüfte nach links wie ein Tänzer
und brauste mühelos um die Ecke und auf die Jackson Street,
einfach davon ausgehend, daß ihm kein Auto in die Quere kommen würde... und da Bill keine quietschenden Bremsen und
kein Krachen hörte, mußte er tatsächlich Glück gehabt haben.
Junge, dachte Bill traurig, so wird es nicht immer sein.»

(Aus: Stephen King, Es)

Neulich im Müngersdorfer Stadion: Der 1. FC Köln empfängt die Mannschaft des 1. FC Kaiserslautern. Geiles Spiel, trotz Dauerregens. Köln
putzt Kaiserslautern mit 4:1. Die Fans sind ganz aus dem Häuschen.
Wenn es aus 30000 Kehlen «Tooor!» und «Jaaah!» ertönt, ist das wie ein
gigantischer, kollektiver Orgasmus. Wird ein Spieler der Heimmannschaft gefoult, sind die Fans außer sich vor Wut. Das, was die Spieler nicht
dürfen, besorgen die energisch skandierenden Fans: «Wuttke, du Arschloch!» Läßt der Schiedsrichter trotz Fouls an einem Spieler der Hausher-
ren weiterspielen, brüllen die Fans im Chor: «Schwarze Sau, schwarze
Sau!» So etwas würde einem unter anderen Umständen mindestens eine

Beleidigungsklage einbringen. Hier ist das normal und auch nicht strafbar.

Fouls sind verboten. Nachtreten und Meckern ebenfalls, aber im Grunde unvermeidlich. Wer sich auf dieses Spiel einläßt, muß einfach damit rechnen, daß er eins in die Knochen kriegt. Das ist eben die Folge vieler «Zweikämpfe». Natürlich will kein Fußballer krankenhausreif getreten werden. Aber das kommt zu häufig vor, als daß sich außer den Betroffenen irgend jemand ernstlich darüber aufregen würde. Bei den Spielern ihrer Mannschaft haben die Fans ohnehin tiefstes Verständnis dafür, wenn einem einmal die Sicherung durchknallt, einer die Beherrschung, die Kontrolle über sich verliert. Revanchefoul nennt man das. Im schlimmsten Fall kriegt ein Spieler dann die rote Karte gezeigt und wird für einige Spiele aus dem Verkehr gezogen. Im wirklichen Leben könnte er als Wiederholungstäter im Knast landen.

Auch wir feiern *unseren* Sieg. – So faszinierend der männliche Massenrausch auch ist, so bedrohlich kann er für den werden, der sich in den Reihen des taumelnden Männerbundes zu sehr sperrt.

Vor dem Spiel trafen noch zwei Schülermannschaften aufeinander, damit den Zuschauern die Zeit bis zum Anpfiff für die Profis nicht zu lang wurde. Auch das Spiel der Zehnjährigen war ganz ansprechend. Aus der Ferne betrachtet, tricksten und stürmten sie fast wie die Großen. Als die junge siegreiche Heimmannschaft im Anschluß an ihr Spiel eine Ehrenrunde auf der Tartanbahn drehte, wurde uns erst richtig klar, wie klein diese Jungen noch waren. Erschöpft und glücklich trabten sie an uns vorbei, kleine Hände winkten uns zu, die Gesichter pausbackig und hochrot.

Eine Szene im Sommer: Große und kleine Jungs spielen zusammen Fußball auf einer Wiese. Die Großen (15–45 Jahre) sind die Mittelfeldregisseure, die den Kleinen (3–7 Jahre) die Bälle zuschieben, damit sie Tore schießen. Jede Aktion der Kleinen wird mit «Toll! Spitze! Schööön! Klasse!» ermutigend honoriert. Natürlich haben die Kleinen gegen die Großen keine Chance. Sie werden vom gegnerischen Großen umspielt, damit er den Ball seinem Kleinen zuschanzen kann. Ansonsten gehen die Großen mit den Kleinen sehr liebevoll um. Fallen die Kleinen hin und weinen sie, nehmen die Großen sie in die Arme, um sie zu trösten: Du darfst ruhig weinen, der andere war auch zu grob, aber unsere Spiele sind rauh, und irgendwann wirst auch du bestehen!
Am Spielfeldrand stehen die Mädchen und die ganz Kleinen. Anfangs spielen die Mädchen noch mit, aber sie treten noch mehr Luftlöcher als die Jungen. Im Zweikampf wirken sie ängstlicher. Obwohl sie insgesamt motorisch geschickter sind als die Jungen, gelingt ihnen weniger. Fußball scheint nicht ihre Sache zu sein. Die Jungen dagegen bemühen sich verzweifelt, den Ball zu treffen, holen sich Beulen und sind fassungslos, wenn einer sie umrennt. Aber sie rappeln sich jedesmal wieder hoch wie Stehaufmännchen. Die Mädchen spielen begeistert die anfeuernden Fans. Sie stehen am Rand und jubeln.
Kann man dieses Spiel freundlicher gestalten? Kaum. Es geht eben darum, den anderen einen «reinzutun», und damit ist sicherlich nicht nur der Ball gemeint... Sport ist ein Wettkampf, er braucht Sieger und Besiegte, sonst verliert das Ganze seinen Reiz. Aber Siegen ist schön, und besser zu sein als die anderen hebt das Selbstwertgefühl. Wer Jungen *und* Mädchen das Auftrumpfen madig machen will, stößt bei ihnen zu Recht auf Ablehnung. Das heißt ja nicht, daß jemand immer und überall an der Spitze sein muß. Jedes Kind sollte die Möglichkeit haben, *seine* Disziplin zu finden. Schlimm ist nur, wenn es zwischen «Ohnmacht und Größenwahn» nichts mehr zu geben scheint.

Sport bietet Jungen und Männern eine der wenigen Möglichkeiten, ihren Körper zu spüren, Größe und Stärke frei auszuspielen. Dabei geht es um Ehre, Anerkennung und Erfolg. Die erste Dame am Ort schenkt dem siegreichen Torero ihr Taschentuch. Und weil beim Fußball keine Mannschaft ohne die Unterstützung ihrer Fans auskommt, haben alle teil am Sieg und an der Niederlage. So, wie sich freudetrunkene Fans (endlich) in den Armen liegen, so weinen die Anhänger mit ihren enttäuschten Spielern, wenn es eine «Packung» gegeben hat.

Sport ist aber nicht nur Wettkampf, in dem die Gegner niedergerungen werden müssen, wie sich Wolfgang Utschick erinnert:

«Wir spielen, trainieren, gehen mit Fußballstiefeln ins Bett. Die Mutter schüttelt den Kopf, und wir gehen auch noch mit den Fußballstiefeln in die Schule. Die Fußballstiefel machen jeden, der sie trägt, größer. Sie haben Stollen an den Sohlen, klappern über den Asphalt. Der Ball folgt physikalischen Gesetzen: die Flugbahn, die Erde, der Wind, die Entfernung. Es ist eine Kunst, den Ball zu berechnen, ein Gefühl des Schußbeins. Es gibt Hämmer, Heber und die unberechenbaren Schlenzer. Das sind die schönsten, sie sind selten. (...)
Nach dem Spiel sitzen wir erschöpft im Gras oder liegen einmal bäuchlings, dann auf dem Rücken. Die Ameisen, Käfer und Heuschrecken direkt vorm Gesicht oder oben die Wolken. Jetzt sehe ich auf einmal die Wolken und Insekten, das sehe ich sonst nicht. Es gibt kein Mädchen in der Mannschaft. Der Rasen ist grün.» (1982, S. 42)

Fußball spielt im Leben vieler Jungen heute nicht mehr eine solch zentrale Rolle wie noch vor einigen Jahren. Die Einzelsportart Tennis hat sich durch Boris Becker und Steffi Graf zum Massensport entwickelt. Die neuen HeldInnen sind beim Spiel auf sich allein gestellt, doch wenn im Davispokal die Nationalmannschaften aufeinandertreffen, weht auch durch die weißen Kader so etwas wie der Geist der «elf Freunde»: «Boris und ich sprachen jeden Ball ab. Wir tricksten diese Doppelprofis nach allen Regeln der Kunst aus. Nach 2:47 Stunden war die Schlacht geschlagen. Sekundenlang umarmten wir uns. Ich hätte heulen können vor Freude. Ich wußte, das war heute der Sieg zweier Freunde, die im Leben immer für sich dasein werden» (Eric Jelen im ‹Kölner Express› nach dem Doppelsieg über die US-Amerikaner Ken Flach und Robert Seguso, 24.9.89).

Siege, sich nach Niederlagen wieder zusammenraufen, Freundschaft, Kameradschaft, Kraft, Schnelligkeit, Körperbeherrschung, Ballgefühl, Technik, Eleganz, Anmut, Unsterblichkeit, Unverwüstlichkeit – all diese Gefühle und Erfahrungen ermöglicht der Sport. Und wer nicht die Klasse eines Boris Becker oder Jürgen Klinsmann erreicht, der kann wenigstens davon träumen, so ähnlich zu werden. Und auch die Männer unter der «Schallgrenze» von ein Meter siebzig haben ihre Genugtuung, wenn das «Zwergenduo» Häßler / Littbarski im Mittelfeld die langen Kerls um sie herum schwindelig spielt.

Sport ist zweischneidig: Sport verschafft Zugang zum Körper, aber der muß gestählt werden. Jungen sollen ihren Körper weniger entdecken als ihn durch Leistungen unter Beweis stellen. Sport gewährt Glücksmomente, auch wenn Umarmungen nur «Sekunden» dauern dürfen. Beim Fußball liegt es ja in der Natur der Sache, daß Spieler, die sich eine Minute zuvor noch überschwenglich über einen Treffer freuten und glücklich auf dem Rasen rollten, ihrem Gegenspieler bei der nächsten Gelegenheit in die Hacken treten. Idealerweise bezeugt der nächste «harte Einstieg», daß es sich doch um ganze Männer handelt.

Sport fordert und fördert Leistungsdenken und in nicht wenigen Disziplinen auch die Gewaltbereitschaft, aber Sport trägt auch dazu bei, Gewaltpotentiale zu kanalisieren, Aggressionen unter Kontrolle zu bringen, indem sie (Kampf-)Regeln unterworfen werden. Nicht von ungefähr ziehen bei Jugendlichen im sozialen Brennpunkt Freizeitangebote wie Judo- und Karatekurse besonders gut. Und wenn Boris Becker bei jedem Interview auf die Frage nach seinem Erfolg betont, daß er reifer geworden sei, nicht mehr so unbeherrscht Schläger zu zertrümmern brauche, weil er Niederlagen besser verschmerzen könne und seine Freundin ihm die nötige Ruhe und den Rückhalt gebe, dann meint er nichts anderes als der Jugendliche, der nach einer Schlägerei mit dem Gesetz in Konflikt gekommen war: «Jetzt bin ich überlegter, ausgeglichener, wenn mich einer provoziert, red ich halt, aber schlag nicht zu oder denk mir auch nur: Leck mich halt am Arsch. Ich hab jetzt meine Frau und das Kind und die Wohnung, die Einrichtung, das gefällt mir» (Claus-Walter Herbertz 1985, S. 400).

Jeder Junge hat sich schon früh mit der Ertüchtigung seines Körpers zu beschäftigen. Es gilt beim Rennen und beim Raufen mitzuhalten. Und ist es nicht ein unbeschreibliches Hochgefühl, ein Tor zu schießen, wie eine Katze die «Pille» aus dem Winkel zu fischen, endlich diesen vermaledeiten Felgaufschwung geschafft zu haben? Zu spüren, daß man beim End-

spurt noch Kraftreserven hat und der Körper schweißgebadet dampft, nach Atem japst und jede Muskelfaser meldet: Du hast es geschafft, ich bin heil, gönn dir eine Pause, und dann mach weiter!?

Leider sind nicht alle Jungen gut gebaut. Mit der Freude am eigenen Körper haben zu kleine, zu dicke oder ängstliche Jungen ihre liebe Not. Wenn es darum geht, Muskeln zu zeigen, anmutig zu sein und dennoch einiges einstecken zu können, werden Noten für die Männlichkeit verteilt. Ein Mann erinnert sich:

«Ich habe den Sportunterricht geliebt, obwohl ich eine Niete war und während dieser Stunden viele Niederlagen und Mißerfolgserlebnisse hatte. Ich war immer in Gruppe vier. Da waren die Dicken, die Kleinen, die Ängstlichen, die Gehemmten. Wenn Fußballmannschaften gewählt wurden, war ich immer einer der letzten, die genommen wurden. Ich galt in jeder Abwehr als Risikofaktor. Manchmal wurde beim Aufstellen der Mannschaften sogar ein guter Spieler gegen zwei Krampen wie mich gehandelt.

An sich war ich gar nicht schlecht in Fußball. Und ich hatte Chancen, weil ich nicht so scharf gedeckt wurde. Aber ich hatte immer Angst, mir weh zu tun, auch beim Geräteturnen. Wenn man über einen der großen Kästen springen mußte und nicht daran denken durfte, daß der Kasten eine Kante hat, auf der man in wenigen Sekunden mit dem Steiß landen kann. Ich kann mich nicht entsinnen, daß bei einem Lehrer irgendwann einmal das Thema ‹Schmerz› aufkam. Angst zu haben war einfach nicht normal.

Warum ich den Sport geliebt habe: Ich habe seltsamerweise sehr erotische Gefühle, wenn ich an den Sport denke. Von Nähe, Körperkontakt, überhaupt Körperlichkeit. Weil ich nicht so gut war, mußte ich nur immer so tun, als ob mir der Sport nicht so wichtig wäre.»

Sportlehrer sind eine Nummer für sich. Für viele Jungen gehören sie zu den meistgehaßten Männern ihrer Kindheit. Erinnern sich Männer an unangenehme Lehrer, tauchen diese Kerls im Trainingsanzug und mit der Trillerpfeife um den Hals oft als erste auf. Man hatte zum Beispiel die Wahl zwischen einer Ohrfeige und einer mehrseitigen Strafarbeit. Natürlich entschied sich jeder, der etwas auf sich hielt, für die Ohrfeige. Oder der Sportlehrer zog einen am Ohrläppchen in die Höhe, und wenn der Hals sich nicht mehr weiter recken konnte und man schon auf den Zehenspitzen stand, kam Zack (!) die Backpfeife. Andere Sportlehrer verteilten Kopfnüsse oder warfen im Freien kleine Steinchen auf die nackten Beine und was ihnen sonst noch an Fiesheiten einfiel.

Auf Pfiff hatte man sich der Größe nach aufzustellen. Blitzschnell mußte entschieden werden, wer größer und wer kleiner war. Im Sportunterricht spiegelte sich die Klassenhierarchie am deutlichsten wider. Es gab auch unbeliebte Streber, die gut turnen konnten. Für diese «Doofen» war das die einzige Chance, auch einmal – zum Beispiel beim Mannschaftsbilden – in den Hofstaat der Anführer aufgenommen zu werden, aber nur für die Zeit des Sportunterrichts.

Sportlehrer brüllten immer wie auf dem Kasernenhof, und sei es nur, weil die Hallen so groß waren. Und wie sie einen hetzten: Noch eine Runde, und noch eine, nicht müde werden, hebt die Beine, bewegt euch, und noch eine Runde, so und jetzt zehn Liegestütze, und stellt euch in drei Gruppen auf. Wer durfte in welche Gruppe? Das war ein Gekeife und Geschubse: Geh rüber, du Blödmann! Hau ab, du Flasche! Sport war die harte Schule des Lebens wie die Bundeswehr die Schule der Nation, und so war das auch gemeint.

Die Zeiten haben sich geändert. Prügelnde Lehrer gibt es nicht mehr so viele wie früher. Geblieben ist aber die Bedeutung des Sportunterrichts und die Macht des Sportlehrers, die körperliche Leistungsfähigkeit der Jungen zu beurteilen. Geblieben ist häufig auch die Aufforderung an die Jungen, wenn es darauf ankommt, weder sich noch andere zu schonen, die Körper belastbar und unverletzlich zu machen und möglichst keine Angst zu haben, weder im Sport noch im Leben.

Wer Angst hat, schafft den Sprung über den Kasten nicht. Wer beim Fußball alle möglichen Verletzungsrisiken durchrechnet, bevor er in den Zweikampf geht, wird vielleicht gerade deshalb einmal Opfer der gefürchteten «Blutgrätsche», weil er zu lange zaudert, wo er seinem Gegner noch Respekt hätte einflößen können. Weder bei kämpferischen Spielen noch bei einer richtigen Schlägerei darf man zuviel nachdenken. Bloß nicht den Kopf einschalten, auch wenn der neben der Magengrube bei einer Prügelei das bevorzugte Ziel der Hiebe ist.

«Halt mich fest, ich bring die Sau um! Halt mich fest, ich schlag ihm den Kopf ab, ich reiß ihm die Eier aus...» – womit der Gegner zudem entmännlicht wäre. Der Sechzehnjährige droht nur und warnt vor sich selbst. Hielte man ihn nicht zurück, es könnte ein Unglück geschehen, und der Gesichtsausdruck dieses rasenden Jungen verrät, daß ein falsches Wort genügte, und er machte seine Ankündigungen wahr. Man hat ihn schon einmal erlebt: Eine rechts, eine links, urplötzlich, noch zwei, stoßen, treten, drohen mit der abgeschlagenen Bierflasche, mit dem Messer, eine Hand frei – was da für ein Film ablief! Dann: Rotz und Tränen, entsetzliches Wutgeheul, eine Massenschlägerei entstand, meine Freunde gegen deine Freunde – und dann kam die Polizei. Die Polizisten setzen dem Rausch ein Ende. Alle Beteiligten hatten sich restlos hingegeben. Die Köpfe wurden wieder eingeschaltet, und man betrachtete die Bescherung.

Unter Männern kann man einen ganzen Abend mit Geschichten von Sportverletzungen, Schlägereien, Unfällen und deren Folgen – den Narben – verbringen, ohne daß auch nur eine Sekunde Langeweile aufkommt. Da gibt es Kopfwunden vom Schlittenfahren («Wir übten gefährliche Situationen»), kaputte Knie vom Fahrradunfall («Mein Tacho ging nur bis 60 km/h»), kleine punktförmige Narben («Wer hat Angst, vom Wurfpfeil getroffen zu werden?»), Brandnarben («Wir haben versucht, Wunderkerzen herzustellen») und jede Menge Schmisse («Immer auf'n Kopp!»). Knochenbrüche zählen nicht, denn wer sich was gebrochen hat, war ungeschickt. Es kam ja darauf an, der Gefahr ins Auge zu sehen und trotzdem heil wieder rauszukommen. Narben bezeugen, daß man die Gefahr, die Angriffe überstanden hat, daß man immer bis an die Grenzen gegangen ist und seinem Körper das Letzte abverlangt hat. Narben sagen: Dein Körper ist unverwüstlich. Wenn du eine gedonnert kriegst, schüttelst du nach dem Schlag, der jedem normalerweise den Schädel zertrümmert hätte, einfach heftig den Kopf, so daß der Schweiß spritzt, und schon geht's weiter.

Im Sport ebenso wie bei Schlägereien oder anderen halsbrecherischen Unternehmungen gilt das Motto: «Was uns nicht umbringt, macht uns hart!» Es ist ein Jammer, daß Jungen so wenige andere akzeptierte Möglichkeiten haben, ihren Körper zu testen, Stärken und Schwächen ausfindig zu machen, einen Körperstolz zu entwickeln und sich ganz einfach an ihrem männlichen Geschlecht zu erfreuen.
Viele Jungen (und Männer) zweifeln im stillen an der Tauglichkeit ihres Körpers. Die einen quälen sich aus diesem Grund zu immer neuen Höchstleistungen, andere stecken frühzeitig auf, rauchen und trinken, was das Zeug hält, und erleben Sport nur noch vor dem Fernsehapparat. Die Norm ist das Gardemaß: Etwa ein Meter fünfundachtzig Körpergröße, 75 bis 80 Kilogramm Gewicht, gerader Rücken, breite Schultern, wohlgeformte, nicht allzu üppige Muskeln. Die wenigsten (jungen) Männer verfügen über einen solchen Astralkörper. Jene phantastischen Traummaße versprechen jedoch soviel männliche Identität, daß nicht

wenige Jungen in jüngerer Zeit versuchen, der Entwicklung ihres Körpers mit chemischen Präparaten nachzuhelfen. Die Motive sind alt, neuzeitlich ist die Methode: Die Suche nach der verlorengegangenen oder vielleicht nie wirklich empfundenen männlichen Körperidentität soll durch die Einnahme von muskelaufbauenden Medikamenten erleichtert werden. Und wie so oft in ihrem Leben schießen die Jungen dabei über das Ziel hinaus. Nach «dope» und Bodybuilding wirken ihre Körper bald wie eine Karikatur von Männlichkeit. Der Gewinn ist neben jeder Menge Muskeln das Gefühl, seinen Körper zu beherrschen: «Du bekommst ein anderes Selbstbewußtsein, weil du deinen Körper erfühlen, ihn so formen kannst, wie du willst» (Uwe, 19, SPIEGEL Nr. 25/1989).

Wer von klein auf dazu angehalten wird, stets über sich hinauszuwachsen, wird männlichen Klischees möglicherweise sein Leben lang hinterherrennen. Er wird das gesunde Verhältnis zu seinem Körper verlieren. Für ihn wird Sport immer etwas sein, wo er Kraft läßt, und nicht, wo er Energie tankt. Er wird auch verlernen, im richtigen Augenblick seiner Angst zu folgen und vorsichtig zu sein. Stünde die männliche Identität nicht schon von Kindesbeinen an auf solch tönernen Füßen, es gäbe kaum noch Gründe, sich einen Bruch zu heben. Boris Becker könnte nach einem verlorenen Match sicherlich besser schlafen, und so manche Streithähne besäßen noch all ihre Zähne.

Handbetrieb:
Sexuelle Erfahrungen pubertierender Jungen

«1. Siehe, meine Freundin, du bist schön, siehe, schön bist du!
Deine Augen sind wie Taubenaugen zwischen deinen Zöpfen.
Dein Haar ist wie eine Herde Ziegen, die gelagert sind am Berge
Gilead herab.
2. Deine Zähne sind wie eine Herde Schafe mit geschnittener
Wolle, die aus der Schwemme kommen, die allzumal Zwillinge
haben, und es fehlt keiner unter ihnen.
3. Deine Lippen sind wie eine scharlachrote Schnur und deine
Rede lieblich. Deine Wangen sind wie der Riß am Granatapfel
zwischen deinen Zöpfen.
4. Dein Hals ist wie der Turm Davids, mit Brustwehr gebaut,
daran tausend Schilde hängen und allerlei Waffen der Starken.
5. Deine Brüste sind wie zwei junge Rehzwillinge, die unter den
Rosen weiden.
6. Bis der Tag kühl wird und die Schatten weichen, will ich zum
Myrrhenberge gehen und zum Weihrauchhügel.
7. Du bist allerdings schön, meine Freundin, und ist kein Flecken
an dir.»
(Aus: Das Hohelied Salomos. Etwa 965–926 v. Chr. Altes Testament, nach der deutschen Übersetzung Martin Luthers)

«Du blöde Fotze!»
(Quelle unbekannt)

Aufklärungsbücher, Elternratgeber, Sexfibeln und Sexatlanten, Jugend-
magazine in Schrift, Ton und bewegtem Bild – sie alle haben sich in den
letzten zwei Jahrzehnten redlich bemüht, der Pubertät ihren Schrecken
zu nehmen: Wenn Kinder beginnen, ihre volle genitale Sexualität zu entwickeln, brauchen sie viel verständnisvolle Zuwendung und gleichzeitig
den Freiraum, ihre durch hormonelle Umstellungen aufblühenden Körper (gegenseitig) zu erforschen. Es gilt, Erfahrungen zu sammeln. So
weit, so gut. Aber wenn das mal so einfach wäre!
Die Pubertät ist eine Zeit großer irritierender Umwertungen. Waren die
Mädchen vorher langweilig, zimperlich und brav und das Geschlecht, mit
dem man sich besser nicht so oft blicken ließ, wollte man nicht gefahrlau-

fen, als Hosenscheißer und Waschlappen verschrien zu werden, heißt es jetzt, möglichst nahe an sie heranzukommen. Wiegten sich Jungen bislang in der Gewißheit, größer, stärker und überhaupt besser zu sein, beginnen die Körper der Mädchen plötzlich und erheblich früher als die der Jungen zu reifen, erwachsen zu werden. Waren Körper bisher vor allem dazu da, durchgewalkt und strapaziert zu werden, sollen die Jungen plötzlich zärtlich sein. Die Mädchen wollen das so, und die Erwachsenen (die Bücher) sagen das auch. «Ja wie denn das jetzt!?» – und mit einem Male stehen die Jungen vor den Mädchen wie der Ochs am Berg.

Natürlich *wollen* die Jungen möglichst nahe an die unversehens begehrenswerten Mädchen herankommen, denn die Aussicht, bald eine richtige Freundin zu haben, eröffnet ja nicht nur die Möglichkeit, Anerkennung für sein Geschlecht zu erhalten, sondern auch die Chance, Zärtlichkeit, Sanftheit und Liebe (wieder) zu erfahren.

Die Pubertät markiert den Eintritt in die Erwachsenenwelt der Männer und Frauen. Während Mädchen schon früh ihre erste Regel bekommen, und sich – bei allen psychischen Komplikationen – ab sofort als «Frau» definieren können, müssen gleichaltrige Jungen auf ihre erste Ejakulation noch eine Weile warten. Wer den ersten Samenerguß hinter sich gebracht hat, der ist sozusagen in den Club der reifen Sexualwesen aufgenommen, der ist nicht mehr Kind. Für Jungen hat die Ejakulationsfähigkeit eine ähnliche initiierende Bedeutung wie die Menses für die Mädchen. Deshalb warten die meisten Jungen auch nicht ab, bis ihnen die Eintrittskarte überraschend in der Nacht geschenkt wird, auch wenn das Ejakulat noch kaum Spermien enthält. Hauptsache, es kommt etwas raus. Viele Männer werden sich noch an das Aufatmen nach dem ersten Gelingen erinnern: «Endlich, ich bin also in Ordnung!»

Jungen masturbieren früher und häufiger als Mädchen. Der nordamerikanische Sexualforscher Alfred C. Kinsey (1963, 1964) fand in den 40er und 50er Jahren heraus, daß 82 Prozent aller Jungen bis zum 15. Lebensjahr masturbieren. Nach Erhebungen von Volkmar Sigusch (1973) taten dies in den 70er Jahren sogar 92 Prozent aller Jungen. Ulrich Clement (1986) ermittelte unter 20jährigen Studenten ebenfalls 92 Prozent. Mädchen und Frauen sind dagegen wesentlich zurückhaltender. Laut Alfred C. Kinsey masturbieren nur 30 Prozent der Mädchen bis zum 15. Lebensjahr. Volkmar Sigusch kam auf 50 Prozent der bis zu 16jährigen Mädchen und Ulrich Clement auf 73 Prozent der jungen Studentinnen. Die Zeiten haben sich gewandelt, und die Verhaltensunterschiede zwischen Jungen und Mädchen sind in punkto Selbstbefriedigung geringer geworden, aber sie bestehen nach wie vor.

Mag sein, daß Mädchen auch deshalb «enthaltsamer» sind, weil ihre Sexualerziehung immer noch restriktiver gehandhabt wird. Für wesentlich entscheidender halten wir die definitorische Bedeutung der Masturbation für die Jungen: In einer Phase einer außerordentlichen Sexualisierung des Alltags ist die Selbstbefriedigung neben übertriebenem Geprotze, wilden, gefährlichen Spielen oder Kleinkriminalität eine der wenigen Möglichkeiten, sich als junger Mann zu erfahren.

Die neuen Aufklärungsbücher meinen es vor allem gut. Kein aufgeklärter Mensch hat heute noch irgend etwas gegen die Selbstbefriedigung einzuwenden. Mit Maß betrieben gilt sie als natürlich und notwendig sowohl für die psychosexuelle Reifung des Menschen als auch für das allgemeine seelische und körperliche Wohlbefinden. Mädchen verbessern ihre Orgasmusfähigkeit, und die Jungen lernen, ihre sexuelle Reaktion zu kontrollieren. Ja man kann sogar noch nicht einmal zuviel masturbieren, denn irgendwann spielt der Körper von selbst nicht mehr mit. Darauf angesprochen, würde heute kaum jemand leugnen, zumindest hin und wieder mal zu masturbieren.

Allerdings: Nichts wäre unangenehmer, als dabei erwischt zu werden. Der Selbstbefriedigung haftet der Makel einer *Ersatz*befriedigung an. Wer sich selbst befriedigen muß, hat wohl niemanden abgekriegt. Die Masturbation ist und bleibt (meistens) ein einsames Geschäft.

Soweit wir uns erinnern – und soweit wir das aus Äußerungen männlicher Jugendlicher schließen können –, haben die meisten Jungen, trotz aller gutgemeinter Beschwichtigungen, erhebliche Probleme mit ihrer Selbstbefriedigung. Gefühle der Leere, Ernüchterung, Einsamkeit und nicht selten auch Wut und Haß gegen sich selbst kennen fast alle Jungen, nachdem sie onaniert haben. Auch wenn heute niemand mehr an Rückenmarksschwund als Folge von regelmäßiger Masturbation glaubt, kennt jeder das schlechte Gewissen «danach» und vor allem die Frustration, wieder seiner «Sucht» erlegen zu sein.

Die Ejakulationsfähigkeit gewinnt ab dem Beginn der Pubertät als Männlichkeitsbeweis eine große Bedeutung. Es hat den Anschein, daß bei Jungen und Männern dieser «Aufgabe» der Sexualität eine besondere Dringlichkeit zukommt, und dies um so unaufschiebbarer, je stärker sie in ihrem Selbstwertgefühl verunsichert sind. Ein junger Mann erinnert sich:

«Wir haben als Jungs ständig darüber geklagt, zuviel zu onanieren. Manchmal vier-, fünfmal am Tag, bis die Eichel völlig taub war und man breitbeinig aus der Toilette humpelte. Ich war manchmal regelrecht verzweifelt, weil ich das Gefühl hatte, meinen Onanierdrang nicht mehr kontrollieren zu können. Wenn ich mir ganz fest vornahm, einen Tag mal nicht zu onanieren, konnte ich meinen Vorsatz meistens nachmittags schon nicht mehr einhalten. Es war zum Auswachsen, wie eine Sucht. Ich brauchte bloß mal Langeweile haben oder Schwierigkeiten bei den Schulaufgaben, schon kam ich wieder auf dumme Gedanken. An Rückenmarksschwund habe ich nicht geglaubt, religiös war ich auch nicht, aber ich fühlte mich ausgeliefert. Hin und wieder gelang es mir, meistens wenn wir in Urlaub fuhren, eine oder sogar zwei Wochen nicht zu onanieren. In dieser Zeit fühlte ich mich gut, hatte viel um die Ohren, hatte genug zu tun und war abgelenkt. Zwei Wochen lang nicht zu wichsen war der Beweis, doch nicht plemplem zu sein. Danach ging's wie gewohnt weiter, bis zur nächsten erzwungenen Pause.»

Wenn Jungen zu Beginn der Pubertät ihre Männlichkeit auch im Bereich der geschlechtlichen Liebe beweisen wollen, erleben sie eine in ihren Auswirkungen nicht zu unterschätzende Niederlage: Die gleichaltrigen Mädchen orientieren sich vor allem an älteren Jungen. Die gleichaltrigen

Jungen erscheinen den Mädchen im Vergleich zu den Größeren, die vielleicht schon stolze Besitzer eines Mofas oder Mopeds sind, wie Kinder, die diesen Eindruck durch ihr oft albernes und rüpelhaftes Verhalten gegenüber den Mädchen noch bestärken.

Jungen haben in dieser Phase der Pubertät nur wenige Möglichkeiten, reale sexuelle Erfahrungen mit dem anderen Geschlecht zu sammeln. Die Vorliebe der Mädchen für ältere Jungen erleben viele als Kränkung ihres männlichen Selbstwertgefühls. Dieser für sie überraschenden Niederlage begegnen sie mit einer «Affektumkehrung», indem sie ihrer Verachtung der Mädchen (erneut) Ausdruck geben. Aus dem «Hohelied», das neuerlich in ihrem Innern klingt, wird: «Blöde Weiber, blöde Fotzen.» Barbara Vogt-Heyder schreibt über die Affektumkehrung: «Damit werden Liebe in Haß, Abhängigkeit in Revolte, Achtung und Bewunderung in Verachtung umgestaltet. Bei dieser umgekehrten Manifestationsform der Gefühle bleibt kaum Platz für Unabhängigkeit des Handelns oder des inneren Wachstums» (1983, S. 370).

Eine weitere Möglichkeit, den Schaden der Kränkung zu begrenzen, ergreifen Jungen, indem sie sich Situationen herbeiphantasieren, in denen sie ihre Männlichkeit erproben und beweisen können. Im Gegensatz zu Mädchen haben Jungen von Anfang an konkrete szenische Phantasien beim Masturbieren. Die sexuellen Phantasien dienen den Jungen auch zur Flucht vor dem identitätsverwirrenden Alltag. Die Masturbationsphantasien von Jungen und Männern haben nicht ohne Grund große Ähnlichkeit mit den szenischen Abläufen von Pornofilmen. Ein Mann «beichtete» uns folgendes:

«Angefangen hat das mit irgendwelchen dickbusigen Nachbarshausfrauen, Müttern von Freunden oder anderen erwachsenen Frauen. Die Vorstellung, von einer reifen Frau vernascht zu werden, war einfach irre. Irgendwer hatte einmal ein Pornoheft aufgetrieben, das reihum als Wichsvorlage gehandelt wurde. Die Abteilung Damenunterwäsche der Versandhauskataloge hat mich auch ganz schön angetörnt. Die Szenen waren eigentlich völlig absurd: Zum einen waren die Frauen – und später die Mädchen – immer völlig geil auf mich. Da gab es überhaupt keinen Zweifel dran. Ein Vorspiel gab es nicht. So schnell, wie es mir immer kam, mußte ich auch in den Phantasien gleich zur Sache kommen. Zierte sich eine Frau, war ihr ohnehin schwacher Widerstand schnell durchbrochen. Getrieben wurde es in allen erdenklichen Situationen. Vergewaltigungsphantasien, für die ich mir vorzugsweise häßliche Frauen aussuchte, oder solche, die mir nicht so wichtig waren, hatte ich auch. Die Frauen legten sich mir einfach reihenweise zu Füßen, ohne daß ich mich irgendwie produzieren oder beweisen mußte. Das war das genaue Gegenteil von dem, was die meisten von uns mit den Mädchen erlebten.»

Eine besonders verlockende Versuchung der Masturbationsphantasien besteht darin, den Verlauf der erotischen Begegnung sozusagen «in der Hand» zu haben. Bedrohliche Situationen können entschärft und Ängste abgewehrt werden. Sexuelles Versagen kommt in den Phantasien praktisch nicht vor. Jedes Objekt der Begierde ist ohne weiteres verfügbar, ohne daß die Gefahr besteht, abgewiesen zu werden. Wut, Enttäuschung und Haß können szenisch ausagiert werden, ohne die Opfer real zu gefährden. Was im Alltag vielen pubertierenden Jungen weitgehend versagt bleibt, wird plötzlich erlebbar: Macht und Potenz.

Sehnsucht, Liebe, regressive Wünsche, Angst und Ekel und alle damit verbundenen widersprüchlichen Empfindungen werden «spielerisch» inszeniert. Jungen phantasieren sich unentwegt Erlebnisse, die eine ich-stabilisierende Funktion haben, womit sie den gerade in dieser Zeit oft bedrohlich empfundenen Alltag entlasten. Natürlich gelingt das nicht immer, gerade wenn die Selbstbefriedigung von massiven Skrupeln begleitet ist und sich häufig Frustration einstellt. Das, was die Männlichkeit retten soll, ist gleichzeitig verpönt – immer noch. Was sie alle täglich tun, entwerten sie selbst im höchsten Maße. «Du Wichser» gehört zu den gefürchtetsten Schimpfwörtern unter Jungen – und Männern.

Wolfgang Utschick (1979) schreibt: «Es ist wahnsinnig, für Momente in solchen abgedunkelten Räumen zu verschwinden, um hinterher entleert ins Licht zu tappen, taumelig, schwindlig, ungeduldig, weil es immer wieder anfängt, dieses innere Kitzeln, aus dem es keinen Ausweg gibt» (S. 45) Der Augenblick «danach», wenn nach einem zügellosen Abenteuer nur die Badezimmerkacheln zu sehen sind, die Schwärze des Schlafzimmers oder der schmutzige Fußboden einer wo auch immer gelegenen Toilette, führt fast zwangsläufig zu einem Gefühl der Erniedrigung. In der Vergegenwärtigung solch unwirtlicher Orte, an denen Jungen ihre ersten sexuellen «Erlebnisse» haben, kann die Selbstbefriedigung ja nur etwas Armseliges darstellen. Später, wenn es dann darum geht, Erfahrungen mit Mädchen vorzuweisen, wird die Onanie schließlich zunehmend mit Unreife in Verbindung gebracht und mit Verachtung bedacht.

Ein Mann erzählte uns, daß er früher mit anderen Jungen zusammen onaniert hat. Er dürfte eine Ausnahme gewesen sein. Die meisten Jungen müssen mit den Konflikten alleine fertig werden. Die allmähliche Umwertung ihrer sexuellen Potenz erfahren Jungen jedoch in jedem Fall:

«Am Anfang hieß es immer: Wer kommt am schnellsten? Wer in einer Minute kommen konnte, galt als besonders potent. Ich weiß noch, wie ein Junge eines Tages ‹Katz und Maus› von Günther Grass mitbrachte und wir uns die Wichsszene auf dem Boot immer wieder gegenseitig vorlasen. Das war phantastisch, wie weit der mit dem großen Kehlkopf spritzen konnte. Einmal prahlten wir über unsere Schnelligkeit beim Onanieren, als plötzlich ein etwas älterer Junge sagte: ‹Pah, zwei Minuten und dann vorbei, da kannste ja noch nicht mal 'ne Frau befriedigen!› Ich erinnere mich noch genau an den Schock. Das war die Umkehrung dessen, was bisher Gültigkeit hatte. Wer zu schnell kam, war mit einemmal ein unerfahrener junger Spritzer. Jetzt kam es darauf an, die Techniken so weit zu verfeinern, daß der ganze Vorgang kontrolliert werden konnte. Uns allen war das ziemlich peinlich, und obwohl das niemand zugab, merkte man doch jedem an, wie er still zu rechnen begann.»

Man braucht sich nicht zu wundern, wenn sich viele Männer später beim Geschlechtsverkehr als «zu kontrolliert» vorkommen und «nicht abschalten» können. Wenn sich die sexuelle Erregung nicht auf den ganzen Körper ausbreiten kann, weil sie sich auf das Genital begrenzt, muß dessen Funktionieren ständig überwacht werden. Auch Günter Amendt (1979), einer der fortschrittlichsten Jugendaufklärer, läßt in seinem «Sex Buch» unter dem Stichwort Selbstbefriedigung nur das Mädchen auf Entdeckungsreise gehen. Während der männliche Protagonist Kai-Uwe lediglich ein paar Technikfakten herunterrattert und erklärt, daß alles easy ist («Ich habe im Stehen gewichst und im Liegen, kniend und hockend. Ich habe mir mit zwei Fingern einen runtergeholt und mit der Faust oder beidhändig. Egal wie, es hat mir immer Spaß gemacht», S. 17), darf Ulrike in der neuen Vielfalt ihrer Reize schwelgen:

«Ich hab also den Spiegel von der Wand genommen, auf den Fußboden gestellt und mich davorgesetzt. Ganz nah. Langsam begann ich mich vorzutasten ... Ich schob den Vorhang zur Seite; die Hautfalten, die man äußere oder große Schamlippen nennt ... Vorbei an den kleinen Schamlippen habe ich mich zielstrebig zur Kli‹doris› vorgetastet ... Als ich beispielsweise die flache Hand fest in die Spalte drückte, dabei die Schenkel zusammenpreßte und mit der Handkante langsam auf und ab fuhr, wurde mir ganz warm. Als ich meine Brust anfaßte, war sie fest, und die Nippel waren steif ... Dieses Gefühl stieg langsam an ...» (S. 25).

Und so weiter und so fort. Unabhängig davon, daß auch Ulrikes Bericht kaum der Realität der meisten Mädchen entspricht, zeigen die beiden Beispiele doch, daß eine Entdeckungsreise zum eigenen Körper für Jungen noch nicht einmal im Klischee vorgesehen ist. Aus Kai-Uwe spricht ein spezielles männliches Anforderungsdilemma: Er weiß wenig über seinen Körper, funktioniert aber supergut.

Wer dagegen schon von klein auf seinen Körper auf Leistung und Ausdauer getrimmt hat, dessen Wunsch nach Nähe zu männlichen Körpern fast ausgelöscht wurde, wer die wieder erwünschte sinnliche Nähe zu den Mädchen ausschließlich als Männlichkeitsbeweis zulassen kann und wem es nur durch die Stimulierung seines Gliedes gelingt, diesen Beweis zu führen, der wird körperliche Nähe stets schnell sexualisieren und auf seinen Penis beziehen.

Der Effekt von Masturbationsphantasien und Pornofilmen ist der gleiche: Sie täuschen Jungen und Männer über ihre emotionale Bedürftigkeit hinweg. In der Nähe des Weiblichen wird möglichst schnell ein Geschäft erledigt, um sich rasch wieder in Sicherheit zu bringen. Es gehört schon etwas mehr als ein beschwichtigendes Schulterklopfen und ein (väterliches) «Mach man, Junge!» dazu, einem Jungen die sinnliche Freude am ganzen, eigenen Körper, überhaupt an Körpern, zu ermöglichen. Die meisten Jungen bleiben bei der Entdeckungsreise zu ihrem Körper wie ihre Väter immer wieder an ihrem Penis hängen, um stets daran zu zweifeln, ob er auch groß und tüchtig genug ist.

Nichts gegen frühzeitige und ausgiebige Selbstbefriedigung, im Gegenteil. Ein Orgasmus tut gut. Und vielleicht auch nicht allein am stillen Örtchen. Jungen, die im Wald, nach dem Sportunterricht unter der Dusche oder sonstwo zusammen onanieren, haben die Möglichkeit, über ihre Skrupel und Ängste zu reden und zu erfahren, daß sie nicht allein damit stehen. Ein bißchen Geprahle darf dann ruhig dabeisein. Pubertierende Jungen, die ahnen oder wissen, daß ihre Eltern Spaß an der Sexualität haben, entdecken vielleicht eher als andere, daß der männliche Körper nicht nur aus Penis besteht und daß sich um jenen herum noch mehr Gelegenheiten bieten, sich etwas Gutes zu tun.

«Komm, ich zeig Dir was Schönes!»: Sexueller Mißbrauch an Jungen

> «Frage: Manuel, wie lange schaffst Du schon an?
> Junge: Ein halbes Jahr ungefähr, seit ich dreizehn bin.
> Frage: Jetzt bist Du aber schon sechzehn, das sind schon drei Jahre.
> Junge: Ja, das ist richtig... Ich merk mir die Zeit nicht so genau, die vergeht sowieso so schnell.»
> (Aus: Birgit Bader/Ellinor Lang: Stricherleben)

Eltern warnen ihre Kinder vor dem Mann mit der Bonbontüte, der am Spielplatz auf sein Opfer lauert: «Sprich nicht mit fremden Männern, nimm nichts von ihnen an, geh nicht mit ihnen weg...» Kaum jemand käme auf die Idee, seine Kinder zur Vorsicht im Umgang mit dem eigenen Vater, dem Onkel oder dem netten Nachbarn zu mahnen. Zwar ist vielen Eltern inzwischen bekannt, daß es weniger der böse, fremde Onkel ist, der Kinder sexuell mißbraucht, sondern eher der nahestehende, vertraute Angehörige oder ein anderer Erziehungsgewaltiger. Doch kaum jemand kann sich vorstellen, daß so etwas im eigenen Kreis geschieht.

Bis Ende der 80er Jahre dachte man beim Thema sexueller Mißbrauch automatisch an Mädchen, deren Väter ihnen heimlich nachstellen, an nahe Verwandte und Freunde, denen ihr Zutritt zur Familie den Zugriff auf die Mädchen ermöglicht.

Selbsthilfeprojekte und feministische Fachfrauen hatten seit Jahren auf die sexuelle Gewalt gegen Mädchen in den Familien aufmerksam gemacht und sich Gehör verschafft. Jungen, so wurde lange Zeit angenommen, waren nur in Ausnahmefällen von solchen sexuellen Übergriffen betroffen. Für sie schien höchstens der berüchtigte Pädophile mit der Bonbontüte gefährlich zu sein. Diese Vorstellung war falsch.

Wie so häufig hat in der Bundesrepublik eine US-amerikanische Entwicklung zeitversetzt stattgefunden: Vornehmlich Frauen, die sich um sexuell mißbrauchte Mädchen kümmerten, entdeckten immer häufiger, daß auch der Bruder des Mädchens betroffen war. Insbesondere kleine Jungen wurden als Opfer sexueller Gewalt lange Zeit übersehen. Als man in der Folge in Sozialeinrichtungen und Schulen das Thema direkt und behutsam ansprach und den Jungen Hilfe anbot, stieg ihr Anteil an den sexuell mißbrauchten Kindern sprunghaft auf bis 50 Prozent an (vgl. Eugene Porter, 1986). Nele Glöer/Irmgard Schmiedeskamp-Böhler (1990) und vor allem Dirk Bange (1989, 1990, 1991) haben in der Bundesrepublik den Anfang gemacht und die Wahrnehmung auf die Jungen geschärft. Seitdem steigt die Zahl der aufgedeckten Mißbrauchsfälle an Jungen.

Absolut verläßliche Zahlen über das Ausmaß an sexueller Gewalt gegen Mädchen und Jungen gibt es allerdings bis heute nicht. Die Schätzungen belaufen sich auf 60000 (Michael C. Baurmann, 1990) bis 300000 (Barbara Kavemann und Ingrid Lohstöter, 1985) sexuell mißbrauchte Kinder jährlich – je nachdem, was als «sexueller Mißbrauch» definiert wird. Nach den langjährigen Erfahrungen der Kontakt- und Informationsstelle für sexuell mißbrauchte Mädchen und Jungen «Zartbitter e. V.» in Köln (vgl. Ursula Enders, 1990) werden Jungen im Gegensatz zu Mädchen häufiger außerhalb des engsten Familienkreises mißbraucht. Die Täter sind überwiegend heterosexuell lebende Männer. Keineswegs Fremde, sondern Erwachsene, denen die Jungen Vertrauen schenken: Freunde der Eltern, Lehrer, Jugendgruppenleiter, wichtige Bezugspersonen, die das vitale Bedürfnis der Kinder nach Zuwendung und Nähe ausnutzen. Bei Kindern unter sechs Jahren, heißt es in Fachkreisen, sollen Mädchen und Jungen fast gleich häufig betroffen sein, während Mädchen von der Einschulung bis zum Jugendalter nach wie vor als erheblich gefährdeter gelten. Allerdings werden in der Regel bei solchen Überlegungen die Opfer in Bereichen wie Jugendpornographie und Jugendprostitution nicht berücksichtigt. Zudem liegen im Hinblick auf sexuellem Mißbrauch weite Felder der klassischen Jungenpädagogik (Heime, Internate, bündische Gruppen usw.) noch im dunkeln.

Seitdem sexuell mißbrauchte Jungen auch bei uns Thema geworden sind, tauchen auch Frauen als Täterinnen auf: Mütter, Schwestern, Tanten, Erzieherinnen, Babysitter usw. Wie hoch ihr Anteil an den Täterinnen ist, läßt sich jedoch ebenfalls nicht genau ermitteln. David Finkelhor (1984) geht von 10 bis 16 Prozent aus, Jörg Fegert (1989) von «weit unter zehn». Auf Fachtagungen ist inzwischen – was Jungen anbetrifft – auch schon mal von 20 bis 30 Prozent Täterinnen die Rede.

In Gesprächen mit Männern aus Erwachsenen-Selbsthilfegruppen wird deutlich, daß ein sexueller Mißbrauch durch eine Frau einen Jungen ebenso seelisch beeinträchtigt wie ein Mißbrauch durch einen Mann. Nicht wenige Frauen bewegen sich an der Schwelle zum sexuellen Übergriff, wie beispielsweise eine Mutter, die ihren Sohn aus *eigenen* Beweggründen jeden Abend zu sich ins Bett nimmt, sei es als Abstandshalter zum Mann, oder um in Ermangelung eines erwachsenen Partners wenigstens ein bißchen Wärme zu bekommen. Auch eine Erzieherin, die sich auf der Toilette über einen Jungen beugt, *nur* um zu kontrollieren, ob er auch wirklich pinkeln muß, nachdem er schon dreimal rausgegangen war, kann eine intime Grenze verletzen. Die Tante, die ihrem Neffen jedesmal, wenn er aus dem Badezimmer kommt, mit einem süffisanten Grinsen fragt, ob er sich auch «den Popo» gewaschen habe, wird ihn in jedem Fall peinlich berühren. Nicht selten sind Mütter als mehr oder weniger bewußte Mitwisserinnen indirekt oder auch direkt in die Situation verstrickt.

Auch Männer treten häufig in Grauzonen zum sexuellen Übergriff in Erscheinung. Der Onkel, der seinem Neffen unentwegt dreckige Witze erzählt, von denen der Kleine lediglich «versteht», daß es sich um etwas Gemeines und Lächerliches drehen muß, mißbraucht die Nähe zu dem Jungen.

Und was die Jungenpornographie anbetrifft: Es ist kriminell, Jungen zum Modellstehen für Pornohefte anzuwerben. Sie abzulichten ist ein Angriff auf ihre sexuelle Integrität und seelische Unversehrtheit. Pädophilenpornos sind *Dokumente* eines sexuellen Mißbrauchs an kleinen Jungen, schreckliche «Beweise», mit denen die betroffenen Kinder mundtot gemacht werden.

Jungen widerfährt nicht nur von Erwachsenen sexuelle Gewalt, sondern auch von gleichaltrigen oder nur wenig älteren Geschlechtsgenossen. Bevorzugte Opfer sind kleine und schwache Jungen, die ohnehin ständig Gefahr laufen, die Gewalt der «Brüderhorde» abzubekommen. In der Hierarchie einer Gruppe stehen diese Jungen meist ganz unten.

Jungen und Männer gebrauchen untereinander das Mittel der sexuellen Erniedrigung, um ihre Macht zu demonstrieren und ihren Rang innerhalb der Hackordnung sicherzustellen.

Zwei Literaturzitate: Peter Jekir war als Minderjähriger unter Stalin in einem Jugendgefängnis eingesperrt. Mascha, das Opfer, war elf Jahre alt:

«Einer hatte sein Brot bis zum Abend aufgehoben, dann fragte er den hungrigen Mascha: ‹Willst du was zu fressen haben?› Der bejahte. ‹Dann zieh die Hose aus.› Es geschah vor unser aller Augen in einer Ecke, die vom Spion in der Tür aus schwer einzusehen war. Niemand fand etwas dabei, und ich tat so, als sei das auch für mich nichts Befremdliches. Solche Szenen gab es sehr häufig. Es waren immer dieselben, die die passive Rolle übernehmen mußten, und ihnen als Parias war es nicht erlaubt, aus dem gemeinsamen Becher zu trinken.» (1974, S. 282)

Hans Eppendorfer beschreibt Szenen aus dem Jugendknast, in den er als 17jähriger wegen Mordes kam:

«Da waren beispielsweise im Nachtdienst einige Beamte, die sich in den Arrestzellen von irgendwelchen Gefangenen einen blasen ließen und denen dafür Tabak gaben. Oder schnell mal einen wegstecken mit Spucke. Ein paar Sados waren auch dabei, die machten es dann auf die harte Tour und quälten ein bißchen. Splitternackt ausziehen und dann Trockenfick. Die fuhren richtig darauf ab. Kam drauf an, wer Nachtwache hatte. Waren richtige Säue darunter, die den Jungs vor dem Fick noch den Gummiknüppel reinschoben. Nur so zum Spaß, um ihnen weh zu tun.» (1987, S. 58)

Daß solche sexuellen Mißhandlungen nicht nur im Knast oder in Heimen vorkommen, zeigt das Beispiel eines heute 40jährigen Mannes, der uns von seinen Erlebnissen als Achtjähriger erzählte. Er war damals ein kränklicher Junge, weshalb ihn seine Eltern zur Luftveränderung in eine andere Stadt zur Familie seines Patenonkels schickten. Dort traf er auf seinen drei Jahre älteren Vetter:

«Wir haben viele schöne Dinge unternommen wie Streifzüge durch die Umgebung und Seifenkisten bauen, aber bald fing mein Vetter an, mich zu schlagen, wenn seine Eltern nicht da waren. Wenn die Tante und der Onkel abends ins Kino gingen, wußte ich schon, was auf mich zukam: Ich mußte mich über den Sessel legen, und mein Vetter schlug mit allen möglichen Gegenständen, einmal auch mit einem Schürhaken, auf mich ein. Einmal sagte er: ‹Ich hab da neulich so was Komisches erlebt mit meinem Vater, das möchte ich dir mal zeigen. Wir haben eine Show gesehen, in der die Leute nackt rumliefen und sich die Pimmel in den Hintern steckten. Ich fand das zwar ziemlich eklig, aber wir können das ja auch mal machen.› Die Vorstellung, daß er sein Glied in meinen Hintern stecken würde, war schrecklich, aber ich hatte Angst vor seinen Schlägen, falls ich nicht mitmachen würde.»

Als seine Tante die Striemen an seinem Körper bemerkte, gab sie sich mit der Erklärung zufrieden, daß ein Junge aus der Schule ihn geschlagen habe. Heute glaubt er, daß die Tante damals ihren Sohn gedeckt hat. Acht Monate blieb er bei seinen Vewandten, ohne jemandem von seinen Qualen zu erzählen. Er war davon überzeugt, daß ihm niemand glauben würde. Gewehrt hat er sich gegen seinen Vetter nicht: «Zum einen war er ein ziemlich kräftiger Junge, und ich war so ein kleiner Schmachthaken, und dann, ja, mein Vetter war auch der einzige Spielfreund, den ich damals hatte, und für mich war klar: Ich bin jetzt hier und muß das irgendwie durchhalten.»

Auch für Jungen wird der sexuelle Mißbrauch bald zum «bestgehüteten

Geheimnis» ihres Lebens. Und wie die Mädchen haben sie dafür viele Gründe, wie überhaupt die Leiden von Jungen und Mädchen unter einem sexuellen Mißbrauch mehr Gemeinsamkeiten als Unterschiede aufweisen. Sexuell mißbrauchte Kinder müssen mit dem Schock fertig werden, daß ein Mensch ihnen Leid angetan hat, der ihnen viel bedeutet oder den sie lieben. Aus Angst, seine Zuneigung zu verlieren, aus dem Schuldgefühl, den Täter zu einer verbotenen Handlung verführt zu haben, und aus Hilflosigkeit schweigen sie. Ein Junge, der sexuell mißbraucht wurde, muß sich zusätzlich – so traurig das klingt – mit der Tatsache auseinandersetzen, wie ein Mädchen behandelt worden zu sein, weil er sich schwach und passiv verhalten hat.

Ein Junge, der sich hilfesuchend an Erwachsene wendet, muß nicht nur Angst davor haben, daß ihn die Eltern zukünftig an die kurze Leine nehmen und aus seinem Freundeskreis herausbrechen – ein von betroffenen Jungen häufig genannter Grund, weshalb sie lange nichts erzählt haben. Ein Junge muß auch befürchten, daß die Eltern an seiner Männlichkeit zweifeln. Was ein «anständiger Junge» ist, der wehrt sich, der läßt nicht so einfach etwas mit sich geschehen, der unterliegt nicht, denn er behält stets die Oberhand. Und schon gar nicht läßt er sich «anfassen». Er ist doch nicht schwul!

Angst, homosexuell zu sein, haben Jungen dann, wenn ihnen die Zuwendung des männlichen anderen gefallen hat und sie sogar sexuell erregt waren. Gibt sich der Täter ansonsten nur mit Mädchen oder Frauen ab oder ist er verheiratet und hat er Kinder, kann er in den Augen des Jungen nicht schwul sein. Deshalb muß der Junge dies von sich selbst annehmen. Er glaubt, den Täter «provoziert» zu haben. Wurde der Junge von einer Frau mißbraucht und hat er keine sexuelle Erregung, sondern vielleicht sogar Ekel verspürt, wird er möglicherweise zum gleichen Schluß kommen. Die Freiburger Diplompsychologin Nele Glöer schreibt: «Die Jungen fürchten sich vor dem Stigma der Homosexualität, wenn sie von sexuellen Mißbrauchshandlungen berichten. Eltern leugnen den Mißbrauch ihres Sohnes aus Angst, ihr Sohn gelte als homosexuell, und selbst Tätern scheint es leichter zu fallen, den sexuellen Mißbrauch von Mädchen zuzugeben als den Mißbrauch von Jungen» (1989, S. 13).

Man muß auch davon ausgehen, daß Jungen schon von «pädophilen perversen Lustmonstern» gelesen oder gehört haben. Von möglicherweise «so einem» angefaßt worden zu sein ist für sie ein Grund mehr, sich niemandem anzuvertrauen.

Der sexuelle Mißbrauch bedeutet für Jungen häufig eine eklatante Verletzung ihrer Geschlechtsidentität. Jede Situation in ihrem weiteren Leben, in der eine Niederlage droht, kann die alte Erinnerung wachrufen. Der Mann, der als Achtjähriger von seinem Vetter mißhandelt wurde, schilderte uns die Folgen:

«Ich habe erst sehr spät gelernt, daß ich für mich unerträgliche Situationen nicht unbedingt lange aushalten muß und ich auch mal sagen kann: Jetzt ist Schluß, Ende, ich will nicht mehr. Ohnmachtssituationen und das Gefühl, jemandem ausgeliefert zu sein, waren für mich immer ein Alptraum. Ich wollte mich zum Beispiel auch als Erwachsener bei einer Schneeballschlacht nie einseifen lassen, weil ich es nicht ertrug, noch mal der Unterlegene zu sein. Ich habe dann immer ganz scharf reagiert, und die Leute, die ja nur mit mir spielen wollten, verstanden überhaupt nicht, daß das für mich gleich eine Ernstsituation war.»

Viele Jungen versuchen durch erhöhte Aggressivität, das Mißbrauchserlebnis zu verarbeiten und damit den Defekt an der Geschlechtsidentität zu «reparieren». Ihre Gewalt richten sie entweder gegen andere, noch schwächere Jungen, um auch einmal der Überlegene zu sein, oder – häufig auch sexuell gefärbt – gegen Mädchen, damit jeder sieht, daß sie nicht schwul sind. Schwäche gilt als das, was den sexuellen Mißbrauch an ihnen erst ermöglicht hat.

Manche Jungen werden als Jugendliche und Erwachsene selbst zu Tätern, die Kinder oft in der gleichen Weise mißbrauchen, wie sie es selbst erlebt haben: dieselben sexuellen Handlungen, ähnliche Orte, der gleiche Altersunterschied. Selbst im therapeutischen Gespräch fällt es den Tätern oft sehr schwer, den am eigenen Leib erfahrenen Mißbrauch einzugestehen. Häufig können sie sich in keiner Weise in ihre Opfer einfühlen (vgl. Nele Glöer 1989, S. 15).

Mit der pädophilen Handlung versuchen viele Täter, den an ihnen einmal angerichteten Schaden auszugleichen, was ihnen nur gegenüber Kleineren und Schwächeren möglich ist. Der Identitätsdefekt muß nicht in jedem Fall durch einen sexuellen Mißbrauch verursacht worden sein. Jede traumatisch erlebte Ohnmachtssituation in der Kindheit kann zu späteren (aggressiven) Machtdemonstrationen führen. Es fällt schwer, die sogenannten normalen, weil verheirateten und vornehmlich heterosexuell lebenden Täter von den als pädophil diagnostizierten Mißbrauchern zu unterscheiden. Es stellt sich die Frage, ob nicht jeder, der ein Kind sexuell mißbraucht, im klinischen Sinn ein pädophiles Symptom aufweist. Viele Pädaphile sind verheiratet und leben außerhalb ihres perversen Symptoms ein normales, sozial integriertes Leben.

Uns verwundert, daß bei der Diskussion über den sexuellen Mißbrauch an Mädchen von Pädophilie nie die Rede ist. Der Hinweis auf die angebliche Normalität der Täter fehlt in keiner feministischen Veröffentlichung zum Thema. Es hat den Anschein, daß die mögliche Persönlichkeitsstörung des mißbrauchenden Mannes nicht wahrgenommen werden soll, um den Beweis führen zu können, wie «pervers» Männlichkeit, Männlichkeit überhaupt, ist. Sich mit der psychischen Dynamik der Täter zu befassen gerät besonders in feministischen Kreisen schnell unter den Verdacht, die Mißbraucher entschuldigen zu wollen. Dieses Tabu verhindert jedoch, die innere Dramatik des sexuellen Mißbrauchs an Kindern in ihrer Gesamtheit zu verstehen, und trägt nicht zuletzt dazu bei, Jungen als *Opfer* sexueller Gewalt zu übersehen.

Erwachsene Täter können einem Jungen durchaus – zumindest eine Zeitlang – etwas geben, was er ansonsten schmerzlich entbehrt: Zärtlichkeit, liebevolle Zuwendung, die Bestätigung seiner Geschlechtsidentität, überhaupt Interesse an seiner Person. Mit dem Vater zu schmusen, einen großen männlichen Körper nah, warm und schützend zu erleben gehört zu den fundamentalen Körpererfahrungen von Jungen. Verwehrt ein Vater seinem Sohn die zärtliche Nähe, weil er fürchtet, ihn sonst zu verweichlichen oder weil ihm der liebevolle Körperkontakt selbst nicht ganz koscher ist, muß bei dem Jungen fast zwangsläufig ein Defizit an Zuwendung entstehen, zumal es bei älteren Jungen zusätzlich gegen das Männlichkeitsgebot verstößt, noch mit der Mutter zu schmusen.

Ein weiterer Mann erzählte uns ein Mißbrauchserlebnis, bei dem er zwölf Jahre alt war. Der Täter, ein Vorgesetzter seines Vaters und mehr als 40 Jahre älter als der Junge, war verheiratet, hatte selbst Kinder und erfüllte dem 12jährigen jeden Wunsch. Die Eltern sahen es gerne: «Sie brauchten sich dann nicht mehr so um mich zu kümmern, wie sie das als Eltern vielleicht hätten tun müssen.» Und weiter berichtet er:

«Es fing damit an, daß ich öfter die Wochenenden bei dem Täter auf einem Campingplatz verbrachte. Er zeigte mir, wie man angelt, ein Zelt aufbaut, und er bezahlte mir sogar das Segeln. Irgendwann waren wir einmal ein Wochenende alleine, und so kam es, daß wir abends zusammen im Bett lagen und er anfing, mich zu streicheln. Er sagte: ‹Ich will dir noch was ganz Schönes zeigen.› Er nahm meinen Penis in den Mund und streichelte mich so lange, bis ich zum Orgasmus kam. Ich fand das sehr angenehm, weil das ja auch noch niemand bei mir gemacht hatte, und war völlig von den Gefühlen überwältigt. Aber dann sagte er, daß ich es auch bei ihm machen sollte. Ich war zwar auch neugierig, aber als er dann zum Samenerguß kam und der Samen in meinem Mund drin war, kam so ein würgendes Gefühl hoch, ein Ekel, daß ich das gleich wieder ausspuckte, allerdings so, daß er's nicht merkte. Ich hatte Angst, er würde mir sagen: Stell dich doch nicht so an. Später kam es auch zum Analverkehr, was ich bei ihm auch angenehm fand. Als er es aber bei mir machte, war es einfach zu eng, zu verkrampft.»

Angst, daß er schwul sein könnte, hatte er damals nicht. Möglicherweise fühlte er sich dem Mann in mancher Hinsicht auch überlegen, schließlich «bezahlte» der ihm alles. Während des zwei Jahre dauernden Mißbrauchs koppelte der Junge seine Gefühle in eine Phantasiewelt ab und versuchte, unangenehme Empfindungen möglichst zu verdrängen: «Bei mir wirkte sich das in eine Art geistiger Nebel aus. Irgendwie habe ich mich emotional abgetötet.» Als er fünfzehn wurde und begann, Kontakt zu Mädchen zu suchen, wurde das Verhältnis beendet.
Vor ein paar Jahren besuchte er mit seiner Freundin einige Male den alten Campingplatz und erkrankte anschließend immer an einer Angina. Als er seiner Freundin an einem Morgen die ganze Geschichte erzählte, war die Angina am nächsten Tag verschwunden.

Zu den möglichen Folgen für sexuell mißbrauchte Jungen zählen alle Arten von Verhaltensauffälligkeiten, die grundsätzlich anzeigen, daß ein Junge sich in einer Notsituation befindet: Angstzustände, Depressionen, Selbstmordmotive, Autoaggressionen, Schulschwierigkeiten und vielfältige psychosomatische Erkrankungen. Als eine ausgesprochene mißbrauchsspezifische Reaktion gilt die Prostitution. Viele Stricher haben eine «Heimkarriere» hinter sich und sind in ihrer Kindheit in erdrückendem Maße Trennung, Einsamkeit und (sexueller) Gewalt ausgesetzt gewesen. Oft ist die Prostitution für Jungen, von denen nicht wenige schon im Alter von neun, zehn Jahren auf dem Strich gehandelt werden, die Fortsetzung von dem, was sie «zu Hause» erlebt haben. Jetzt aber bekommen sie Geld dafür und dürfen von einem bißchen würdevolleren Leben träumen. Für Stricher bedeutet ihr «Job» zudem manchmal die einzige Möglichkeit, sich auch einmal gegenüber einem Erwachsenen überlegen zu *fühlen* und dabei vielleicht auch schon ein wenig Zuwendung abzubekommen. Und wenn sie nicht früher schon sexuell mißbraucht worden sind, dann werden sie es *durch* ihren Gelderwerb. Dennoch werden sie auch im Vorwort des ansonsten sehr lesenswerten Buchs «Stricherleben» von Birgit Bader und Ellinor Lang leichtfertig mit ihren Freiern *gleichgesetzt*: «Es ist jedoch kein Buch über sexuellen ‹Mißbrauch› im Sinne einseitiger und vorschneller Schuldzuweisung, sondern eher über sexuellen ‹Gebrauch› von Knaben und Männern, die – männlich sozialisiert – neben der Lust einander auch versuchen, einander dessen zu berauben, was der jeweils andere hat: Macht, Geld und Jugend. Sie sind beide Opfer und Täter im gleichen Moment.»

Wir haben viele Günde zusammengetragen, weshalb sich lange Zeit kaum jemand vorstellen konnte, daß auch Jungen sexuell mißbraucht werden. Es war (und ist) ein besonders krasser Ausdruck dafür, Jungen nicht auch als *Opfer* sehen zu wollen oder zu können. Der sexuelle Mißbrauch ist nur schwer mit dem Klischee des stets wehrhaften männlichen Geschlechts in Einklang zu bringen.

Es wurde Zeit, das Thema in Jugendeinrichtungen, an Schulen und überall dort, wo Kinder zusammenkommen und Erwachsene mit ihnen arbeiten, zur Sprache zu bringen. Gute Kinderbücher wie «Schön blöd» (Ursula Enders / Dorothee Wolters, 1991) sind erschienen, die *beide* kleinen Geschlechter im Auge haben, Tagungen und Forschungsprojekte wurden initiiert, die auch sexuell mißbrauchte Jungen zum Thema haben. Gleichzeitig hat aber auch die Ratlosigkeit vieler HelferInnen zugenommen. Eine Heimleiterin berichtete uns, daß die Jugendämter inzwischen häufig anfragen, ob die Einrichtung einen sexuell mißbrauchten Jungen aufnehmen könne. Ihr Heim lehne das jedoch ab, solange nicht ein Mitarbeiter bereit und in der Lage sei, mit diesem Jungen zu arbeiten. Kein Mensch wisse, wie man mit ihnen umgehen soll.

Zu der Ratlosigkeit hat sich eine diffuse Angst *vor* sexuell mißbrauchten Jungen gesellt. Vielen HelferInnen fällt es nach wie vor ausgesprochen schwer, selbst in einem sexuell mißbrauchten Jungen zunächst einmal *nur* ein Opfer zu sehen. In Gesprächen mit Fachleuten stellt man immer wieder fest, daß die Arbeit mit den Jungen vor allem unter den Bereich «Prävention» gefaßt wird, da es zu verhindern gelte, daß aus einem sexuell mißbrauchten Jungen später einmal ein Täter wird. Dabei schlägt die übergroße Mehrheit der betroffenen Jungen diese Entwicklung *nicht* ein. Unabhängig davon, daß die Probleme der HelferInnen sicherlich nachvollziehbar sind, wird auch hier deutlich, wie schwer Jungen es gemacht wird, einfach Opfer zu sein.

Gleichzeitig laufen die Erwachsenen Gefahr, sämtliche Reaktionen und Bewältigungsversuche der Jungen als direkte und spezifische Folge des Mißbrauchs zu interpretieren, ohne zu bedenken, daß sich ein Junge mit seiner Verhaltensauffälligkeit durchaus im Rahmen seiner erlernten Geschlechterrolle und damit völlig «normal» verhalten kann. Man muß berücksichtigen, daß einige der Jungen möglicherweise nie gelernt haben, mit bedrängenden Situationen anders als abwehrend, zum Beispiel aggressiv, umzugehen. Für mißbrauchte Jungen nehmen viele Probleme überhand, die andere Jungen auch haben, aber «irgendwie» im Gleichgewicht halten können (und sei es durch Gewalt). Mißbrauchte Jungen können uns deutlich machen, wie schwierig, anfällig, leidvoll und fragwürdig unser Entwurf von Männlichkeit ist.

Jungen schützt und heilt man wie Mädchen aber nicht nur dadurch, indem man sie selbstbewußt werden läßt und ihnen Kraft gibt, nein sagen zu können, sondern auch und vor allem dadurch, daß man ihnen gibt, was sie brauchen – und schon lange entbehrt haben. Vielleicht ist das Bild von dem Mann mit der Bonbontüte gar nicht so falsch.

«Du schwule Sau!»:
Die Angst vor der Homosexualität

> «Wenn meine Eltern irgendwann einmal dazu stehen können,
> was für mich das Schönste überhaupt wäre, dann wär's mir auch
> ganz egal, ob alle wüßten, daß ich schwul bin.»
> (P., Anfang zwanzig, in einem Gespräch)

> «Ich bin cool,
> Du bist schwul.»
> (Spruch)

Wenn moderne Männer über Homosexualität reden, schlagen sie einen
ernsten Ton an und lassen keinen Zweifel aufkommen, daß sie selbstverständlich nichts gegen Schwule haben. Ein paar Schwule im Bekanntenkreis, vielleicht noch eine Lesbe – na und! Die moralische Entrüstung
über die Schwulenfeindlichkeit dieser Gesellschaft gehört zum liberalen
Image. Und wenn sich einmal eine Gelegenheit böte – wer weiß…?!
Das meiste davon ist gelogen oder zumindest unaufrichtig. Auch wir haben uns schon oft dabei ertappt, unangenehme Gefühle in Gegenwart
eines Schwulen entweder schleunigst zu verdrängen oder mit der Erleichterung zu registrieren, doch ganz normal, also resistent gegen männliche
Verführung zu sein. Auch haben wir uns schon im stillen Begehren eines
homosexuellen Freundes gesonnt, wohl wissend, daß wir ihn leider enttäuschen müssen. Baden, ohne naß zu werden, nennt man das.
Also keine scheinheiligen Lippenbekenntnisse, obwohl es gerade hier einfach wäre, den Fortschrittlichen raushängen zu lassen. Wer als Heterosexueller auch mal eine homosexuelle Erfahrung machen will, der soll sie
machen. Wessen Unbehagen bei dieser Vorstellung zu groß ist, der sollte es
bleiben lassen.

Wir halten die Homosexualität für etwas, das bei einem anderen Menschen genausowenig und genausoviel Schaden anrichten kann wie die He-
terosexualität. Aus diesem Grund ist es eigentlich ziemlich müßig, sich
mit den möglichen Ursachen von Homosexualität als manifester Orientierung zu beschäftigen. Nur soviel: Alan P. Bell und sein Team vom US-
amerikanischen Alfred C. Kinsey-Institut führten Ende der 70er Jahre
eine vergleichende Untersuchung über die sexuelle Orientierung und die
Partnerwahl Homo- und Heterosexueller durch. Die Untersuchungsergebnisse zeigten, daß homosexuelle Männer im Vergleich zu hetero-

sexuellen Männern insgesamt keine außergewöhnlichen Mutter-Sohn-
oder Vater-Sohn-Beziehungen hatten, und auch wenn Eltern lieber ein
Mädchen als einen Jungen haben wollten, hatte dies keinen Einfluß auf
die schon frühzeitig richtungsgebundenen sexuellen Empfindungen ihrer
Kinder. Beide befragten Gruppen berichteten von sexuellen Erlebnissen
mit gleichgeschlechtlichen *und* gegengeschlechtlichen Partnern in ihrer
Kindheit. Die Heterosexuellen machten sogar häufiger als die Homosexuellen ihre ersten sexuellen Erfahrungen mit einem Jungen. «Die sexuelle Präferenz ist in ihren tiefsten Aspekten keine Angelegenheit der
Wahl», schreiben die Autoren (1980, S. 251).

Vieles deutet darauf hin, daß die manifeste Homosexualität angeboren
ist. Wir belassen es auch dabei, uns interessiert vielmehr die Angst der
Menschen, ob homosexuell oder heterosexuell, *vor* der Homosexualität.
Ein Mann schildert uns folgende Erlebnisse:

«Ich habe mich immer auf die Seite der Mädchen geschlagen. Die fand ich
auch viel interessanter. Die Jungs waren blöd, die standen in den Pausen immer nur rum, machten sich doof an und laberten nur über Fußball. Ab und zu
mal eine Schlägerei, und dann war wieder Schicht und die Pause auch um. Bei

den Mädchen ging's querbeet durch alle möglichen Gebiete. Die sprachen über die neuesten Zeitschriften, über ihre Lieblingsstars. Nur wenn es um so typische Mädchenthemen ging wie: ‹Ich hab meine Tage›, da kam bei mir der Riegel davor. Es gab auch richtige Rivalenkämpfe unter den Mädchen, weil einige von denen an mir interessiert waren. Ich fand das toll.»

Seine Mitschüler ließen ihn diesen Verrat spüren:

«Weil ich in den Pausen immer mit den Mädchen zusammenstand, wurde ich eine Zeitlang als Schwuler bezeichnet. Und dann war ich noch vom Notendurchschnitt her zeitweise der Beste in der Klasse. Die wollten mich fertigmachen. Für mich war's die Hölle. Auf dem Schulhof schrien die: ‹Ah, guck mal, da kommt der Mann vom anderen Ufer.› Oder steig mal mittags in den vollbesetzten Bus, du löst deine Fahrkarte, und alle schreien los: ‹Guckt euch bloß die schwule Sau an.›»

Als Gegenreaktion entwickelte er einen «totalen Männlichkeitswahn», benutzte kein Rasierwasser mehr, um Pickel zu kriegen, fönte sich nicht mehr wie zuvor die Haare, ließ sich «verkommen» und «lief immer in den letzten Klamotten rum, bloß um den Leuten kein Indiz dafür zu liefern, daß ich eventuell schwul sein könnte». Dann überlegte er sich, daß es das beste sei, nicht mehr auf die Attacken zu reagieren. Ein Mitschüler, dem es einmal ähnlich ergangen war, hatte es so gemacht:

«Bloß weil er mal in einer ‹Sexy› sich einen nackten Mann länger angeguckt hatte. Seitdem hieß der nur noch Schwuli. Das hat den total fertiggemacht. Das war nicht zu übersehen. Im Turnunterricht hieß es: ‹Ey, Schwuli, schieß mal den Ball rüber.› Und dann laut durch die Halle, und der Lehrer steht dabei und sagt nichts. Tut so, als hätte er nichts gehört. Das machte die Sache noch schlimmer. Zuerst hat er sich dagegen gewehrt, nachher hat er's bleiben lassen, und dann schlief das auch ein.»

Einen Jungen mit «Du schwule Sau» zu beschimpfen, gehört zu dem Schlimmsten, was andere Jungen ihm antun können. Dabei weiß kein Junge genau, was schwul sein wirklich bedeutet. Die Botschaft, die in dem Schimpfwort steckt, ist nicht, daß zwei männliche Wesen sich lieben. Söhne lieben ihre Väter und ihre Freunde. Die vernichtende Wirkung dieser Gehässigkeit beruht vielmehr auf der Vorstellung, daß ein «Schwuli» nicht nur kein richtiger, sondern *gar kein* Junge ist. Jungen belegen mit dem Schimpfwort «schwul» alles, was sie als unmännlich erleben. Irgendwer in der Klasse führt das Wort ein, und die Panik, als schwul bezeichnet zu werden, breitet sich aus, als gäbe es dafür einen genetischen Befehl. Der Boden muß gut vorbereitet sein, damit sich diese Angst so mächtig und mit solch ungeheurer Präzision entfalten kann.

Das Tabu und die Verfolgung der Homosexualität sind alt. Wer sie für eine krankhafte Abweichung vom Normalen hält, weiß sich auf der Seite der Mehrheit, ohne seine Abneigung in irgendeiner Form rechtfertigen zu müssen. Das Übliche ist das Natürliche. Kämpfer gegen die Schwulenhatz wie Carl Heinrich Ulrichs und Magnus Hirschfeld scheiterten Mitte des 19. und Anfang des 20. Jahrhunderts mit dem Versuch, den Homosexuellen ein «drittes Geschlecht» zwischen Mann und Frau zu bescheinigen, um den Rest der Menschheit davon zu überzeugen, daß die Verfolgung der männlichen Liebe «grausam, ungerecht und sinnlos» sei (vgl. Gunter Schmidt 1986, S. 112). Der Schuß ging nach hinten los: Aus dem zu tolerierenden «Spiel der Natur» machten ihre Gegner «psychische Mißgeburten» und «arme weibliche Seelen, die im männlichen Körper schmachten» (S. 115), womit sie dem Volksempfinden ebenso Ausdruck verliehen wie in den 60er Jahren noch Hans von Hentig (1966), der den Eindruck erweckte, daß Schwule noch nicht einmal richtige Menschen seien: «Wie beim Tier der Nestbau oder die Wahl der Ausstattung der Höhle, so muß auch beim Homophilen die Wohnungseinrichtung als symptomatisch angesehen werden» (S. 80). Viel hat sich daran bis heute nicht geändert. Zu tief sitzt die Angst der Männer – und ihrer Söhne –, weiblich identifiziert und damit in ihrer Geschlechtsidentität in Frage gestellt zu werden.

Ein geläufiges Synonym für «schwule Sau» ist das Wort «Arschficker». Das ist insofern seltsam, als der Analverkehr unter Heterosexuellen zu den durchaus üblichen Sexualpraktiken gehört. Aber auch hier geht es weniger darum, daß es Männer miteinander treiben. Der Haß und der Ekel gelten vielmehr ausschließlich demjenigen, der sich «arschficken» *läßt*, dem Passiven, der als Mann unverzeihlicherweise die «Position» einer Frau einnimmt. Nicht nur die drohende AIDS-Gefahr erschwert es heute einem homosexuellen Jugendlichen, sein «coming-out» zu schaffen, sondern insbesondere das, was jeder Junge, der eine wie der andere, lernt. P. in einem Interview:

«Ich habe mir vor einer Weile ein paar Bücher angeguckt. Da waren auch einige sehr schöne, ästhetische Bilder über Sex drin, aber sie stießen selbst mich ab, obwohl ich schwul bin. Ich hatte bis dahin noch keinen sexuellen Kontakt gehabt. Nach allem, was man so hörte von Arschficken und so weiter, war ich doch sehr skeptisch. Das würde mir heute nicht mehr passieren, aber frage mal einen Heterosexuellen, wie auf ihn solche Bilder wirken. Es ist ja nicht so, daß du als Schwuler diesen ganzen Vorurteilen nicht unterlegen bist.»

Es ist nicht tautologisch gemeint, wenn wir davon ausgehen, daß es Schwulen in der Sexualität um den ganzen Mann geht, das heißt: um den «richtigen» Mann. Die sogenannten «Schwuchteln», denen in aller Regel der häßlichste Spott – selbst in der Schwulenszene – zuteil wird, und die «Ledermänner» in martialischen Uniformen haben gemeinsam, daß sie ein Mannsbild begehren, wie es im Buche steht. Nicht von ungefähr sind die Helden der klassischen Schwulenpornos Schränke von Männern, vorzugsweise ausgestattet mit einem supermännlichen Schnurrbart. Wie tief bei den Homosexuellen selbst die Angst sitzen kann, nicht «richtig» zu sein, und wie groß das Bedürfnis ist, in ihrer Identität als Mann mit allem Drum und Dran bestätigt zu werden, erzählte uns ein Betroffener: «Wahrscheinlich verliebe ich mich nicht nur deshalb immer in heterosexuelle Männer, weil ich mich davor drücken will, ein ‹schwules Leben› zu führen, sondern weil ich insgeheim leider immer noch glaube, daß nur sie die richtigen, wahren Männer sind.» Vielleicht liegt die mittlerweile gefährlich gewordene und lange Zeit als Akt der sexuellen Befreiung verbrämte hohe Promiskuität vieler Homosexueller gerade in dem immensen Bedarf begründet, das bestätigt zu bekommen, was ihnen als Schwule von je her verwehrt wird: ein Mann zu sein, und nichts anders. Dieses Bedürfnis kennt jeder Junge, jeder Mann.

In vielen Berichten junger homosexueller Männer fällt auf, welch große Bedeutung das Urteil ihrer Eltern für das eigene Selbstwertgefühl hat. Auch darin unterscheiden sie sich nicht von heterosexuellen Jugendlichen. Die Angst, verstoßen zu werden, nicht mehr ihr Sohn sein zu dürfen, ist so groß, daß nicht wenige Eltern von Homosexuellen die Wahrheit nie erfahren. Nicht immer, aber wohl auch nicht selten drohen Eltern so zu reagieren, wie es der 21jährige Mike in Thomas Grossmanns Buch (1981) «Schwul – na und?» beschreibt:

«Es kam also raus, daß er (der Vater, d. V.) vermutete, daß ich schwul sei. Meine Mutter hatte ihm wohl was erzählt, von der Schminke, und daß ich immer Broschen trage. Ich habe dann gesagt, warum er nicht offen sagt, was er denkt, nämlich daß ich schwul bin. Darauf fing meine Mutter an zu heulen, und mein Vater tobte durchs Zimmer: Das käme gar nicht in Frage, so was sei pervers, und wenn das stimme, wäre ich nicht mehr sein Sohn. Ich meinte nur, daß ich eben schwul sei und es auch bleiben wolle, worauf er vollends austickte und mir ins Gesicht schlug. Aus Wut und Schmerz fing ich auch an zu heulen.» (S. 82)

Oft ist die Mutter die erste, die von ihrem Sohn eingeweiht wird. Zum einen, weil von ihr größeres Einfühlungsvermögen erwartet wird, und zum anderen, weil sie dem Vater «die Sache» schonend beibringen soll. Dem Vater in seiner solchen Situation in die Augen zu sehen erfordert mehr als Mut. Der Vater, der seinem Sohn den Segen als Mann verweigert, schlägt ihm eine kaum zu heilende Wunde.

Jeder Junge, der nicht alle männlichen Klischees erfüllt, kann in den Verdacht geraten, schwul zu sein. Nicht nur die Gleichaltrigengruppe, sondern auch die Eltern sorgen dafür, daß Jungen kaum Gelegenheit haben, unterschiedliche Rollen auszuprobieren. Zärtliche Annäherungen, die nicht mindestens den Schein wahren, daß man sich in Wirklichkeit ja nur rauft, werden sofort mit einem harschen «Ey, biste schwul oder watt!?» unterbunden. Sensible, zurückhaltende und vorsichtige Jungen machen sich allein dadurch verdächtig, daß sie sich unmännlich verhalten. Eltern eines homosexuellen Sohnes haben häufig das Gefühl, gänzlich versagt zu haben, denn die «Andersartigkeit» ihres Jungen bedroht auch sie in ihrer Geschlechtsidentität: War die Mutter nicht Frau genug und der Vater zuwenig Mann, um einen richtigen Jungen zustande zu bringen? Mit Ermahnungen wie «Du bist doch nicht aus Zucker», «Stell dich nicht so an» und «Du bist doch kein Mädchen» werden Jungen von ihren Müttern und Vätern auf Linie getrimmt. Sie werden in ein Korsett gepreßt, das die mögliche Vielfalt ihrer körperlichen und seelischen Erfahrungen auf ein Minimum beschränkt.

Die Angst der Jungen, als schwul beschimpft zu werden, und die erforderliche Abgrenzung von allem Weichen und potentiell Weiblichen wird schon kleinen Knirpsen mit der Zusicherung ihrer Männlichkeit zum Schleuderpreis abgegolten. Wo der Vater und andere «warme Brüder» über ihren Schätzen wachen, wird ihnen nur unter der Bedingung Einlaß gewehrt, für alle Zeiten der Versuchung zu entsagen. Zur «Belohnung» wird die Schönheit eines männlichen Körpers herabgewürdigt auf abstrakte Funktionalität: Muskelkraft gerät zur Waffe, Größe zum Machtsymbol, Empfindsamkeit zur im Dampfkessel nur mühsam beherrschbaren Urgewalt.

Was Otto F. Walter (1984) über seine klösterliche Erziehung berichtet, diente seinerzeit mit Sicherheit nicht nur zum Schutz vor den Verführungen des Weibes. Schließlich hatten Frauen zu dem Kloster gar keinen Zutritt: «Das Verhältnis zum Körper, zum Körperlichen überhaupt, wurde nur noch zugelassen als Verhältnis zu einem Arbeitsinstrument, das es durch Abhärtung, auch durch Sport, zu disziplinieren galt. Der

Körper, das war das Unreine. Sexuelle Lust, das war das zu Bekämpfende wie die Pest, wo immer sie sich andeutete» (S. 37). Otto F. Walter resümiert: «Die Schubkraft der Rollendressur macht uns Männer, und auch heute, tendenziell zu Schwerbeschädigten, zu Wahrnehmungsidioten, zu Liebesunfähigen: zu Helden» (S. 38).

Zu Helden, deren schon früh ungestillte Sehnsucht nach dem verläßlichen Männlichen ausgenutzt wird. Der Psychotherapeut Bernd Nitzschke schrieb 1984 zur «Kießling-Affäre»: «Wenn die These Freuds stimmt, daß bestimmte Massenorganisationen wie das Heer und die ohnehin zölibatär organisierte katholische Kirche als Männerbünde auf einer gezielten Verwertung homosexueller Impulse ruhen, dann ist die Brisanz des Themas erklärlich. Nach Auffassung Freuds kommt die für die Hierarchie notwendige Disziplin wie im Falle des Heeres nur dann zustande, wenn homosexuelle Bindungen in sublimierter Form zum Aufbau eben dieser Organisationen verwendet werden können» (S. 38).
Wir halten Freuds These für richtig. Könnten anderenfalls Vaterfiguren wie Generäle die Söhne der Nation bei der Stange halten, um sie gegen andere Brüderhorden in den Tod zu führen? Hinter unverbrüchlichem Corpsgeist, hinter verklärten Erinnerungen an die Kameraden, mit denen man durch dick und dünn gegangen ist, die einen niemals im Stich gelassen hätten, hinter der faszinierenden Vorstellung, daß sich Winnetou und Old Shatterhand durch den Akt ihrer Blutsbrüderschaft ewige Treue schwören, und auch hinter dem «großen Bruder», den kleine Jungen herbeirufen wollen, wenn irgendein Blödian ihnen übel mitspielen will, hinter all dem verbirgt sich ein mächtiges Verlangen nach schützender männlicher Nähe.
Gleichgültig ob Homosexualität angeboren ist oder nicht, ob ein Junge später einmal homosexuell leben wird oder nicht: Allen Jungen täte es gut, wenn es ihnen möglich wäre, sich den anderen auf sinnlichere Weise zu nähern, als ihnen in die Hoden zu hauen. Die Angst vor der Homosexualität würde sicherlich weniger in Haß gegen Schwule umschlagen, und die Sehnsucht nach dem großen Mann wäre nicht mehr so leicht in den Schmutz zu ziehen.

Das Kind im Manne

Selbstfahrer – Der Mann und das Auto

«Er fuhr die Parkview Avenue hinunter und blieb im Kreisverkehr in einem Stau stecken. Er saß da und fluchte leise vor sich hin. Er war vierunddreißig und hatte seine Gaben an KFZ III und eine Frau zu vergeuden, die bildungsmäßig klar unterbelichtet war. Was aber das Schlimmste war, er mußte sich eingestehen, daß Eva recht hatte mit ihrem dauernden Gemäkele, daß er kein Mann sei. ‹Wenn du ein richtiger Mann wärst›, sagte sie immer, ‹zeigtest du mehr Willensstärke. Du mußt entschieden auftreten.› Wilt trat in dem Kreisverkehr entschieden auf und kriegte Krach mit einem Mann in einem Minibus. Wie üblich schnitt er als zweiter Sieger ab.»
(Aus: Tom Sharpe, Puppenmord)

«Wenn ich 'n Porsche hätte
Würd' ich mir den Arsch abfahren»
(Reinhardt Matuzcevski, Lyriker)

Sich über Männer und ihr Auto lustig zu machen ist eine leichte Übung: Angesäuselte Männer am Tresen, die mit hochrotem Kopf darüber debattieren, ob man über die B soundsoviel oder die A soundsoviel schneller nach Ziegenhagen bei Witzenhausen kommt oder ob der Toyota Mambo Turbodiesel mit elektronischer Direkteinspritzung dem Fiat Quattro Stationi mit Allradantrieb, ABS-Lenkung und Servositzen technisch überlegen ist... Aber hat die folgende Geschichte nicht etwas herrlich Befreiendes (?): Ein Landcruiser will in eine Parktasche einfahren, da kommt ihm ein Jaguar zuvor. Der Jaguar grinst frech und ruft dem Landcruiser zu: «Jaguar müßte man fahren!» Da nimmt der Landcruiser noch einmal richtig Anlauf, zermanscht mit Karacho das Heckteil des Jaguars und teilt dem Geplätteten trocken mit: «Geld müßte man haben!»

Die Sache kann bitterernst werden. Zwar absolvieren Männer zwei Drittel aller Autofahrten in der Bundesrepublik, von 1000 Verkehrsstraftaten wurden 1986 jedoch nur 72 von Frauen begangen. Bei Unfällen wegen überhöhter Geschwindigkeit saß in mehr als 80 Prozent der Fälle ein Mann am Steuer. Fünf von sechs tödlichen Verkehrsunfällen haben Männer verursacht (Kölner Stadtanzeiger, 6. 7. 1989, S. 19). Laut Bundesstatistik gab es 1982 insgesamt 11 034 Verkehrstote. Davon waren 7888 männlichen Geschlechts. Den größten Opferanteil stellten 3095 junge Männer im Alter von 15 bis 25 Jahren. Wegen Straftaten im Straßenverkehr saßen am 31. März 1986 28 Frauen und 3331 Männer im Gefängnis. «Straftaten rund ums Motorisierte», wie uns ein Jugendpfleger erzählte, gehören zur klassischen, männlichen Jugendkriminalität.

All das wäre nicht so, wenn das Auto für Jungen und Männer nicht eine besondere irrationale Bedeutung hätte. Kaum ein Gegenstand der modernen Zivilisation ist mit so vielen Wünschen und Sehnsüchten befrachtet wie das Automobil. Wenn die Autowerbung Freiheit und Ungleichheit, Abenteuer, Potenz und Unabhängigkeit verspricht, kennt sie die Begehren ihrer Kunden. Das Verhältnis von Jungen und Männern zu ihrem Traumwagen ist in seiner Dramatik der Bedeutung eines Fluchtwagens für Bankgangster nicht unähnlich: Es soll die Beute transportieren, den Weg in die Freiheit sichern und die Haut retten. Wolfgang Sachs (1984) hat die Tiefenkraft der «Liebe zum Automobil» auf den Punkt gebracht:

«Ungezählt bleiben die Anlässe, wo man den fahrbaren Untersatz zu brauchen glaubt, um kurz zu entweichen; zahllos sind die Gelegenheiten, wo in ihm die kleine Befreiung aus beklemmenden Umständen aller Art gesucht wird. Aufatmend läßt sich der Ehemann hinter sein Lenkrad fallen, nachdem er türschlagend seiner Frau das ätzende Wort abgeschnitten hat; heilfroh, der Maloche wieder mal entronnen zu sein, wirft der junge Arbeiter Freitag nachmittags seine Maschine an und jagt den offenen Chancen des Wochenendes entgegen.... Die Kulisse zu wechseln, sich mal wieder andere Luft um die Nase wehen zu lassen, ‹alles› hinter sich zu lassen, solche Motive mit dem Leitthema ‹Flucht aus Zwängen› sind tief in die Erlebniskraft des Autos eingelassen» (S. 127).

In einem Interview mit der Berliner «tageszeitung» nannte Wolfgang Sachs das Auto eine «Ich-Prothese» des Mannes (21. 6. 1989, S. 3). Nach allem, was wir über die geringe männliche Realitätsverankerung zusammengetragen haben, leuchtet uns diese These ein. Das Traumauto vervollständigt den Mann und überbrückt die Kluft zwischen dem tief im Innern als mangelhaft empfundenen Selbst und dem der Grandiosität verpflichteten Geschlecht. Fragt man einen Siebenjährigen nach seinem Lieblingsauto, tut er es nicht unter einem Ferrari F 40, limitierte Serie, einem fast unschlagbaren Geschoß aus seinem Auto-Quartett: 478 PS, 324 km/h Spitze, in vier Sekunden von Null auf 100, Preis 410000 Mark (oder einem schwarzen Jaguar E – der mit dem langen Bug). Ein Paar Stufen tiefer können sich Jungen mit ihrem Vater identifizieren. In welchem Wagen auch immer der Vater fortgefahren ist – auf jeden Fall lenkt er die tollste Kiste der Gegend. Die für den sozialen Status der Familie verantwortlichen Männer schließlich können sich als Beherrscher von 75 Pferden fühlen, wofür sie nur den Fuß leicht zu neigen brauchen und wissen müssen, wo die Bremse ist. Ein kleiner Anstoß genügt, und man erlebt die gewaltige Potenzierung der eigenen Körperkraft. Ein Mann, der sagt: «Ich brauche mal wieder neue Zündkerzen» oder «Meine Bremsen sind hinüber», ist (so gut wie) sein Auto.

Manche Jungen sind noch keine drei Jahre alt und trotzdem schon – ganz der Vater – unfehlbare Experten in Sachen Automarken. Autos sind immer noch das Jungenspielzeug schlechthin. Der oft gescholtene unbändige Bewegungsdrang kleiner (und großer) Jungen findet im Auto einen imaginierten (und später realen) fahrbaren Untersatz, auf dem sie vor

Stille, Angst und Identitätslosigkeit flüchten können. Proben Pupertierende noch Männerposen, wenn sie auf der Kirmes aus dem strombetriebenen Selbstfahrergefährt lässig ein Bein heraushängen lassen, mit zwei Fingern lenken und den freien Arm um ihre zwölfjährige Braut legen, fährt auf der Überholspur lichthupend und mit zweihundert Sachen das Kind im Mann. Mit Allradantrieb besteht ein Fahrer erst im Gelände «seinen persönlichen Härtetest» (Bundeswehrwerbung). Und wie der neue Audi Dingsbums im Werbespot eine schneebedeckte 90-Meter-Sprungschanze hochzufahren vorgibt, ruhen Fünfzehnjährige nicht eher, bis sie mit ihrem Skateboard eine Treppe hinaufkommen.

Das Auto verschafft Identität, weil es den sozialen Status anzeigt. Je höher ein Mann in einer Firma aufsteigt, desto renommierfähiger werden die ihm zur Verfügung gestellten Wagen. Wer einen Mittelklassewagen fährt, gehört mit aller Wahrscheinlichkeit auch zur Mittelklasse. Selbst bei Betriebsfahrrädern wird – wie wir erfahren haben – auf Klassenunterschiede Wert gelegt. Mit einer Gangschaltung kommt man schließlich schneller und komfortabler voran als ohne.

Ein Wagen besitzt durchaus auch die Qualitäten einer Sex-Surrogat-Maschine aus Aldous Huxleys «Brave New World». Wolfgang Sachs scheut sich nicht, die Autos mit den Regressionswünschen ihrer Fahrer in Verbindung zu bringen. Je mehr Komfort (je belohnter die berufliche Leistung), desto verheißungsvoller ist das Fahrerlebnis:

«Man kann sich so wohlig, fast wie in einen bergenden Mutterschoß, zurücksinken lassen, umfangen von summender Technik und hautnaher Bequemlichkeit, und doch gleichzeitig eine Macht und eine Kraft verspüren, wie sonst selten im Leben. Geschützt und gestärkt zugleich fühlt man sich, in der Nacht durch peitschenden Regen jagend, aber doch eingelullt in wohliger Wärme und rhythmischer Musik» (S. 157).

Verfügt der Schlitten noch dazu über betörende Formen und ist alles an ihm makellos, darf so ohne weiteres niemand als der Besitzer selbst ans Steuer. Allerdings läßt nicht nur Eifersucht Männer am liebsten Selbst- und Alleinfahrer sein. – Auf der anderen Seite fehlt es nämlich geradezu an Hingabefähigkeit. Sich im eigenen Wagen einem anderen Fahrer oder einer Fahrerin anzuvertrauen fällt vielen Männern ausgesprochen schwer.

Autofahren verschafft Macht- und Ohnmachtserlebnisse, wobei natürlich letztere tunlichst vermieden werden sollen. Wolfgang Sachs spricht vom «Thrill» des Balanceaktes beim Schnellfahren. Es gilt, sich auf der Grenze zwischen Macht und Ohnmacht zu bewegen, um anschließend mit tiefer Befriedigung festzustellen, nicht abgestürzt zu sein (vgl. S. 135).

Der Fahrer beherrscht die Maschine, mit deren Leistung er wächst, wenn sie den Befehlen seines Schaltarmes gehorcht. Aus diesem Grund konnten Automatikwagen («Frauenautos») bei Männern nie erfolgreich einschlagen. Im Wettstreit zwischen Macht und Ohnmacht warten Siege und Niederlagen, drohen Arroganz, Neid und Selbstüberschätzung überhandzunehmen. Schimpfwörter aller Art, «Mann mit Hut – ogottogott», «Frau am Steuer – Ungeheuer», «Sonntagsfahrer» und beliebte Handzeichen wie die «Arschgeige» oder der erigierte Mittelfinger trennen die Spreu vom Weizen, das heißt die Flaschen von den echten Sportsmännern. Ein Autofahrer kennt auf der Straße nur Feinde und Kontrahenten unter seinesgleichen und andere Behinderer wie beispielsweise Fußgänger und Radfahrer. Alle wollen ihm am Zeug flicken und seinen Vorwärtsdrang hemmen. Sehnsüchtig und bekümmert schaut er dem roten Blitz nach, der, ohne groß auf ihn zu achten, gerade vorbeigeschossen ist und ihm das Gefühl gibt, trotz 4500 Umdrehungen auf der Stelle zu kleben. – Ein gefährlicher Moment.

Die Autofahrer des 20. Jahrhunderts haben den Weg vom Dompteur eines Benzinungeheuers zum umsorgten Insassen einer Komfortmaschine zurückgelegt, wie Wolfgang Sachs es formuliert.

Der Brief eines jungen französischen Adligen von 1899 an seine Freundin erzählt in wahrhaft amüsanter Weise, wie es den ersten stolzen Besitzern eines Automobils ergehen konnte:

«Da halte ich mir nun tausend widrigen Umständen zum Trotz seit zwei Monaten solch ein neumodisches Gasolin-Vehikel. Bin nicht unzufrieden, verbringe indes meine Zeit nur zum Teil in der Karosserie, zum größeren Teil aber darunter. Sie werden's gewiß impossible finden, Teuerste, aber mich umweht das penetranteste Odeur von Gasolin, welches sich denken läßt. Und gar meine Hände, sie gleichen schwarzen Tatzen... Und wie ich gestern aus der Reparature heimkehrte, bitte ich die Gräfin Mantua – Sie entsinnen sich der alten Dame von vis-à-vis – zu einer Spazierfahrt, wobei ihr doch, als ich den Motor ausrücke, vom Rütteln des Leerlaufs das Gebiß in den Schoß fällt. Seitdem schneidet sie mich» (S. 151).

Trotz allen Komforts der immer wieder neuesten Technik üben ölverschmierte Mechaniker nach wie vor einen eigentümlichen Reiz aus. Denn der Automechaniker ist der respektable Seelendoktor des Automobils. Er geht dem Traumberuf immer noch vieler Jungen nach. Der Mann mit den stets schwarzen Fingernägeln ist der einzige, dem andere Männer ihr liebstes und teuerstes Gefährt vorbehaltlos anvertrauen. Und so manchen verhöhnenden Blick und Kommentar nehmen sie als ahnungslose Laien klaglos hin. Es sind die Augenblicke, in denen sie bescheiden erkennen, daß sie die motorisierte Macht nur gekauft haben. Er, der Automechaniker, aber kennt ihre innersten Geheimnisse. Ungeduldig warten sie, bis «Papa» das Spielzeug wieder repariert hat – und sind aufrichtig dankbar.

Der große Schluck:
Das Männliche und der Alkohol

> «(...) Im Bechern und im Sumpfen kam ihm keiner gleich. Da war er unvergleichlich, einzig, einfach wunderbar! Hört ihr sie draußen Einlaß heischen, laßt sie ein zu euch, die Seele des verstorbnen wackern Jean Cotard!
> Er hatte Speichel nicht genug, um auszuspucken, sein Durst war brennend, nicht zu löschen, unstillbar. So schied von hinnen, weil sie nie genugsam fand zu schlucken, die Seele des verstorbnen wackern Jean Cotard.»
> (Aus: François Villon, Ballade und Gebet für Jean Cotard. Um 1450)

«Männer sind schon als Babies blau» ist vielleicht die gelungenste Zeile aus Herbert Grönemeyers Lied «Männer». Schaut man in Kinderwagen hinein und zieht man die Zudecke ein Stückchen zurück, kann man sich auch heute noch davon überzeugen. Wir nehmen jedoch an, daß der Sänger mehr im Auge hatte als die Farbe von Strampelanzügen. Möglicherweise entspricht es ja den Tatsachen, daß Jungen länger gestillt werden als Mädchen, wie feministische Sozialisationsforscherinnen vorgerechnet haben. In jedem Fall, so scheint es, haben Jungen (und Männer) einen immensen, oft unstillbaren Durst.

Jede Untersuchung über den Alkoholkonsum der Bevölkerung bestätigt die Alltagsbeobachtung, daß Jungen und Männer im Durchschnitt mehr trinken als Mädchen und Frauen. Und sie fangen früher damit an. Der bevorzugte Stoff: Bier. Von den rund 1,8 Millionen Alkoholabhängigen in der Bundesrepublik sind nach Angaben der «Deutschen Hauptstelle gegen die Suchtgefahren» siebzig Prozent männlichen Geschlechts.

Wonach dürstet es die Jungen und Männer? Einen Teil dieser Frage hat

der Schulpsychologe Wolfgang Weber (1979) mit einer Untersuchung beantwortet. An seiner Schule waren im Verlauf der Jahre immer wieder Jungen im Alter von 9 bis 14 Jahren durch Trinkereien aufgefallen. Die Jungen hatten während oder nach der Schule mit anderen zusammen Bier getrunken, die älteren unter ihnen auch härtere Getränke. Von den 9- bis 11jährigen erfuhr Wolfgang Weber, daß ihnen der Alkohol eigentlich gar nicht schmeckte. In der Regel handelte es sich um eine Mutprobe. Der Kitzel, heimlich etwas Verbotenes zu tun, spielte eine große Rolle und steigerte das Ansehen sowohl innerhalb als auch außerhalb der Gruppe. Die Kleinen wetteiferten auch schon darum, wer den größten Schluck nehmen konnte. Für einige endete das gegenseitige Übertrumpfen mit einer Alkoholvergiftung, wonach sie und die meisten anderen für längere Zeit kuriert waren. Die 12- bis 14jährigen gingen in einen Supermarkt und kauften oder klauten Bier und Wein, manchmal auch Liköre und Zigaretten. Natürlich war auch bei ihnen King, wer am meisten herunterkippen und die tiefsten Lungenzüge machen konnte.

Manchen Jungen ging es aber um mehr als um vordergründiges Konkurrenzgehabe. Im Rausch hatten sie etwas ganz Besonderes erlebt. Sie gehörten zu denen, die es im Gegensatz zu den anderen bei dem einenmal nicht beließen: «Sie hatten gespürt, daß sie plötzlich in der Gruppe reden konnten wie die anderen, sie hatten – zumindest subjektiv – erlebt, daß sie in der Gruppe plötzlich mehr bedeuteten als vorher. Für sie bedeutete das Gefühl, mit anderen gemeinsam etwas zu erleben, viel mehr als für die anderen (denn diese hatten auch ohne Alkohol das Gefühl, in der Gruppe aufgenommen zu sein)... Außerdem war es ja so einfach: ein kurzer Schluck, Hemmungen fallen ab, ein langersehntes, schönes Gefühl entsteht» (S. 137).

Bei der Beschäftigung mit dem Thema Rausch und Sucht begegnet uns wieder die männliche Neigung, Geschlechtsidentität unter Zuhilfenahme von «Zaubermitteln» zu erproben. Alkohol hilft den Jungen bei ihren Initiationshandlungen. Sie machen die unter Umständen sehr seltene Erfahrung, daß ihnen mit einemmal und wie von selbst Mut zuwächst, sie fühlen sich gut und großartig, und vor allem: akzeptiert. Selbst wenn Mädchen ebenfalls Alkohol trinken (aber in geringeren Mengen), ist der Genuß von Alkohol – und erst recht ein Besäufnis – nach wie vor männlich identifiziert. Zwölfjährige, die anfangen, Alkohol zu trinken, versuchen damit nicht nur eine Eintrittskarte in die Erwachsenenwelt zu lösen, sondern vor allem in die fernen Gefilde der Männer. Und wie so oft im Leben von Jungen klafft zwischen ihnen und den Ansprüchen der (erwachsenen) Männlichkeit ein tiefer Spalt.
Besonders männlich und identitätsstiftend ist es, große Mengen von Alkohol zu vertragen, also saufen zu können wie ein Loch, und dennoch zu stehen wie eine Eins. Die körperliche Belastung eines Besäufnisses muß mit links weggesteckt werden. Wer selbst mit einem dicken Brummschädel am nächsten Tag noch etwas leisten kann, beweist die gebotene körperliche Unverwüstlichkeit, denn er genügt der männlichen Verhaltensmaxime: Weitermachen, auch wenn's weh tut!

Darüber hinaus hält ein Alkoholrausch für Jungen und Männer weitere Verlockungen bereit. Unter der Einwirkung von Alkohol gelingt es ihnen eher, ihren Gefühlen einen angemessenen Ausdruck zu geben. Die Kopfkontrolle läßt nach, die Bewegungen werden runder und langsamer, die Körper schlaffen ab oder entwickeln (kurzfristig) eine tanzende Vitalität. Betrunkene Jungen und Männer weinen, sie umarmen sich, sie grölen unbeschwert, sie kichern, oder sie werden brutal. Was sie im nüchternen Zustand in sich hineinfressen oder sich nicht trauen, findet einen Weg nach draußen. Der Alkoholrausch ist wohl der einzige in der Männerwelt akzeptierte Zustand, in dem sie Anlehnungs- und Schutzbedürfnisse ausdrücken können, ohne das Gesicht zu verlieren.

Viel trinken kann etwas enorm Stumpfsinniges und Monotones haben. Ein Mann, der eine Grillparty auf einem Kasten Bier sitzend verbringt, nur zum Pinkeln aufsteht und erst nach Hause wankt, nachdem er den Kasten Flasche für Flasche geleert hat (ein Kinderspiel für einsame Männer), verhält sich nicht nur kurios. Bevor er ins Bett fällt, wird er sich vielleicht noch auskotzen, aber immerhin hat er den geselligen Abend überstanden, er wußte, wo sein Platz war, und der gewohnte Griff nach unten sowie die gleichmäßigen, rhythmischen (Schluck-)Bewegungen haben ihm Sicherheit gegeben. Einen Kasten Bier! – das schafft so gut wie keine Frau. Auch in Spielsalons wird man lange suchen müssen, um ein Mädchen oder eine Frau zu finden, die sich stundenlang in nervtötende und abzockende Automaten vertieft, als sei sie ein Teil der Maschine. Spielsucht ist eine reine Männerangelegenheit. Und überhaupt: Die Welt von blauem Dunst, krachenden Humpen, ratternden Automaten, Urin, Schweiß, Blut und Morgendämmerung ist vor allem eine männliche.

Mehr als eine Million männliche Jugendliche und erwachsene Männer sind alkoholsüchtig. Man wird unter ihnen jedoch keinen klassischen «Typ» finden, zu vielfältig sind die individuellen, biographischen Umstände, die zu einer Alkoholabhängigkeit führen können. Es gibt keine Regelhaftigkeit, nach der Männer vom Alkohol abhängig werden. Nicht jeder, der oft und für lange Zeit über seinen Durst trinkt, wird süchtig. Führt man sich die rund 300 Flaschen Bier, 26 Flaschen Wein und die neun Flaschen Schnaps vor Augen, die jeder Bundesbürger (inklusive Säuglinge und Greise) jährlich leert, hat es allerdings den Anschein, daß die Nichtalkoholiker vielleicht einfach nur «Glück» gehabt haben. Anders ausgedrückt: Ein Alkoholabhängiger hat nicht unbedingt *andere* Probleme als der Durchschnittsmann. Das Verständnis, das Männer ihren vieltrinkenden Kumpanen entgegenbringen, rührt von dem Drang, den sie von sich selbst kennen. Die Verachtung für den entlarvten Alkoholiker resultiert dagegen aus seinem unverzeihlichen Scheitern an dem Gebot, Probleme zumindest auf lange Sicht souverän unter Kontolle zu haben.

Daß so viele Männer süchtig werden, liegt nicht nur an der platten Tatsache ihres enormen Alkoholkonsums. Auf perfide Weise gehören das suchttypische Leugnen der (drohenden) Abhängigkeit und die männliche Maßgabe, von nichts und niemandem abhängig zu sein, zusammen. Das Eingeständnis der Gefährdung oder der Sucht (Anonyme Alkoholiker wissen das!) bedeutet eine immense Bedrohung der ohnehin wackeligen Identität. In dem sich gegenseitig bedingenden Mechanismus von Leugnen und Weitertrinken drückt sich zudem ein männliches Dilemma aus, auf das man nicht nur bei Alkoholabhängigen stößt: Sie befinden sich auf einer «Gratwanderung zwischen Selbstverwirklichung in der Sucht und Selbstdestruktivität durch die Sucht» (D. Ladewig und P. Graw 1986). Im übertragenen Sinn gilt das für viele männliche Betätigungen in Sport und Beruf.

Nicht erst im Suchtverhalten, sondern in jedem stark alkoholisierten Zustand wird ein enormer Regressionsbedarf deutlich. Bei alkoholabhängigen Männern tritt dieser Konflikt allerdings sichtbarer zu Tage, womit wir dem Kind im (betrunkenen) Mann langsam nahekommen. Zum einen soll der Alkohol die Befriedigung sowohl oraler, sexueller und sozialer als auch aggressiver und autoaggressiver Bedürfnisse unterstützen. Angst und Depressionen sollen abgewehrt und Minderwertigkeitsgefühle ausgeglichen werden. Im euphorischen Rauscherleben äußern sich ungelebte Seiten der Persönlichkeit (vgl. K. Wanke 1987, S. 34). Zum anderen fordert ein Alkoholabhängiger die gesamte Aufmerksamkeit und Fürsorge seiner Umgebung. Alkoholkranke Väter verhalten sich in ihrer Familie nicht selten wie ein zusätzliches Kind der Ehefrau. Gleichzeitig versuchen sie – mit Hilfe des Alkohols – den Widerspruch zwischen den regressiven Wünschen einerseits und den männlichen Rollenanforderungen andererseits zu vernebeln.

Hierzu ein Beispiel, das uns eine Suchttherapeutin schilderte. Vater, Mutter und Sohn sollten sich im Rahmen eines Angehörigenseminars als eine Tierfamilie vorstellen. Anschließend wurden sie aufgefordert, jeder für sich ein Bild zu malen, auf dem alle Familienmitglieder zu sehen waren:

«Der Junge malte sich und seinen jüngeren Bruder jeweils als einen Hund. Beide Jugendlichen hatten die Aufgabe, ihre Eltern zu tragen. Die Mutter saß als kleiner Vogel auf seinem Hunderücken. Der Vater hockte als große Eule auf dem Rücken des Bruders.

Die Mutter zeichnete sich als kleine, unscheinbare Maus mit schwachen Konturen, den ältesten Sohn als eine gepanzerte Schildkröte und den Mann als überdimensionierten Raubvogel im Sturzflug.

Der Vater stellte die Familiensituation als eine harmonische Bärenfamilie dar. Er sah sich als starke, aufrecht stehende Figur, malte seine Frau als Bärenmutter, die sich liebevoll um das kleine Bärenjunge kümmert. Er nahm überhaupt nicht wahr, wie groß und selbständig sein 15jähriger Sohn schon geworden war. Gleichzeitig drückte er in seinem Bild aus, wie eifersüchtig er war, daß nicht er das Kind in der Familie sein durfte. Auf dem Bild gab seine Frau ihre ganze Zuwendung dem Jungen, während er das Gefühl hatte, abseits zu stehen und zu kurz zu kommen.»

Wir wollen nicht über diesen Mann urteilen und darüber befinden, ob er in seinem Leben (und in seiner Familie) tatsächlich «zu kurz gekommen» ist oder «nicht Manns genug» war, seine Aufgaben als erwachsener Mann, Ehepartner und Vater zu erfüllen. Es ist ja gerade das große Problem vieler Männer, daß das offene Eingeständnis von Bedürftigkeit als Schande und Scheitern angesehen wird. Je mehr Steine ein Mann auf dem Weg beiseite räumen muß, desto alkoholgefährdeter ist er auch.

Alkohol hilft Männern zu vergessen, daß sie männlichen Normen nicht entsprechen, und davon zu träumen, diese Normen – sozusagen in einem anderen Aggregatzustand – vielleicht doch zu erfüllen. Wie wir gezeigt haben, machen schon 11jährige die unvergeßliche Erfahrung, daß einem im Rausch Flügel wachsen können, daß man – zumindest dem subjektiven Empfinden nach – an Größe, Macht und Bedeutung gewinnt. Der Rausch gewährt häufig günstigere Bedingungen, Männlichkeit zu beweisen, als Jungen sie in ihrem Alltag vorfinden. Und das gilt auch für erwachsene Männer. Die Alkohol- und Zigarettenwerbung macht sich diesen Umstand zunutze: Wer eine bestimmte Sorte Whisky trinkt und gewisse Zigaretten raucht, im selben Atemzug auch noch sportlich und souverän ist, kriegt die schärfsten Rasseweiber. Das brauchte sich kein Werbemensch auszudenken, denn die Kluft zwischen sich und der Welt zu überspringen ist ein alter Jungen- und Männertraum.

Mantelklapper und Kinderschänder: Was Jungen pervers machen kann

> «Ich mache das nicht aus Vergnügen, es ist ein Teil meiner Persönlichkeit. Es ist auch irgendwo eine Erfüllung, das ist eine Art Daseinsberechtigung.»
> (Ein Exhibitionist in einem Gespräch)

In der Alltagssprache wird mit dem Wort «pervers» so ziemlich alles beschimpft, was Menschen mit Abscheu erfüllt. Dabei heißt pervers auf deutsch übersetzt zunächst einmal nichts anderes als «verdreht». Aber wie immer, wenn es darum geht, sich seiner «Richtigkeit» und seiner «Normalität» zu versichern, ist die Angst, dem Verdrehten doch nicht so ganz unähnlich zu sein, mit im Spiel. Je näher das Perverse an eigene Träume und an Unausgelebtes heranreicht, desto heftiger fällt für gewöhnlich die (verbale) Abgrenzung aus.

Sexuelle Perversionen stellen – von wenigen Ausnahmen abgesehen – ein reines Männerproblem dar. In der Fachliteratur sind Voyeure, Pädophile, Exhibitionisten, Fetischisten, Masochisten und Sadisten fast ausschließlich Männer. Ihre Motive sind zum Teil sehr unterschiedlich. Der Sexualforscher Eberhard Schorsch (1985) faßt sie zusammen:

«Das Gefühl einer momentanen Wiederherstellung einer beschädigten männlichen Identität, ein triumphales Erleben von Potenz und Mächtigkeit in einem Lebensgefühl von Ohnmacht und Nichtigkeit; Suche nach Bewunderung, nach Nähe, Wärme, Geborgenheit, Fürsorge, Versorgtwerden, nach symbiotischer Vervollkommnung zum Beispiel in pädophilen Beziehungen; ein Erleben infantiler Allmachtsgefühle, Abwehr von Ängsten, von der Frau entmachtet, verschlungen, vernichtet zu werden;

Phantasien, jemanden ganz für sich zu haben, zu dominieren als Ausdruck einer Angst vor dem Verlassenwerden und so weiter» (S. 33).
Wir möchten behaupten: All das sind die Grundthemen im Leben eines jeden. Schon von daher drängt sich die Nähe des Normalen zum Perversen förmlich auf. Dennoch sollten die Grenzen und Übergänge nicht voreilig verwischt werden, denn das hieße, die Leiden perverser Männer nicht ernst zu nehmen und ihr Problem nicht zu verstehen. Sich mit Perversionen zu beschäftigen bedeutet, durch ein Prisma gescheiterter Männlichkeit zu schauen. Man sieht Jungen und Männer, die in ihren Möglichkeiten, existentielle Bedürfnisse zu befriedigen, in extremer Weise eingeengt sind, die aufgrund ihrer Bedrängnis anderen Menschen Schaden zufügen können und nicht selten mit dem Gesetz in Konflikt geraten. Die Trennungslinie zur «normalen» Männlichkeit ist manchmal hauchdünn, aber sie besteht.

Bevor wir nach den Ursachen von Perversionen fragen und uns dem Kind im (perversen) Mann nähern, zunächst eine knappe Übersicht sexueller Perversionen von Adolf-Ernst Meyer (1979, S. 32–34): Ein *Voyeur* beobachtet (heimlich) Frauen oder Paare beim Ausziehen oder beim Liebesspiel. Die Vorstellung, daß sich die Frau für ihn entkleide oder er der Partner der Frau sei, kann ihn mit oder ohne Masturbation bis zum Orgasmus erregen. «Den Voyeuren geht es um kritisches Gleichgewicht zwischen Nähe und Abstand, das sich bestimmt zwischen der ihnen größtmöglichen Nähe des heimlichen, unerwiderten Blickkontaktes und des sicheren Abstandes außerhalb der Greif-Reichweite.»
Von einem *Pädophilen* spricht Adolf-Ernst Meyer, wenn ein Erwachsener sich vorwiegend oder ausschließlich zu vorpubertären Kindern sexuell hingezogen fühlt. Die pädophile Handlung stellt häufig eine «illusionäre Inszenierung» dar, in der die Männer etwas nachholen, wiedergutmachen oder selbst erlebtes Leid rächen wollen – ein Verhalten, das auch außerhalb von Perversionen vorkommt: «Gemeint ist, daß der eine Partner den anderen so imaginiert und behandelt, als ob dieser Partner er selber sei, er selber jedoch ein anderer, meist seine Mutter oder sein Vater oder eine andere relevante Beziehungsperson.»
Ein *Exhibitionist* hält wie der Voyeur eine räumliche Distanz zur Frau aufrecht. Wenn er sein Genital zeigt, inszeniert er eine die Frau überraschende und schockierende Situation, um seine empfundene geschlechtliche Minderwertigkeit zu widerlegen: «Hiermit ist bewiesen, daß mein Glied nicht klein ist, lächerlich, verstümmelt und bedroht, nein, es ist

groß, mächtig und bedrohlich, sein bloßer Anblick schlägt Frauen angstvoll in die Flucht.»

Fetischisten unterteilt Adolf-Ernst Meyer in zwei Gruppen. Die einen werden von unbelebten Objekten sexuell erregt, zum Beispiel von Damenunterwäsche. Das leblose Objekt hat für den Fetischisten den unzweifelbaren «Vorteil», daß es von ihm kein Werben und kein In-Stimmung-Sein verlangt und ihn nicht abweisen kann. Andere sind auf Frauen mit ganz bestimmten Körpermerkmalen, häufig Körperbehinderungen, fixiert. Zwar steht jeder Mann auf einen bestimmten Frauentyp, doch gibt es eine Grenzlinie, die für alle Perversionen gilt: «Wo der ‹Normale› bevorzugt, aber auch anders kann, ist der Perverse gefesselt, darauf angewiesen.»

Natürlich ist auch ein Mann, der Jungen oder andere Männer heimlich beobachtet, ein Voyeur. Manche Pädophile fühlen sich ausschließlich zu Mädchen oder nur zu Jungen hingezogen, einige auch zu beiden Geschlechtern. Die meisten Exhibitionisten zeigen sich vor erwachsenen Frauen, andere aber auch Jungen oder Mädchen unterschiedlichen Alters. Manche wollen, daß das Opfer erschrickt, andere wünschen sich, daß sie ausgelacht werden – ganz nach biographischer Vorgeschichte.

Die Psychoanalytikerin Ursula Keller-Husemann (1983) betrachtet Perversionen als eine nachträgliche zwanghafte Reaktion auf traumatisch erlebte Verletzungen der kindlichen Persönlichkeit. Perverse Menschen haben in ihrer Kindheit keine ausreichend klare und stabile Geschlechtsidentität entwickeln können. Psychisch verharren sie in einer symbiotischen Verbindung mit der Mutter, jedoch ohne Erfüllung und Befriedigung zu finden.

Die Mutter eines später pervers handelnden Mannes beschreibt Ursula Keller-Husemann modellhaft als eine Frau, die ihrem Kind aufgrund schwerer eigener Konflikte Interesse und Fürsorge nur unpersönlich, unstetig und nur in Teilaspekten entgegenbringen kann, das Kind dennoch eng an sich bindet. Die mütterliche Zuwendung erschöpft sich häufig in einer pedantischen, überfürsorglichen Körperpflege, wobei die Mutter in einem «lustvollen omnipotenten Spiel» bewußte und unbewußte Phantasien ausagiert (vgl. S. 136). Einem Perversen war es demnach als Kind unmöglich, ein eigenes, von der Mutter abgegrenztes Körper-Ich zu entwickeln, womit seiner Sexualität die störungsfreie Entfaltungsgrundlage genommen wurde.

In dieser modellhaften, pervers machenden Beziehungskonstellation stehen die Väter am Rand. Sie sind nicht in der Lage, dem Kind einen Ausweg aus der identitätsbehindernden Symbiose mit der Mutter zu weisen: «Als Identifikationsmodell und Gegenüber im Prozeß der Differenzierung der Ich- und Identitätsentwicklung haben sie weitgehend versagt» (S. 142).

Der Grundkonflik vieler Perverser besteht darin, sich zu keiner Zeit und in keiner realen Beziehung ihres Lebens als eigenständiges Geschlechtswesen erlebt zu haben. Ihr Grundkonflikt ist für sie ein Dauerkonflikt. Ihrer Sexualität kommt die Aufgabe zu, den permanent empfundenen Mangel an Nähe, Geborgenheit und vor allem an eigener Geschlechtlichkeit auszugleichen. Im perversen Ritual versucht der Herangewachsene, die trotz der Enge mit der Mutter nie befriedigend erlebte Nähe zu ihr immer wieder, einem unbewußten Wiederholungszwang folgend, aufzusuchen. Die perverse Handlung ermöglicht es, wenigstens in einer Scheinrealität auf der Suche nach wirklicher Nähe und Beziehung fündig zu werden, sich existent zu fühlen und der Realität scheinbar nicht hilflos ausgeliefert zu sein.

Wie das ungestillte Bedürfnis nach Nähe und Wärme zur sexuellen Lust am Zufügen oder Erleiden von körperlichem oder seelischem Schmerz pervertieren kann, zeigt Ursula Keller-Husemann am Beispiel sadistischer und masochistischer Symptome. Weder dem Sadisten noch dem Masochisten geht es in erster Linie um Grausamkeit. Beide Extreme sind der «Ausdruck der destruktiven pervertierten Symbiose», in der dem Kind die Abgrenzung der eigenen körperlichen und seelischen Bedürfnisse nicht gelingt. Der Hautkontakt kann eine übertriebene Bedeutung bekommen, das Bedürfnis danach kann sich jedoch auch in den zwanghaften Wunsch nach Schmerz und Zerstörung verwandeln und sowohl zur Vorbedingung als auch zum ausschließlichen Inhalt des sexuellen Erlebens werden. Schmerz zu empfinden oder zuzufügen sind ursächlich verwandte hilflose Abgrenzungsversuche mit dem Ziel, sich als eigenständiges Wesen zu erleben und die innere Leere auszugleichen (vgl. S. 158).

Auch Eberhard Schorsch sieht die Ursache von Perversionen in schweren frühkindlichen und im Verlauf der weiteren Entwicklung nicht wiedergutgemachten, sondern anhaltenden Verletzungen der Persönlichkeit. Die männliche Geschlechtsidentität ist oft nur bruchstückhaft ausgebildet, Aggressionen können entweder kaum geäußert oder nicht kontrolliert werden, Gefühle von Ohnmacht, Wertlosigkeit und Selbsthaß wechseln mit Phantasien von Macht und Großartigkeit ab, stabile emotionale Beziehungen einzugehen und aufrechtzuerhalten fällt entweder ausgesprochen schwer oder ist sogar unmöglich. Je nach Schwere des perversen Symptoms und individueller Biographie verschieben sich die Gewichte auf diesen Konfliktebenen.

Männer mit einer sexuellen Perversion sind sämtlich in einem mehr oder minder katastrophalen, persönlichkeitszerstörenden Dauerklima aufgewachsen. Für Eberhard Schorsch stellen perverse Symptome komplizierte Lösungsversuche frühkindlicher Konflikte dar. Erst dieser «reparative Aspekt» ist der Schlüssel zum Verständnis einer Perversion (vgl. 1985, S. 32).

Sexuelles Erleben kann Trost spenden, Stolz vermitteln, Sicherheit geben und Angst vermindern, das ist normal. Und wie beim penetranten Schürzenjäger kann eine forcierte Sexualität ein Hinweis darauf sein, daß Ängste in besonders hohem Maße abgewehrt werden müssen. Bei perversen Menschen ist die normale genitale Sexualität jedoch so extrem angstbesetzt, daß sie unbewußt ins perverse Ritual flüchten. Hier können existentielle Bedürfnisse und Ängste «ausagiert» und gleichzeitig die Persönlichkeit außerhalb des perversen Erlebens entlastet werden. Die perverse Handlung löst sozusagen den Widerspruch zwischen innerer und äußerer Realität weitgehend auf und ermöglicht den Betroffenen die Illusion, in Wirklichkeit heil zu sein. Zur Illustration dieses Vorgangs zitiert Eberhard Schorsch den Psychoanalytiker Fritz Morgenthaler: «Die ‹Perversen haben der Diktatur der Sexualität eine Insel überlassen, auf der sie sich austoben kann, um im übrigen Land Ruhe zu haben›» (S. 34).

In seinem Buch stellt Eberhard Schorsch gemeinsam mit KollegInnen Forschungsergebnisse aus der Arbeit mit perversen Männern vor, die sich beim Universitätskrankenhaus der Stadt Hamburg in therapeutische Behandlung begeben haben. Auf drei der beschriebenen Fälle wollen wir näher eingehen. Aufschlußreich sind aber zunächst auch die psychosozialen Daten der gesamten, 86 Patienten umfassenden Stichprobe:

Die Männer im Alter zwischen 16 und 54 Jahren kamen aus allen sozialen Schichten und entsprachen sowohl hier als auch hinsichtlich ihrer Schulbildung den Proportionen in der Gesamtbevölkerung. Auffällig waren jedoch die häufig ungünstigen Lebensbedingungen während der Kindheit: Etwa ein Fünftel der Patienten kam unehelich zur Welt, vierzig Prozent hatten zumindest zeitweilig außerhalb der Herkunftsfamilie oder in unvollständigen Familien gelebt. Fast die Hälfte der Männer war als Kind

Bettnässer oder Stotterer, lief von zu Hause fort oder beging Diebstähle.

Fast fünfzig Prozent hatten eine ausgeprägt schamhafte oder skrupulöse Einstellung zur Sexualität, mehr als vierzig Prozent hatten nur wenige oder überhaupt keine sexuellen Beziehungserfahrungen gemacht. Ein Skalentest zur aktuellen psychischen Verfassung ermittelte eine Reihe von überdurchschnittlich auffälligen Verhaltensmerkmalen wie erhöhte Reizbarkeit, starke nach außen und innen gerichtete Aggressivität, Schuldgefühle, Depressionen und geringes Selbstwertgefühl, ausgeprägte Kontaktangst, Verschlossenheit und Gefügigkeit sowie Dominanz und niedrige Frustrationsschwellen (vgl. S. 25).

Für sich genommen war die Patientengruppe jedoch sehr heterogen. Das perverse Symptom wog unterschiedlich schwer und kam aufgrund verschieden gelagerter Schwerpunkte der Persönlichkeitsstörung zum Tragen: Ungefähr ein Fünftel der Patienten litt unter erheblichen Kastrationsängsten, bei rund einem Viertel war die männliche Identität kaum wahrnehmbar, ein Drittel zeigte sich deutlich aggressionsgehemmt, während ein anderes Drittel auffällig aggressiv war. Die Mütter und Väter der Patienten entsprachen größtenteils der bereits beschriebenen Modellkonstellation. Neben der dominierenden Mutter und dem randständigen, in seiner Männlichkeit eher konturlosen Vater tauchte jedoch auch der übermächtige, strenge und brutale Vater auf, der die männliche Identifizierung behindert hat.

Die drei nun folgenden Fallbeschreibungen sollen beispielhaft die psychische Dynamik der Täter veranschaulichen und ein Licht auf die Zeit werfen, in der diese Männer noch kleine Jungen waren. Nach einer kurzen biographischen Schilderung zitieren wir jeweils die «psychodynamischen Überlegungen», die Eberhard Schorsch und seine KollegInnen angestellt haben. In allen Fällen haben die Autoren die Personaldaten zum Schutz der Patienten geändert.

Beispiel – Sexueller Mißbrauch: Der 44jährige Patient ist klein und unscheinbar, wirkt vorzeitig gealtert, ist sehr unsicher und sehr höflich. In seiner Firma hat er es bis zum Abteilungsleiter gebracht. Nach Inzesthandlungen mit seinen beiden Adoptivtöchtern, zu denen eine enge emotionale Beziehung besteht, wird er zu einer Gefängnisstrafe verurteilt. Er begeht einen Selbstmordversuch. Danach begibt er sich in therapeutische Behandlung.

Als Kind wird er von beiden Eltern viel geschlagen. Er ist ein unerwünschter Nachkömmling. Die familiäre Atmosphäre ist lieblos. Der Vater ist ein jähzorniger, unzufriedener Mann. Die Eltern geben ihn für zwei Jahre in ein Heim. Anschließend kommt er zu Pflegeeltern, um dann wieder zu seinen leiblichen Eltern und Geschwistern in eine Einzimmerwohnung zurückzukehren. Als 7jähriger fordert ihn seine doppelt so alte Schwester auf, an ihrem Genital zu spielen. Unter ihrer warmen Bettdecke verspürt er ein starkes Gefühl der Geborgenheit. Im Alter von 30 Jahren heiratet er, ist jedoch impotent. Zwei Mädchen werden adoptiert. Als seine Frau durch die Kinder von den Inzesthandlungen erfährt, versucht er sich umzubringen. Mehr als ein Jahr muß er im Krankenhaus behandelt werden.

«Die lieblose und unstete frühkindliche Entwicklung des Patienten hat dazu beigetragen, daß er ein extrem unsicheres Selbstgefühl als Ausdruck eines stark depressiven Persönlichkeitskerns ausgebildet hat. Die mit dem jähzornigen Vater assoziierte Männlichkeit erlebt er als gefährlich, unvereinbar mit seinen Wünschen nach Harmonie und Geborgenheit, gleichzeitig erlebt er sich als körperlich impotent, wertlos, unerwünscht und ungeliebt. Im Symptom kommt es zu einem regressiven Ausweichen vor der ‹erwachsenen› und für ihn ebenso gefährlichen wie gefährdeten phallisch genitalen Sexualität. Es ist der Versuch einer Reinszenierung der von ihm als warm und geborgen erlebten inzestuösen Situation mit der Schwester, in der er Trost und Bestätigung erleben kann.» (S. 41)

Beispiel – Exhibitionismus: Der 38jährige Patient ist groß, stets sorgfältig gekleidet, kontrolliert und freundlich. Er schämt sich für sein Exhibieren und versteht es nicht. Nach jedemmal hat er starke Schuldgefühle, die seinen Wunsch zu exhibieren erneut steigern. Aufgewachsen ist er in einer gutbürgerlichen Familie, die größten Wert auf Ordnung, Leistung und Religiosität legte. Als einziger Sohn der Familie hat er vier ältere Schwestern. Die Mutter dominiert die Familie, der Vater trinkt und wird im Rausch aggressiv. Der Junge fühlt sich von niemandem respektiert und ernst genommen. Unter großen Schwierigkeiten «beichtet» er seiner Mutter Schmerzen beim Urinieren. Im Alter von 9 Jahren wird er an einer Phimose operiert. Den Eingriff erlebt er als Verstümmelung. In der Pubertät plagen ihn extreme Masturbationsskrupel und Ängste wegen seines «verstümmelten» Gliedes. Als Erwachsener fühlt er sich geschlechtlich minderwertig. Er beginnt zu exhibieren. Besonders dann, wenn sich berufliche Erfolge abzeichnen, verstärkt sich sein Drang zu exhibieren, was schließlich mehrere erfolgversprechende berufliche Ansätze zunichte macht. Mit 27 heiratet er, fühlt sich aber bald eingeengt und bricht nächtelang in Kneipen aus, um sich zu betrinken. Wenn er sich einsam und minderwertig vorkommt, steigt sein Bedürfnis, Neugierde und Anteilnahme zu provozieren – zu exhibieren.

«Die Problematik zentriert sich um eine unsichere männliche Identität mit leicht aktualisierbaren Kastrations- und Versagensängsten, bedingt durch die Person des schwachen Vaters, der für ihn kein Leitbild, keine Identifikationsfigur sein konnte, inmitten der von ihm als stark und entwertend erlebten Frauen. Versagensängste treten um so stärker auf, je erfolgreicher er sich durch seine guten Leistungen behaupten kann. Es überfällt ihn dann gleichsam ein ‹Höhenschwindel› ... Es ist sehr auffällig, wie sich in seiner Ehe die Konstellation seiner Kindheit wiederholt (dominante Frau, ihr unterlegener Mann, der periodisch ausbricht). Das Symptom übernimmt einerseits die Funktion, den am Erfolg Scheiternden seiner Männlichkeit und Stärke zu vergewissern, gleichsam seinen Phallus spürbar zu machen, ihm das Gefühl männlicher Integrität trotz seiner ‹Verstümmlung› zu vermitteln, andererseits dient es auch dazu, die Aufmerksamkeit als Mann zu erreichen, die er in seiner Entwicklung in einem ‹Frauenhaushalt› vermißt hat. Es ist auch ein Ausbruch aus weiblicher Dominanz und Entwertung, ein Triumph über die Herrschaft der Frauen, der ihm das Gefühl von Lebendigkeit und Größe vermittelt.» (S. 44)

Beispiel – Pädophilie / Sexueller Mißbrauch: Der 30jährige Patient wirkt jung, blaß, unbeholfen und verschlossen. Er ist der älteste Sohn einer gutbürgerlichen Familie. Der nächstjüngere Bruder ist der Liebling der Eltern, die Schwester löst sich früh aus dem Elternhaus, der jüngste Bruder ist geistig behindert und beansprucht die Eltern stark. Der strenge und hart strafende Vater stellt an ihn als «Stammhalter» höchste Ansprüche. Auch als Erwachsener fühlt er noch den väterlichen Druck. Seine Mutter erlebt er als kalt und abweisend. Er ist ein Einzelgänger, ein «Sonderling», der keine Freunde hat. Seit der Pubertät fühlt er sich Frauen gegenüber ängstlich und unterlegen. Allem Körperlichen begegnet er mit Scham und Hemmung. Bis zum Therapiebeginn hat er kein heterosexuelles Erlebnis. Mit 20 werden ihm homosexuell-pädophile Wünsche bewußt. Pubertierende Jungen haben für ihn eine «engelhafte» Erscheinung. Er hat Kontakt zu Strichjungen und überhöht diese Beziehungen begeistert. Er sucht Freundschaft und Zärtlichkeit. Ansonsten ist sein Grundgefühl geprägt durch Einsamkeit, Leere und ständige Angst.

«Der Patient hatte unter dem bedrohlich erlebten und ihn ängstigenden Schatten des Vaters gleichsam kein Licht zum Wachsen und Reifen. Bei der Kühle der Mutter – sie war durch die vielen Kinder wahrscheinlich überfordert – fehlte ihm der Boden, in dem er Wurzeln schlagen konnte. Zuwendung hat er vorwiegend als Kritik erfahren. Ebenso wie die Eltern ihn nie akzeptierten, wie er war, kann er sich selbst nicht akzeptieren. Er durfte als Ältester zuwenig Kind sein, mußte ständig Anforderungen genügen, denen er nicht gewachsen war. Seine Persönlichkeit ist gekennzeichnet durch ein ständiges Gefühl des Überfordertseins. Realitätsbewältigung und männliche Selbstbehauptung sind stark angstbesetzt. Er weicht der von ihm als lieblos und fordernd erlebten Realität aus, indem er sich als Einzelgänger in eine selbstgenügsame, tröstliche, aber ‹objektlose› Traumwelt flüchtet. Im Symptom kommt es zu einer identifikatorischen Wunscherfüllung. Er erfüllt den (meist) bedürftigen Jungen die Wünsche nach Fürsorge und Geborgenheit, die in ihm unerfüllt blieben, und verschmilzt so mit einem glücklicheren Altersego. In seinen pädophilen Beziehungen verliert er das Gefühl von Einsamkeit, Unsicherheit und innerer Leere und kann passager Trost und Lebendigkeit erfahren.» (S. 74)

Beim Lesen dieser und anderer Fallgeschichten überkam uns gelegentlich ein Gefühl der Ratlosigkeit. Unterscheiden sich die Sozialisationsbedingungen dieser Männer wirklich so gravierend von denen anderer, die kein perverses Symptom entwickeln? Für viele Jungen bleibt der Vater unerreichbar, weil er sich drückt, entwertet ist und konturlos bleibt oder weil er überstreng und brutal ist. Haben andere Jungen in ähnlichen Kindheitsverhältnissen einfach «Glück», weil sie *nur* ein psychosomatisches Symptom ausbilden, zum Schläger, zum Trinker oder zum Sexprotz werden? Und warum sind es fast ausschließlich Jungen, die pervers werden?

Es fällt uns ausgesprochen schwer, auf diese Fragen Antworten zu finden. Ein Versuch: Jedes Individuum hat neben Gemeinsamkeiten mit anderen, die sich aus seiner Geschlechtszugehörigkeit, seiner sozialen Herkunft und Kultur ergeben, immer auch eine ganz persönliche Biographie. Der entscheidende Unterschied zwischen Männern mit und ohne einem perversen Symptom ist, daß ersteren zu *keiner* Zeit ihres Lebens identitätsgebende und -stabilisierende Ausweichmöglichkeiten zur Verfügung gestanden haben. Möglicherweise besteht das «Glück» der anderen lediglich darin, perverse Phantasien im Traum neutralisieren zu können und voyeuristische Neigungen im Park, in der Peepshow oder im Pornofilm zu befriedigen. *Glück* kann auch heißen, sich im Geschlechtsakt seiner selbst zu vergewissern, indem man ihn jeden Sonntagmorgen zur gleichen Uhrzeit und in stets der gleichen Weise ritualisiert und nicht zuletzt, seine Männlichkeit durch Muskeln, Brusthaare, enge Hosen und Autorasen (sich selbst) überzeugend demonstriert. Perversen Jungen und Männern ist es dagegen nie gelungen, ihrer Persönlichkeit auf einer, wenn schon nicht realen, so doch gesellschaftlich akzeptierten Ebene Ausdruck zu geben.

Je umfassender die männliche Identität gestört wird, je gehemmter oder unkontrollierbarer aggressive Impulse erlebt werden, je negativer das Selbstwertgefühl ausgeprägt ist und je mehr Angst intime menschliche Bindungen auslösen, desto gefährdeter sind Jungen, pervers zu werden, und besonders dann, wenn sich an ihren psychosozialen Lebensbedingungen nichts Entscheidendes verändert. Jeweils auf ihre Weise versuchen Perverse, ihre Persönlichkeit und – als einen ihrer integralen Bestandteile – ihre Geschlechtsidentität vor dem *endgültigen* Untergang zu retten. Daß ihnen das nur in einer scheinrealistischen Inszenierung und/oder einem aggressiven Ausbruch gelingt, kommt uns vor wie eine tragische Überspitzung anderer durchaus üblicher Männlichkeitsrituale.

Und die Mädchen? Werden sie unter vergleichbaren Bedingungen eher magersüchtig? Oder unterwerfen sie sich wie in ihrer Kindheit einer Macht, einem Zuhälter, einem Quäler, oder lassen sie sich als Domina dafür bezahlen, Männer den «Popo» zu versohlen? Es scheint uns plausibel, daß Mädchen auf irrsinnige Weise besser vor einer perversen Symptombildung geschützt sind, weil sie die Entwertung ihres Geschlechts und den Mangel an Liebe eher in Bescheidenheit und Anpassung ummünzen können, womit sie immerhin im Rahmen der gesellschaftlich akzeptierten weiblichen Geschlechtsrolle bleiben.

Mein ist die Rache:
(Sexuelle) Gewalttäter

«Es waren wirklich gute Horrorschau-Grudies, die dann ihre
rosa Glotzies zur Schau stellten, o meine Brüder, während ich
abschnallte und einen klar machte, die Dewotschka zappelnd
und kreischend vor mir auf der Tischkante, wo Dim sie hinge-
setzt hatte... Nach mir war es dann richtig, daß der alte Dim an
die Reihe kam, und er machte seine Sache in einer viehischen,
schnaubenden und heulenden Art und Weise, ohne daß seine
Shelley-Maske sich etwas anmerken ließ, während ich sie auf
der Tischkante hielt... Dann war so was wie Stille, und wir waren voll von so was wie Haß, und so schlugen wir zusammen, was
noch übrig war – Schreibmaschine, Lampe, Stühle... Wir gingen
raus und warfen uns in den wartenden Wagen, und ich ließ
Georgie ans Steuer, weil ich mich ein malenki bißchen schlapp
und mürbe fühlte, und wir fuhren zurück in die Stadt und plät-
teten unterwegs ein paar quietschende kleine Dinger.»
(Aus: Anthony Burgess, Uhrwerk Orange)

Über Vergewaltiger zu schreiben fällt uns schwer. Anders als bei perversen Männern gelingt es hier nicht so leicht, sich abzugrenzen. Das Gefühl,
das uns ein Freund schilderte, kennen wir auch: «Je dreckiger es mir geht,
beruflich und privat, desto größer ist mein Bedürfnis nach sexueller Bestätigung.» Und was passiert, wenn die Partnerin oder wer auch immer
nicht willens ist, den letzten Rettungsanker zu sichern?
In der Gesellschaft gibt es durchaus unterschiedliche Ansichten darüber,
was ein Mann getan haben muß, um ein Vergewaltiger zu sein. Hat der
Mann die Frau penetriert? Hat er sie «nur» sexuell belästigt? Oder hat sie
ihn sogar dazu eingeladen? Trägt die Frau also Mitschuld, weil sie hätte
wissen müssen, daß ein Mann sich nicht mehr zurückhalten kann, wenn er
einmal einen bestimmten Punkt überschritten hat? Einig ist man sich jedoch in der Verabscheuung eines Mannes, der als Vergewaltiger verurteilt, also überführt worden ist. In den Knästen rangieren Sexualstraftäter
auf unterstem Niveau. Ihr Vergehen besteht im unmännlichen Kontrollverlust. Unverzeihlicherweise ist ihnen eine Sicherung durchgeknallt.
Man kennt das ja, die Sache mit dem Überdruck, aber ein richtiger Mann
muß sich eben auch beherrschen können. Noch schlimmer aber haftet an
ihnen der Makel, «so etwas nötig gehabt» zu haben.

Wir glauben in der Tat, daß einem Vergewaltiger in gewisser Weise eine Sicherung herausgesprungen ist, ähnlich wie anderen Gewalttätern im übrigen auch. Nur hat sich die Aggression nicht einfach aufgrund eines Triebstaus ein Ventil gesucht. Eine Vergewaltigung ist eine panische Flucht nach vorn, oft eine aberwitzige Rache für «Jahr und Tag» und immer ein nicht wiedergutzumachender, tragischer Fehler. Und die Rache ist nicht süß.

Befragt man verurteilte Täter, wie das die schwedische Psychotherapeutin Eva Hedlund (1986) getan hat, erfährt man, daß die meisten aus einem Gefühl der Bedrängnis und Ohnmacht heraus gehandelt haben. Nur etwa ein Drittel der befragten Täter gab an, zum Zeitpunkt der Vergewaltigung Geschlechtsverkehr gewollt zu haben. Sexuelle Lust haben die wenigsten dabei empfunden. Vielmehr herrschten Gefühle wie Wut, Panik, Ekel und Angst, Enttäuschung, Niedergeschlagenheit und Trauer vor: «In den meisten Fällen war der Vergewaltigung ein Streit oder eine andere Aufregung mit einer Frau, die ihnen etwas bedeutete, vorangegangen. Es scheint, daß der Beschluß, sich sexuell zu betätigen, vorwiegend aus einem Gefühl der Wut und Verzweiflung entsprungen war und daß der Geschlechtsakt eine Art von Rache oder Bestrafung an der Frau sein sollte, die sie verlassen oder abgewiesen hatte. Dennoch war in den meisten Fällen das Opfer eine andere Frau» (S. 82).
Der überwiegende Teil der Täter beteuerte nach wie vor, unschuldig zu sein, oder schob dem Opfer zumindest eine Mitverantwortung für die Tat zu. Mit großem Aufwand versuchten sie, die für sie unerträgliche Konfliktsituation im nachhinein zu verdrängen, denn «zu Sinnen» kamen sie erst hinterher. Während der Tat war das Opfer für sie nur Objekt und Zielscheibe, jemand, dessen Gefühle und Reaktionen sie weder damals noch später richtig verstehen wollten oder konnten. Nur jenen, die während der Haftzeit mit jemandem über sich reden konnten, war es später möglich, ihr Vergehen als Vergewaltigung einzugestehen. Eva Hedlund vermutet, daß Männer, die die Gelegenheit hatten, über ihre Angst und ihre Lebensbedingungen zu sprechen, eher in der Lage waren, mit ihrer Tat fertig zu werden und Schuld auf sich zu nehmen (vgl. S. 82).

Die US-amerikanischen Psychologen Nicholas Groth und William F. Hobson (1986) glauben, daß Vergewaltiger im Grunde ebensowenig aus sexuellen Motiven heraus handeln, wie Alkoholiker trinken, weil sie durstig sind. Sie betrachten Vergewaltigung als eine «pseudosexuelle Tat», die in erster Linie nichtsexuellen Zielen dient. Eine Vergewaltigung stellt eher den sexuellen Ausdruck von Aggression als den aggressiven Ausdruck von Sexualität dar (vgl. S. 88).

Auf der Basis dieser Grundannahme haben Nicholas Groth und William F. Hobson drei unterschiedliche Hauptgruppen von Tätern ausgemacht: Die erste Gruppe handelt vorwiegend aus Wut. Der Angriff auf die Frau erfolgt meist impulsiv und ungeplant, körperliche Kraft wird mehr angewendet, als nötig wäre, um das Opfer zu überwältigen. Die Wahl des Täters trifft diejenige, die gerade «zur Verfügung» steht. Der Täter übt Vergeltung für empfundenes Unrecht oder Demütigungen, die er erlebt hat. Die zweite Gruppe handelt aus Machtverlangen. Der Überfall geschieht in der Regel vorsätzlich, häufig im Gefolge von Vergewaltigungsphantasien, begleitet von allen möglichen Drohungs- und Gewaltmitteln, ohne die Frau jedoch absichtlich körperlich verletzen zu wollen. Die Opfer sind besonders verletzbare Frauen, oft gleich alt oder jünger als der Täter, der mit seinem Angriff ein Gefühl der Macht erlangen will, um andere tiefsitende Gefühle von Unsicherheit und Unzulänglichkeit zu überspielen. Die dritte Tätergruppe erotisiert die körperliche Gewalt. Die Übergriffe erfolgen zwanghaft und ritualisiert. Die Opfer sind häufig fremde Frauen. Mit ihrer Handlung versuchen die Täter symbolische Kontrolle über ihr Opfer zu erringen, um eigene Vernichtungsängste aufzulösen und das seelische Gleichgewicht wiederzuerlangen (vgl. S. 90).

Mehr als sechzehn Jahre haben sich Groth, Hobson und ihre Kollegen mit insgesamt über tausend sexuellen Gewalttätern beschäftigt. Sie sind dabei zu dem Schluß gekommen, daß vergewaltigende Männer ihre Umwelt als extrem belastend und feindselig erleben, und glauben, nur durch Gewalt ihr Überleben sichern zu können. Sicherlich nicht für alle, doch auch nicht für wenige Vergewaltiger gilt: «Ihr angeschlagenes Selbstbewußtsein, ihre gestörten Beziehungen zu anderen Menschen, ihre ineffektiven Lebensbewältigungsstrategien und ihr tiefsitzendes, alles beherrschende Gefühl von Wut und Frustration sind das Produkt schlechter Behandlung während der entscheidenden, prägenden Lebensjahre. Als Kinder wurden sie körperlich und seelisch gequält, wurden mißbraucht, abgelehnt, ausgenutzt oder verlassen, was ihren psychischen Reife- und Entwicklungsprozeß entscheidend beeinträchtigte. Die Folge solcher Mißhandlung und falscher Fürsorge ist eine psychische Unreife» (S. 96).

Eberhard Schorsch und seine KollegInnen (1985) befassen sich mit Vergewaltigern auch im Hinblick auf perverse Symptome: Je größer die Männlichkeitsproblematik ist, die einem Gewaltakt zugrunde liegt, desto mehr Wut und Haß – die in vielen Fällen der Mutter gelten – äußern sich im sexuellen Übergriff. Und: «Je tiefer und früher die Ängste verwurzelt sind, desto größer ist das Aggressionspotential» (S. 54).

Wie im vorausgegangenen Abschnitt über sexuelle Perversionen wollen wir auch in diesem Zusammenhang einen Fall aus der therapeutischen Arbeit von Eberhard Schorsch und seiner MitarbeiterInnen (1985) vorstellen. Das Beispiel kann keinesfalls die gesamte Bandbreite möglicher Tatmotive von Vergewaltigern erklären. Es soll lediglich veranschaulichen, wie wenig es in Wirklichkeit vielen Vergewaltigern um die Befriedigung ihrer sexuellen Lust geht:

Der 26jährige Patient ist klein, etwas untersetzt, wirkt kindlich und hilflos. Er wächst auf in einem kleinbürgerlichen Elternhaus. Der Vater ist streng, zu ihm hat er ein distanziertes Verhältnis. Seine Mutter verhätschelt und umsorgt ihn bis ins Erwachsenenalter und sucht jeden seiner Schritte zu begleiten. Als Kind ist er kränklich, errötet schnell und leidet unter Sprechängsten. Bei späteren gelegentlichen Beziehungen zu Mädchen treten Potenzängste auf. Bis zu seiner Heirat im Alter von 23 Jahren lebt er bei seiner Mutter. Sein Verhältnis zu ihr erlebt er allmählich als zwiespältig: Auf der einen Seite spürt er, ohne sie nicht auskommen zu können, und ist deshalb voller Wut, auf der anderen Seite genießt er es, von ihr verwöhnt zu werden. Seine Ehefrau kann ihn dem Einfluß der Mutter nicht entziehen, da sie sich selbst noch sehr unselbständig und kindlich verhält. Seit der Pubertät masturbiert er mehrmals am Tag. Dabei hat er manchmal Vergewaltigungsphantasien mit Mädchen, die er wehrlos und gefügig macht. Wenige Tage vor der Hochzeit vergewaltigt er ein junges Mädchen. Unmittelbar nach der Geburt seines Sohnes begeht er die zweite Vergewaltigung.

«Es handelt sich um eine sehr unreife Persönlichkeit, die aufgrund einer protrahierten (verlängerten) Bindung an die verwöhnende, kontrollierende Mutter keine männliche Identität entwickelt hat und kindlich strukturlos in symbiotischer Abhängigkeit von ihr geblieben ist. Der Patient sieht seine Umwelt im Lichte seiner Bedürfnisse, ist unfähig, sich in die anderer einzufühlen, und delegiert die Verwantwortung für sein Tun an andere, die er für seine Interessen einsetzt. In dem Gefühl von Ohnmacht und Abhängigkeit von der vereinnahmenden Mutter bietet die zwanghafte Onanie die Möglichkeit, sich punktuell abgegrenzt und eigenständig zu fühlen. In Situationen, in denen er Verbindlichkeiten eingehen und Verantwortung übernehmen muß (Heirat, Geburt des Kindes), kommt es zu aggressiven Ausbrüchen, in denen seine Wut gegenüber Frauen deutlich wird ... Zentral erscheinen ... Trennungs- und Verschmelzungsängste, die Wutgefühle auf die autonomieverhindernde Mutter auslösen. Im Symptom werden die Rollen vertauscht: Aus dem wehrlosen, gefügigen, unmännlichen Opfer, als das er sich erlebt, wird er zum Potenten, Mächtigen, der die Frauen überwältigt und wehrlos macht.» (S. 54)

Die Beschäftigung mit den Motiven und biographischen Hintergründen von sexuellen Gewalttätern kann nicht bedeuten, sozusagen ersatzweise für die weiblichen Opfer nun den Müttern die alleinige Schuld in die Schuhe zu schieben. Die Beispiele zeigen, daß die Väter ihren Teil beigetragen haben.

Uns geht es um die Lebensbedingungen von Jungen und Männern und um das, was Täter und Nichttäter miteinander verbindet. Um etwas aus der Lebensgeschichte eines Vergewaltigers lernen zu können, muß man allerdings grundsätzlich bereit sein, Jungen auch als *Opfer* der Verhältnisse anzunehmen. Besonders drastische Fallbeispiele ragen wie die Spitze eines Eisbergs einsam aus der Oberfläche. Geht man ihnen auf den Grund, wird mit einemmal deutlich, wie wenig manchmal fehlt, um den einen oder anderen ebenfalls nach «oben» zu treiben.

Früh und allumfassend sehen sich kleine Jungen gezwungen, ihr Geschlecht über das andere zu erhöhen. Ein Junge muß in jedem Fall besser und stärker sein als jedes Mädchen, unabhängig von seinen Möglichkeiten. Jedes sich anbahnende Gefühl, einem Mädchen unterlegen zu sein, muß schon im Keim erstickt werden. Im Umgang mit Geschlechtsgenossen lernen Jungen bald nach der Parole «Angriff ist die beste Verteidigung» zu handeln. Ein Junge, der ein Mädchen verhaut, muß sich dagegen zum Vorwurf machen lassen, sich an einer Schwächeren vergriffen zu haben. – Eine verwirrende Maßregelung, die der insgeheimen Wahrnehmung vieler Jungen oft völlig widerspricht. Was den Jungen bleibt, ist die trügerische Versicherung, garantiert stärker als die Mädchen zu sein – weshalb sie großzügig auf Gewalt verzichten können.

Gleichzeitig ist es eine Frau, in deren starke Arme ein notbedrängter Junge flüchten kann, wenn er in der Jungenwelt eine Niederlage erlebt hat. Wer sonst als die Mutter verspricht von morgens bis abends Trost und Geborgenheit? Und niemandem gegenüber kann ein Junge so selbstverständlich Zuneigung und Bewunderung einfordern, denn der Vater hält sich in Sachen «emotionale Versorgung» in aller Regel diskret zurück. In den Armen seiner Mutter sucht der Junge die Bestätigung: Komme was wolle, ich bin und bleibe ihr geliebter Junge – einerseits. Andererseits darf er nicht in den Verdacht geraten, allzu lange von ihrem Rockzipfel abhängig zu sein. Jungen vollziehen innerlich einen Spagat: Mutter, ich brauche dich, aber ich habe dich nicht nötig! Im tiefsten Innern ist die Mutter als einzige in der Lage, die von Zeit zu Zeit bedrohte Männlichkeit wieder aufzurichten. Panik kommt auf, wenn sie im entscheidenden Moment nicht zur Stelle ist oder sie ihm diesen Dienst verweigert (indem sie ihn beschimpft oder ignoriert), und Wut: Was für eine Ungerechtigkeit!

Wir glauben, daß die Gewalt gegen Frauen häufig sowohl aus der Wut gegen die sich verweigernde Frau/Mutter (denn man hat Anspruch auf ihre Liebe) entspringt als auch aus der Wut auf sich selbst, die Frau zur Rettung ihrer Männlichkeit nötig zu haben. Hat die Frau den Mann verletzt und ihm das Gefühl gegeben, ihr tatsächlich und wahrhaftig unterlegen und von ihr abhängig zu sein, steht er mit dem Rücken zur Wand. Wenn sie eine solche Macht hat, braucht auch die hehre Ritterregel nicht mehr zu gelten. Als Verteidigung hilft dann nur noch Angriff, sei er verbal oder – wenn es ganz schlimm kommt – körperlich.

Was viele Männer mit einem Vergewaltiger gemein haben, ist die frühe und sich stets wiederholende Erfahrung, daß letzten Endes immer eine Frau die Definitionsmacht über ihre Männlichkeit hat. HeMan könnte alle Unholde des Universums abmurksen. Wären da nicht seine Mutter, seine Schwester und die Frau, um die es offiziell immer geht und die ihm diesen Unfug zu danken haben, HeMan wäre auch seiner letzten redlichen Illusion beraubt. Jeder Mann kennt den Wunsch, im Bett Trost und Sicherheit zu finden – und zu «triumphieren», wenn sein männliches Selbstwertgefühl Schaden genommen hat.

Aggressiven Jungen und Männern geht es in erste Linie um die Abwehr von empfundener Gefahr und Bedrohung, die um so stärker erlebt werden, je weniger Angst zugelassen werden kann und darf. Viele Männer stehen von Kindesbeinen an ratlos vor der Frage: «Bin ich ein Mann, wenn ich Angst habe?» Im Alltag mit Geschlechtsgenossen versuchen Jungen und Männer häufig mit Fäusten – oder «kultivierter»: mit Ellenbogen – eine Antwort darauf zu geben. Werden jedoch Frauen als mächtig und bedrohlich erlebt, liegt es für Männer nahe, die Identitätsproblematik zu sexualisieren (vgl. Eberhard Schorsch 1983, S. 29). Es scheint, als hätten Männer zwei «Schwänze». Der eine darf nicht eingekniffen, der andere nicht schlapp werden. Doch gerade wenn der eine eingezogen werden muß, versucht der andere sich aufzurichten. Eine als soziale Kastration empfundene Niederlage *kann* zur aggressiven Penetration führen. Das «Zeug» dazu hat potentiell jeder Mann.

Hätten Männer (Vergewaltiger im besonderen) als Junge mehr und differenziertere Möglichkeiten gehabt, männliche Identität auch außerhalb von Abgrenzung, Härte und Schwächeverleugnung zu entwickeln, stünden sie vermutlich weit weniger unter Zugzwang, mit aller Gewalt den Eindruck zu vermeiden, sie seien keine richtigen, allen erdenklichen Erfordernissen genügenden Männer. Wer sich nur als Traummann und Traumerfüller die Existenzberechtigung als Mann zugestehen kann, droht zuzuschlagen, sobald jemand an diesem fragilen Gerüst rüttelt. Frauen werden geschlagen – und vergewaltigt – aus Panik, weil sie den Männern am nächsten kommen und am ehesten einen Finger in die Identitätswunden legen können. Männer schlagen aus Vorsorge, um einer Entlarvung im wörtlichen Sinn zuvorzukommen, und sie vergewaltigen aus Rache, wenn die letzte, die sie retten könnte, sich verweigert. Das «Zauberschwert» ist vor allem anderen eine Waffe.

Bauchschuß für Little Joe: Eine Umfrage

> «Ich hoffe, daß die anderen Herren bessere Auskünfte geben können.»
> (Helmut, 67 Jahre)

Was haben wir da bloß angestellt?! Ein Jahr ist es her, daß wir rund 30 Freunde baten, uns einen persönlichen Text von zwei Seiten zum Thema «Das Kind im Mann» zu schreiben. Das war ein hartes Stück Arbeit – für alle Beteiligten.

Unsere Bitte hatten wir schriftlich formuliert. Nicht nur vom Papa mit der elektrischen Eisenbahn sollte die Rede sein, sondern auch von Erinnerungen an den frechen, braven, mutigen, ängstlichen, durchsetzungsfähigen oder geschubsten Jungen und schließlich von der Frage, ob es dieses Kind heute noch gibt.

Einige Männer erfüllten unseren Wunsch umgehend. Manche erkundigten sich erst einmal mißtrauisch, ob wir sie in die Pfanne hauen wollten. Andere meldeten sich überhaupt nicht mehr oder beteuerten, in den vergangenen Monaten beim besten Willen keine Zeit gehabt zu haben. Ein Mann schrieb uns: «Um ehrlich zu sein, möchte ich über das Kind in mir nicht schreiben. Ich weiß, daß es da ist, aber ich versuche im Augenblick eher, den Erwachsenen zu Potte kommen zu lassen, als daß sich das Kind weiterhin austoben sollte. Ich weiß, das ist nicht so ganz richtig, aber im Moment ist es mir lieber, wenn das Kind eine Weile stillhält. Wenn ich über das Kind schriebe, müßte ich es auch reden lassen. Tut mir leid.» Viele Männer wußten mit unserer Bitte zunächst überhaupt nichts anzufangen. «Was wollt ihr denn wissen?» fragten sie, oder sie stellten entnervt fest: «Ich weiß nicht, was ich schreiben soll.» Aber nach und nach kamen die Texte schließlich doch zusammen, häufig versehen mit Begleitschreiben, in denen von abgekauten Fingernägeln, zermarterten Gehirnen und dem Bedauern, daß nicht mehr dabei herausgekommen sei, zu lesen war.

Nach der Lektüre der Texte und Begleitschreiben wurde uns allmählich klar, welch große Bitte uns die Freunde erfüllen sollten. – So heilsam die Erkenntnis auch sein kann: Mit wem haben Männer nicht alles um ihre Männlichkeit gerungen, und jetzt soll das Kind im Mann möglicherweise immer noch nicht besiegt sein?! Ist es da verwunderlich, daß man sich sträubt, die Stelle aufzusuchen, an der das Kind eingebuddelt wurde?!

«Die letzten 15 Jahre habe ich damit verbracht, das Kind im Manne zurückzudrängen. Ich hatte immer das Gefühl, das blockiert mich nur, das wirft mich zurück», schreibt der 31jährige Erich. Mit diesem Satz bringt er den Umgang fast aller Männer mit sich selbst auf den Punkt. Wer aber wird da zurückgedrängt? Wer stört das Erwachsensein? Wie sieht das Kind aus? Was hat es gemacht, und wo wollte es hin? Hier einige Antworten:

«Nach der Grundschule verlor ich meinen besten Freund aus den Augen – ich ging ins Gymnasium, er zur Realschule. Ich langweilte mich. Ich hing meiner Mutter am Rockzipfel und fragte: Mama, was soll ich machen? Sie steckte mich nacheinander in einen Turn-, Schach-, Briefmarken- und Tischtennisclub. Ich haßte Vereine, schon damals, am liebsten spielte ich mit den Jungens aus der Siedlung Fußball. Ich spielte gut, konnte schnell laufen, auch wenn ich im Zweikampf manchmal den kürzeren zog – ich war nicht besonders stark. Ich war ehrgeizig und manchmal ein Spielverderber. Ich bekam einen neuen Fußball und brachte ihn mit. Aber wenn ich mich ärgerte und zu ungerecht behandelt fühlte – Foul nicht gesehen, Tor nicht anerkannt und so weiter–, schnappte ich mir den Ball und zog ab. Der ‹Sportlerfreundschaft› war das nicht gerade förderlich.» (Erich, 31)

Bert fühlt sich «auf dem falschen Fuß erwischt». Zunächst fragt er sich: «Wozu auch sollte ich mich erinnern. Hab genug zu tun, um die Gegenwart in den Griff zu kriegen, den Überfällen des Lebens halbwegs intakt gegenüberzustehen.» Dann aber erinnert er sich:

«Zigarrenstumpen fallen mir ein, die meine Mutter fand und kommentarlos an meinen großen Bruder weiterreichte, der wiederum mir das richtige Rauchen beibringen wollte, mit dem Ergebnis, daß ich mich ins Bett schleppte und am anderen Morgen hoch und heilig versprach, das Rauchen bis zu meinem 18. Lebensjahr zu lassen, unter anderem, weil mir 50 Mark versprochen wurden, sollte ich durchhalten. Meine Freundin Birgit fällt mir ein, mein Eigentum, weil ich mit ihr aufwuchs und sonst niemand, und die Katastrophe, als sie einen Aufschneider zum Freund wählte, mich links oder rechts oder sonst wie liegenließ und ich damit einfach nicht fertig werden wollte. Narziß, der ich war. War? Meine Noten fallen mir ein, meine Not, die ich hatte, wenn ich sie der alten Dame offenbaren mußte. Und meine langen Umwege, die ich veranstaltete, um den Weg nach Hause zu vermeiden. Mein Gott, waren das Katastrophen! ... Daß ich immer so fröhlich gewesen sein soll. Und daß der kleine Berti auch viel geweint haben soll und meine Brüder dann regelmäßig hämisch gerufen haben sollen: Radio Bremen, Popmusik, und daß ich dann verstummt sein soll und, und, und.» (Bert, 45)

Uwe wuchs bei seinen Großeltern auf, weil beide Eltern berufstätig waren. Er spielte immer allein, Besuch war nicht erlaubt, alleine rausgehen durfte er auch nicht, immer nur in Begleitung seiner Oma.

«Ich wollte zu meinen Eltern ziehen. Ich war da sechs. Ich mußte bei meiner Oma bleiben und wurde da eingeschult. Den anderen Jungs in meiner Klasse war ich körperlich unterlegen. Ich konnte wegen meiner Einlagen sehr schlecht laufen. Wegen einer Lungenentzündung war ich schwächlich. Kontakt zu finden war nicht möglich. Ich bekam täglich auf dem Heimweg Prügel. Vor allem von Martin. Sein Vater war selbständiger Uhrmachermeister. Vor dem Sohn einer solchen Kapazität sah sich meine Familie nicht in der Lage, mich zu schützen. Am Anfang des zweiten Schuljahrs habe ich mich in meiner grenzenlosen Wut gewehrt. Ich hab auf ihn eingedroschen wie verrückt. Viele Mitschüler haben zugesehen. Ich bin nie wieder verhauen worden. Dafür bekam ich die folgenden drei Schuljahre täglich Strafarbeiten, denn ich bekam ein vorlautes Mundwerk und Konrektor Schmitz als Klassenlehrer. Sein Lieblingsschüler war Martin.» (Uwe, 34)

Helmut, Jahrgang 1924, erinnert sich erst ab 1933, an den Betrag der Erwerbslosenunterstützung seines Vaters (11,50 Reichsmark) und daran, daß seine Mutter nähte, um ein paar Mark zu verdienen:

«Klar, daß wir als Kinder geklaut haben. Mit vier Jungen gingen wir zum Laden, drei kauften für 5 Pfennige Salmiakpastillen, der vierte staubte alle Marzipanschweine ab. Ich hatte eine 60-Stunden-Woche. Nach der Schule mußte ich meinem Onkel das Essen in die Steinfabrik bringen, das war ein ziemlich weiter Weg. Anschließend für 30 Kaninchen Futter holen ... Was haben wir sonst noch gemacht? Steine auf die Schienen gelegt, damit der Zug entgleist. Oder wir haben zu fünf Jungen in einen Karton geschissen, alles schön verpackt und an den Straßenrand gestellt. Dann hatten wir unseren Spaß, wenn ein Auto anhielt und den Karton mitnahm. Autos gab es ja damals nicht so viele. Wenn eins hielt, haben wir die Kühlerfigur abgeschraubt. Wir hatten drei große Kartons voll Kühlerfiguren. Was sollten wir als 13- bis 15jährige groß machen. Für arme Leute gab es nicht einmal ein Radio. Zu Hause saß ein mürrischer Vater, der mir ständig erzählte, wie blöd ich wäre.» (Helmut, 67)

Horst denkt «so selten wie möglich an den Jungen» in sich, denn Junge zu sein bedeutet für ihn, «anderen total ausgeliefert zu sein».

«Als Jungen hatten meine Brüder und ich gegenüber unseren Schwestern viele Vorteile. Obwohl wir eher geschlagen wurden als sie, durften wir uns viel freier bewegen, uns schmutzig machen, uns laut verhalten, unbeaufsichtigt mit dem Fahrrad durch die Stadt und in die Parks ziehen, auf Bäume klettern, fremde Leute ansprechen usw. Aber dafür gab es auch die Auflage, ständig ‹tapfer› zu sein. Eine ungezwungene, unbewußt lockere Haltung anderen Jungen gegenüber gab es nicht. Das Auslachen von anderen, die ständige Angst, daß man der Sündenbock werden könnte, das Unterdrücken von Gefühlen der Zärtlichkeit und Vertrautheit anderen Jungen und dem Vater gegenüber, all das kennzeichnet das ‹Jungensein› für mich ... Ich wußte selbst, daß ich nicht hart und tapfer war. Ich wußte auch, als ich mit anderen die ‹Schwachen› gehänselt und ausgelacht habe, daß das falsch war, und solche Ereignisse endeten oft in Orgien des Selbsthasses.» (Horst, 51)

Rudi sagt: «Das Kind im Mann muß jeden Tag mit großem Aufwand weginszeniert werden.» Er schrieb uns eine Geschichte. Ein Mann inszeniert seine Kindheit: Zuerst wirft er Ameisen in ein Glas Wasser (I. Akt: Überleben – Der Kampf gegen die Naturgewalten), dann versucht er eine Spinne gegen eine Fliege zu hetzen (II. Akt: Überleben – Der Kampf Kreatur gegen Kreatur), und nachdem beide Akte nicht so recht gelingen, entscheidet er sich für einen dritten Akt: Überleben – Der Kampf gegen den Tod:

«Als die gebündelten Sonnenstrahlen aus der Lupe die Spinne zum erstenmal auf den Rücken trafen, rückte sie in einer schnellen Bewegung ein Stück zur Seite. Als sie ein zweitesmal getroffen wurde, hatte sie keine Zeit mehr, sich zu bewegen, schnell stieg eine verspielt wirbelnde, winzige Dampfsäule aus ihrem flimmernden Rücken auf, und das war immer schon der Zeitpunkt gewesen, an dem sich keine Spinne mehr bewegt hatte, und nach nur wenigen Augenblicken kam es, kam der Knall, mit dem die Spinne platzte und sich in alle Winde zerstäubte, spurlos ... Dennoch nicht ganz zufrieden mit dem Verlauf, räumte ich meine Instrumente zusammen und verstaute sie sorgfältig, obwohl ich mir sicher war, daß ich diese Inszenierung, die in meiner Kindheit ein sich regelmäßig wiederholender Ritus war, in meinem Leben nicht mehr wiederholen würde.» (Rudi, 29)

Karl beschreibt «öde Sonntagnachmittage in der westfälischen Provinz», die für ihn als Einzelkind nur schwer zu ertragen waren:

«Sonntag bedeutet Spaziergang mit den Eltern mit anschließendem Kaffee und Kuchen (‹Junge, wieso nimmste nich noch ’n Stückscken?›). Sonntag heißt, viel schlimmer, der Tag vor Montag, Schulbeginn, unüberschaubare

Zeit des Horrors. Wieder eine Woche ungleicher Auseinandersetzungen, etwa mit dem Deutschlehrer, der meine Versetzung verhindert, weil ich ihn, 13jährig, einen alten Nazi nenne. Oder dem nicht minder faschistoiden Physiklehrer, der uns regelmäßig prophezeit, wir würden alle als Schuhputzer der Kommunisten in Moskau enden. Meinem Vater bin ich noch heute dankbar dafür, daß er mich stets ermutigte, mich gegen die zu wehren. So versuche ich stets, ein tapferer Junge zu sein, schlucke die Angst und lasse mir nichts anmerken. Als Mini-Bogart mit 10 oder 12 Jahren halte ich mich ganz ordentlich. Nur sonntags packt mich regelmäßig die grenzenlose Angst vor allen Niederlagen und Demütigungen der bevorstehenden, nicht kalkulierbaren Woche.»

Karl nannte seinen Text: «Bauchschuß für Little Joe.» Er arbeitet heute in einer psychiatrischen Klinik und betont, sich für Depressionen, Selbstmordgedanken und Halluzinationen erst sehr spät interessiert zu haben: «Eigentlich wollte ich Filmkritiker werden.» Als Filmheld («Mini-Bogart») war er mit all seiner verschluckten Angst überfordert. In Gedanken werden die Hauptdarsteller exekutiert. Auch der Vater muß dran glauben:

«Am schlimmsten ist der Sonntagabend, die Bonanza-Zeit. Unter dem Vorwand, unbedingt diese Sendung sehen zu wollen, bleibt mir wöchentlich die Abendmesse der nahen katholischen Kirche erspart. So verfolgte ich jedes Abenteuer dieser merkwürdigen Familie, die nur aus Männern besteht. Die anfängliche Langeweile in der Beziehung zum ewig harten Adam und zum immer tolpatschigen, gutmütigen, dicken Hoss entwickelt sich schnell zur tiefen Abneigung ... Gedanklich nehme ich sie auseinander, verabscheue die tumben Klischees und werde zunehmend zum (kindlichen) Filmkritiker. In einigen Folgen greife ich allerdings auch aktiv in die Handlung ein, vermöbele die saubere Cartwright-Familie oder schieße sie kurzerhand im Duell nieder. Nur hin und wieder werde ich etwas unsicher, ob die Cartwrights wirklich dafür verantwortlich sind, daß mir sonntags abends immer zum Heulen ist.»

Karls «Kind» lebt noch – wenn auch in (sicherer) Deckung:

«Ich ertappe mich manchmal dabei, die Programmvorschau der Privatsender durchzublättern. Deren drittklassige amerikanische Serien kritisiere ich regelmäßig in Diskussionen als Dreck und Volksverdummung. Insgeheim habe ich aber auch panische Angst davor, dort plötzlich wieder auf Pa, Adam, Hoss und Little Joe zu treffen.» (Karl, 32)

Einige Männer besinnen sich in der Rückerinnerung an die Kindheit auch an schöne und unbeschwerte Augenblicke und Zeiten. Im Vergleich zu heute erscheint das Jugenddasein als paradiesisch. Günter fragt sich nach dem Zeitpunkt, an dem er seine Kindheit «verloren» hat: «Wann werden leichte und spielerische Situationen plötzlich ganz schwer und verkrampft, so als hingen Gewichte der Lähmung an allen (auch da) Körperteilen? Ich weiß nicht wann, aber ich bin davon überzeugt, es war viel zu früh.» In seiner Erinnerung taucht eher der «Mann im Kind» auf. Um auf das «Kind» zu stoßen, muß er schon ziemlich weit zurückgreifen:

«Ich merke mein Kindsein im ausgelassenen, partnerschaftlichen Toben inklusive Kindersprache, das mehr ist als ein Rollenspiel. Es ist ein Spiel ohne Rolle, es ist mein (Kind-)Sein, und meist fühle ich mich dabei wirklicher als in den Rollen des Ernstfalls, den Männerrollen. Ich fühle es sogar beim Sex, wenn mir Stellungen und/oder Partnerin erlauben, gleichzeitig meine ‹oralen›

Gelüste zu befriedigen. Und es ist wirklich in keiner Weise psychologisch überinterpretiert, wenn ich diese Erfahrung als lustvolle Regression bezeichne. Wenn die Partnerin dann noch genauso drauf ist, erfüllen sich unphantasierte Sandkastenphantasien.» (Günter, 27)

Frank ist in Südeuropa aufgewachsen. Ein richtiges Zuhause hat er heute nicht mehr. Seine Kindheit ist die Zeit, in der er sich geborgen sieht:

«An was ich mich erinnern kann, ist die uneingeschränkte Freiheit, die ich genoß. Ich spielte jeden Tag mit vielen Kindern Fußball auf der Straße oder ‹Versteck dich›. Durch dieses intensive Spielen sind wir Kinder uns sehr nah gekommen und hatten die Möglichkeit, viel von der Lebensweise, Wohn- und Familiensituation anderer Kinder zu erfahren. Der soziale Zusammenhang war sehr transparent und eindeutig.» (Frank, 40)

Leo wendet sich gegen die Engstirnigkeit der Erwachsenenwelt, die vorgibt, alles schon zu wissen, und keine Neugierde mehr kennt:

«Neugierde lebt für mich aus dem Wissen, daß alle Ordnungen, die wir haben, eben doch nicht das letzte sind, daß es dahinter noch etwas ganz anderes gibt. So, wie der Junge, der, wenn man in ihm die Lust am Entdecken nicht schon in frühester Kindheit zerstört hat, nicht sagt: Da ist eine Mauer, sondern der losrennt und guckt, was denn wohl dahinterliegt. So, wie der Junge, der an keiner Höhle vorbeigehen kann, der nachprüfen muß, wie tief eine Pfütze ist, und der unbedingt wissen will, was passiert, wenn man einen Knallfrosch in einen Briefkasten schmeißt ... Junge sein heißt, bestimmte Grenzen einfach nicht zu akzeptieren, und nicht zu verlernen und aufzugeben, die Welt verstehen zu wollen.» (Leo, 35)

Auch der 60jährige Max erinnert sich gerne an den «richtigen» Jungen. Er denkt «mit Wehmut» an das Schöne und betrauert die unausweichliche Tatsache, daß «das Alter der Jugend weichen» muß:

«Wenn ich an einem Kirschbaum vorbeikomme, muß ich an mich halten, sonst würde ich genau wie früher die süßen Früchte in mich hineinstopfen, bis ich fast nicht mehr atmen kann... Vor allen Dingen denke ich an meine Jugend, wenn ich in eine Gegend komme, wo ich die meiste Zeit meiner Kindheit verbracht habe, wo wir ‹Krieg› führten, mit Knüppeln, Luftgewehren, Schleudern, Steinen und allen möglichen Wurfgeschossen. Es siegte zwar nie eine Seite, aber es machte trotzdem Riesenspaß... Des öfteren stehe ich irgendwo auf einer Höhe und lasse mir den Wind um die Ohren blasen und denke an die Zeit, als ich meist alleine auf einer Anhöhe saß, die Blicke in die Ferne schweifen ließ und von allen möglichen Dingen träumte.»

Sven gibt ein Beispiel aus seiner Kindheit, ein Traum von Größe und unzerbrechlicher Ganzheit:

«Dem siebenjährigen Knaben schossen die Tränen in die Augen, als nach dem unsäglichen Wembley-Tor Siggi Held und Lothar Emmerich weinend vor der Queen standen. Dieser Tränen erinnert sich der erwachsene Mann im Jahre des Pokalsiegs der Nachfolger von Siggi und Emma. Über TV gerät er in den Siegestaumel am Borsigplatz, fühlt nur noch gelb-schwarz und ist für alle Rationalisierungen des kommerziellen Phänomens Fußball nicht mehr zugänglich. Heute weint er nicht mehr, bestimmten Menschen gegenüber kann er sogar zeitweise seine Vorliebe verbergen, doch er weiß genau: Hier und nirgendwo anders lebt das Infantile im Manne ungebrochen weiter.» (Sven, 30)

Zwei unserer Freunde wollen mit dem Kind im Mann weder wenig noch viel zu tun haben. Sie sehen es nämlich gar nicht, oder vielleicht sollten wir sagen: Sie zeigen es uns nicht. Sie schildern weder schlimme noch schöne Kindheitserfahrungen und lassen auch nicht erkennen, ob ihre Kindheit irgend etwas mit ihrer Situation als Erwachsene zu tun hat. Besonders Jacob macht allerdings deutlich, daß er mit dem «Kind im Mann» ausschließlich unangenehme Eigenschaften verbindet:

«Ich habe lange über das Thema ‹Kind im Manne› nachgedacht, jedoch das Kind in mir nicht gefunden. Den Begriff oder Satz ‹das Kind im Manne› habe ich ja schon öfter gehört. Hiermit spricht man doch allgemein auf Männer an, welche in einer gewissen Art sehr eigen sind, denen z. B. ein Auto ganz allein gehört und mit dem sonst niemand, auch nicht die Ehefrau, fahren darf, die gerne mit der Eisenbahn ihres Sohnes spielen oder sonst irgendein Hobby pflegen, mit dem sie es übergenau nehmen.»

Das «Kind» in sich zu finden scheint für Jacob zu bedeuten, nicht erwachsen genug zu sein:

«Spricht man vom ‹Kind im Mann›, so sind es oft Frauen, die das sagen. Sind denn Frauen erwachsener als Männer? Ich glaube, hier gibt es solche und solche. Der Erwachsenenalltag läßt den Menschen heute keine Möglichkeit, wie ein Kind zu handeln oder etwa zu denken (mit Ausnahmen im Privatleben – Hobby). Mag sein, wenn ich beim Spiel verliere und mich darüber ärgere, daß jemand meint, dieses Handeln wäre bei mir das Kind im Manne. Ich sehe das nicht so, sonst hätten alle Menschen ein Kind im Mann oder in der Frau, denn wer spielt oder betreibt schon einen Wettkampf, um zu verlieren.»

Wir glauben in der Tat, daß jeder Mensch sein ‹Kind› noch in sich trägt. Schon wegen der schlichten Tatsache, daß ein Leben auf der Summe seiner Erfahrungen beruht, unabhängig davon, ob auf alles bewußt zurückgegriffen wird oder nicht. Und zu keiner anderen Zeit werden so viele,

das weitere Leben prägende oder doch zumindest mitbeeinflussende Erfahrungen gemacht wie in der Kindheit.

An einer anderen Stelle stößt auch Jacob auf Parallelen seines Erwachsenenlebens zu seiner Kindheit. Er unterscheidet sehr ähnliche männliche «Pflichten» von Jungen und Männern voneinander, betont anschließend aber nochmals, daß das mit dem Kind im Mann nichts zu tun habe:

«Als Kind hatte ich folgende Ziele bzw. Sorgen: Draußen spielen zu dürfen, bestimmte Spielsachen zu bekommen, gut Fußball zu spielen, schnell Fahrrad zu fahren, Freunde zu haben, auf die man sich verlassen kann, immer gesund sein. Als Erwachsener hat man andere Ziele bzw. Sorgen: zum Beispiel beruflicher Erfolg, Gesundheit für die Familie und einen selbst, finanzielle Sicherheit.» (Jacob, 37)

Ingo dämpft von vornherein allzu große Erwartungen an seinen Text: «Es fällt mir relativ schwer, zu diesem Thema Stellung zu nehmen, da ich im allgemeinen nur wenig über mich selbst nachdenke.» Ingo macht deutlich, daß Erwachsenenpflichten aus «Verantwortungsbewußtsein und konsequenzbewußtem Handeln» bestehen, aus Eigenschaften, denen im

Normalfall «kindisches» Verhalten widerspricht. Er spielt zwar gerne auch in seiner Freizeit am Computer, doch wird das von seinen Arbeitgebern gerne gesehen, weil es hilft, den Umgang mit den Rechnern zu trainieren.

«Es ist überhaupt recht schwierig, den Terminus ‹Kind im Mann› einwandfrei zu definieren. Vielfach wird er auf Männer angewendet, die sich kindisch, albern, ausgelassen oder verspielt geben. Diese Charakteristika treffen aber auch auf Frauen zu und drücken meines Erachtens lediglich ein Verhalten aus, wie man(n)/frau sich gerne frei von gesellschaftlichen Zwängen geben würde. Vielleicht wird ein ‹kindliches› Verhalten bei Frauen gesellschaftlich eher erwartet oder toleriert als bei Männern, so daß Frauen in Konfliktsituationen leichter die Möglichkeit bleibt, sich auf kindliche Positionen zurückzuziehen und so den ‹Schutz eines Kindes› zu genießen.»

Wenn wir Ingos Ausführungen deuten, heißt «kindliches» Verhalten, Schutzbedürfnisse zu offenbaren, wobei er selbst darauf hinweist, daß Männer sich so etwas kaum erlauben können. Schon deshalb liegt auf der Hand, daß sich fast alle von uns angesprochenen Männer nur ungern, kaum oder überhaupt nicht an das «Kind im Mann» erinnern wollen oder können. Als schenkte ihnen das Erwachsenwerden eine «neue Persönlichkeit», glauben manche, den alten/neuen Kämpfen heute ganz anders – und das meint in der Regel: gewappneter – begegnen zu können:

«Kindheit ist für mich eine vergangene Phase, mit der ich weder positive noch negative Gefühle verbinde. Damals wie heute mußte man seinen Platz in einer Gruppe finden, man mußte Freunde gewinnen und auch seinen Standpunkt verteidigen können. Lediglich die Methoden sind diffiziler geworden.» (Ingo, 36)

Es ist das gute Recht der Freunde, uns nichts über die intimen und komplizierten Bezüge zur Kindheit zu erzählen. Um so mehr erstaunt und beeindruckt uns die mitunter schonungslose Offenheit einiger Männer. Denn: Wer immer das «Kind im Mann» durchscheinen läßt, läuft Gefahr, als unreif beurteilt zu werden.

Theo geht hart mit sich ins Gericht. Er beschreibt sich als einen ängstlichen Jungen, der isoliert lebte, nie einer Bande angehörte, nie in einen Sportverein durfte, eine Leseratte war, die mit guten Schulleistungen zu glänzen wußte und sich in Tagträumen das zurechtphantasierte, was ihm fehlte. Sein Wunsch, von niemandem abhängig zu sein, scheint bis heute nicht in Erfüllung gegangen zu sein:

«Das Kind im Manne – das möchte ich eigentlich nicht mehr in mir haben. Was ich damit verbinde, ist negativ: kleinjungenhaft, vorlaut, altklug, angeberisch, unselbständig, kindisch. Ich werde sehr emotional, wenn ich das Wort verwende, weil ich damit Eigenschaften bezeichne, die ich an mir hasse. Zum Beispiel und vor allem die Suche und Sucht nach Anerkennung, besonders durch Frauen... Wenn ich mit einer Frau in engere Beziehung trete, passiert es mir immer wieder, daß ich all meine Selbständigkeit, Erwachsenheit, Verantwortung fahren lasse und nur noch nach ihrem Lob, ihrer Anerkennung schaue, wie ein kleiner Junge. Und wenn ich es nicht bekomme, beginne ich zu quengeln, nur mit dem schmerzlichen Unterschied zu dem kleinen Jungen, daß mir da nicht meine Mutter gegenübersteht, deren Pflicht es ist, mich zu loben und zu bewundern, sondern eine gleichberechtigte Person, die zunächst auch einmal für sich selber sorgen muß. Schlimm daran ist, daß dieses Quengeln nicht nur ein unsympathisch wirkendes äußeres Verhalten ist, sondern: mein gesamtes Wohlbefinden, meine Lebensfreude hängen dann wirklich sehr weitgehend von ihr ab. Alles, was mit Lob, Bestätigung, Anerkennung zu tun hat, hat für mich auch damit zu tun. Konkurrenz mit anderen Männern, der Beste sein wollen, mich produzieren, auch schon mal ein bißchen übertreiben, wenn ich von mir erzähle...» (Theo, 30)

Parallelen zwischen seinen Beziehungen zur Mutter und zur Partnerin zieht auch Sven:

«Lange Jahre bleibt es jedem Jungen verborgen, daß seine Mutter auch noch jemanden anders lieben könnte. Seine Freude, sein Leiden, sein ganzes Leben teilt er mit seiner Mutter. Er teilt sich ihr mit, völlig offen, schutzlos und maßlos Mitleid einfordernd... Der erwachsene Mann transferiert diese seine Erwartungen, Wünsche und oftmals Erfahrungen auf seine Partnerin, die zur Mutterstellvertreterin gemacht wird... Nur seiner Partnerin gegenüber lamentiert und winselt, fleht und zetert er. In der Öffentlichkeit bewahrt er die Haltung.» (Sven, 30)

Paul erzählt, daß ihn alte Kämpfe, Akte der Selbstbehauptung und auch Lügen heute noch im Schlaf beschäftigen:

«Manchmal träumt mir, ich stünde vor dem Abitur und hätte über Jahre und unter wechselnden Vorwänden regelmäßig und wochenlang den Unterricht schwänzen und mich durch die Klassenarbeiten durchmogeln können. Jetzt kann ich mich nicht mehr halten, muß einfach in der finalen Prüfung – vor allem in Griechisch – durchfallen, werde nicht bestehen. Wenn ich aufwache, ist die Erleichterung groß. Das kam eben auch gut an: zu erzählen, Schule mache Spaß. Meine Zensuren straften das auch nicht gerade Lügen. Aber es stimmte nicht. Genausowenig wie die Hoffnung meiner Mutter, daß ihr Jüngster Priester werden könnte. Die hat sie wohl irgendwann selbst begraben. Vielleicht hat geholfen, daß immer wieder Löcher in meinen Hosentaschen zu flicken waren. Meine Erklärung, die kämen von den scharfen Schlüsseln, die ich in der Tasche hätte, hat meine Mutter aber nie von sich gewiesen – Katholiken und Wahrheit.» (Paul, 43)

In Norberts Text läßt sich zwischen den Zeilen lesen, daß er sich lange Zeit sehr schwer damit getan hat, erwachsen zu werden. «Ehrlich und wahrhaftig», sagt er jetzt 33jährig, «stehe ich auf der Schwelle zum Mann-Sein und kann so gar nicht entscheiden, was dann später noch vom Kind bleiben wird.» Von seiner augenblicklichen Situation aus spinnt er verschiedene Fäden zu seiner Kindheit:

«Offensichtlich ist da meine Liebe zur Natur. Ich war viel draußen, hab da Abenteuer erlebt, gespielt, später Ruhe und gute Einfälle gehabt. Es ist ein roter Faden, der sich von früh an durchzieht, und wenn jetzt um die Städte und Kaffs herum alles kaputtgemacht wird, trifft mich das empfindlich. Das Soziale ist für mich weniger durchschaubar. Ich habe da zum Beispiel bestimmte voyeuristische Vorlieben bei Frauen, die sich auf meine Kindheit zurückführen lassen. Wichtiger ist eine kindliche Ignoranz, aber auch Interesse gegenüber anderen Menschen und eine Unbeholfenheit im Rollenspiel.» (Norbert, 33)

Für Norbert beinhaltet «Mann-Sein, ausgefülltes oder nicht, immer ein Stück Kindheit». Unter «Ausgereift-Sein» versteht er «die Verlängerung des glücklichen, starken Kindes und die Bewältigung des getretenen Kindes». Leo glaubt, daß der «richtige» Mann etwas anderes ist als ein großer Junge. Vielmehr ist er «derjenige, der offen und wach durch die Welt geht und trotzdem immer... der Steuermann seines Schiffes bleibt». Horst schreibt, daß er schließlich hart geworden ist, die Härte aber oft gegen sich selbst gerichtet hat. Erwachsener zu sein bedeutet für ihn immer noch, «genug Schutz zu bekommen, damit ich nie wieder den zarten und verwundbaren Jungen in einer Welt des ständigen Wachsamseins leben muß». Erich hat Erwachsenwerden stets als «Gegenpol zu kindlicher Verspieltheit» definiert: «Ich habe immer an meinen Verstand geglaubt – das hat mir meine protestantische Mutter beigebracht. Mein Vater spielte kaum eine Rolle. Seine handwerklich orientierte Bildung habe ich abgelehnt. Ich guckte einfach nicht hin, wenn er mir erklärte, wie man einen Reifen wechselt oder ein Regal baut. Es war mir egal. Für mein Erwachsenwerden, so wie ich es verstand, war es unwichtig.» Die anderen Männer sprechen von Befreiung, von Erstarken und Überwindung des kleinen Jungen.
Auch wenn die Lebensentwürfe unterschiedlich sind: Fast alle glauben, nur dann ein wirklich erwachsener Mann zu sein, wenn sie mit dem klei-

nen Jungen, der sie einmal waren, brechen. Mit einer Ausnahme ist von dem glücklichen, starken, gegenüber den Mädchen bevorteilten, stolzen, freien und unbändigen Jungen – wenn überhaupt – dann nur am Rande die Rede. Unversehens darauf zu stoßen, daß all das Gegenteilige vom Jungenklischee möglicherweise immer noch Bestand hat, kann große Verwirrung und Bestürzung auslösen, wie es Bert beschreibt: «Schiet, ich bin dabei, das Thema zu verfehlen – Geschichte und Gegenwart zu vermischen und damit den Beweis zu liefern, daß es Vergangenheit nicht gibt und mein Lebensplan, das schwarze Loch in Ruhe zu lassen und mich allein der Gegenwart zu stellen, ein untauglicher Versuch – ja schlimmer noch –, ein Wahndelikt ist.»

Die wenigsten sind mit sich und dem «Kind im Mann» versöhnt. Ihre Anstrengungen als Erwachsene zielen darauf, wenigstens ein «richtiger» Mann zu sein, wo der Junge irgendwie «falsch» war. Die Vergegenwärtigung dieses Jungen birgt stets die Gefahr, an eine Niederlage, an Ausgeliefertsein, an eine Tracht Prügel oder andere Demütigungen erinnert zu werden, und an enttäuschte Lieben, verlorene Freunde, Einsamkeit und vor allem an eine enorme, ohnmächtige Wut. Das «Kind» im Mann hat große Schwierigkeiten mit seiner Männlichkeit.

Zu guter Letzt möchten wir noch den jungen David zitieren. Wir baten ihn, uns aufzuschreiben, weshalb er lieber ein Junge als ein Mädchen ist. Er schreibt:

«Ich bin zwölfeinhalb Jahre alt, und die meisten Mädchen in meinem Alter kichern bei jeder sich bietenden Gelegenheit los. So zum Beispiel, wenn der Sportlehrer seine Trillerpfeife nicht findet oder so. Bei dem Gedanken daran, daß ich auch so sein könnte, sträuben sich mir die Nackenhaare.»

Außerdem glaubt er, später als Mann bessere Berufschancen zu haben, und Vatersein stellt er sich weit weniger schlimm vor als Muttersein. Wahrscheinlich macht er sich jetzt noch keine allzu große Gedanken, was von dem Kind, das er noch ist, später einmal übrigbleibt. Er scheint sich mehr Sorgen darum zu machen, was hinzukommen wird: «Natürlich hat man als Mann auch Nachteile: Militär, täglich rasieren usw.»

Gesucht: Starke Männer

Als Göttin den Mann erschuf, übte sie nur.
Doch siehe da, es ward ein Meisterwerk.
(Klospruch)

«Schaunwermal.»
(Redensart von Franz Beckenbauer)

Was die Gesellschaft Frauen und Männern für eine gerecht geteilte Elternschaft zur Verfügung stellen müßte, haben andere schon aufgeschrieben. Vielleicht wird die weitere industrielle Entwicklung die Männer
schneller auf Halbtagsstellen setzen, als sie sich träumen lassen. Daß sich
Frauen und Männer sowohl die Erziehungs- und Hausarbeit als auch das
Geldverdienen teilen sollten, halten wir für eine der Grundvoraussetzun-
gen gerechter und menschenwürdiger Verhältnisse. Beide müssen Gelegenheit haben, eigene Lebenspläne zu verwirklichen. Eine Garantie für
selbstbewußte Mütter und Väter sind demokratischere Lebensverhält-
nisse jedoch ebensowenig wie für prächtige Töchter und Söhne. Da stehen die Unwägbarkeiten eines jeden Lebens vor.
Aber wir möchten uns und unsere Geschlechtsgenossen herausfordern.
Gesucht werden starke Männer! Mutige Männer mit Zivilcourage, die
Grenzen erkennen und akzeptieren, die sich hingeben und sich zur Verfügung stellen können, die gelernt haben – oder zu lernen bereit sind –, daß
der würdevollste Mann nicht immer derjenige ist, der die erste Geige
spielt, Männer, die ihren Söhnen oder anderen ihnen anvertrauten Jungen bei der Suche nach ihrer Männlichkeit helfen und die danach fragen,
weshalb so viele Jungen und Männer ihr Leben gestört, krank, aggressiv
oder verbittert vergeigen.

Wir haben die Spanne zwischen der eigenen, subjektiven inneren «Wahrheit» und den rigiden Rollenanforderungen an Jungen und Männer in
den unterschiedlichen Facetten beschrieben. Diese Kluft zwischen sich
und der Welt halten wir für einen zentralen männlichen Konflikt. Durch

ein Tabu kann er zum Dauerdilemma werden: Niemand darf davon wissen. Aus der Perspektive von kleinen Jungen ist die klassische männliche Rollenidentität ein künstliches Entwicklungsprodukt, das auf zerbrechlichen Füßen steht. Trotz aller Belohnungen und Vorteilsversprechen muß sie ihnen abgepreßt werden. Man schraubt ihnen den Nacken ein, zündet unter ihrem kleinen Hintern ein Feuer an und zerrt so lange an den Armen, bis sie sich mehr oder weniger euphorisch in die Schablone «richtiger Junge» einpassen lassen.

Preis und Grundbedingung zugleich ist die ständige Angst, als Junge oder als Mann jederzeit zum Waschlappen und zur Unperson degradiert werden zu können. Jungen lernen früh in ihrem Leben, daß sie über sich hinauswachsen müssen, um das Prädikat «richtiger Junge» zu erhalten. Viele Jungen- und Männernöte sind die Folge eines oft zwangsläufigen Absturzes aus schwindelerregenden Höhen. Oder andersherum: Sie drücken auf komplizierte und verquere Weise aus, wie vernichtend es Jungen und Männer erleben, den Felgaufschwung zum Fabelwesen Mann erst gar nicht zu schaffen. Sie strampeln wie wild, schlagen blind um sich, wehren sich, demütigen, verzweifeln selbst und drehen doch die Schraube immer weiter. Die Angst zu versagen und als unmännlich verurteilt zu werden treibt Jungen und Männer zu den aberwitzigsten Handlungen, die allesamt nur eines versichern sollen: Ich bin ein Junge, ich bin ein Mann.

Aber sind die Männer nicht selbst schuld? Haben sie sich das Diktat des Homo erectus nicht selbst zuzuschreiben? Profitieren sie nicht davon, und sind sie in der Bewertung von Versagern nicht selbst die Unerbittlichsten? Die Antwort muß lauten: Ja. Nur hat das flott dahingesagte «Selber schuld!» keinerlei lebenspraktischen Wert. Jungen sind als Kinder noch weich und formbar. Wie den Mädchen wird auch ihnen der Weg von Vätern und Müttern vorgezeichnet. Genausoviel und genausowenig wie Mädchen haben Jungen die Möglichkeit, gegen den Strom zu schwimmen, mit den klassischen Klischees zu brechen, Erwartungen der Erwachsenen zu enttäuschen, dem Zugriff von Männern und Frauen zu entfliehen. Ebensowenig wie Mädchen haben Jungen die freie Wahl, einen anderen Weg als den des geringsten Widerstands zu gehen. Wer Mädchen und Frauen nur als Opfer und Männer und Jungen nur als Täter sieht, macht es sich sehr bequem. Das heißt ja nicht, Männer aus ihrer Verantwortlichkeit als Erwachsene zu entlassen.

Stark finden wir Männer, die sich die Erinnerung an ihre Kindheit bewahrt haben, die Not und Überforderungen nicht vergessen und sich fragen, ob sie wirklich jeden Unfug weiter mitmachen wollen. Mut und Zivilcourage sind gefordert, wenn Männer auf ihrer Autonomie gegenüber dem Beruf bestehen, wenn sie sich nicht verbiegen lassen wollen und ihren eigenen Hang dazu mäßigen. Solche Männer schaffen keine Fakten, die ein gesundes Leben unmöglich machen, und sie verzichten auf manche klassisch männlichen Bestätigungsmöglichkeiten, die aus ihnen todmüde Väter machen. Vielleicht haben sie erkannt, daß es Wichtigeres als die nächst höhere Hubraumklasse gibt.

Wir bauen auf Väter, die sich in ihre Familien einmischen wollen, weil sie der Meinung sind, daß ihre Kinder zuviel Mutter und zuwenig Vater abbekommen haben. Auf Väter, die sich in jeder Altersphase ihrer Kinder als Umsorger, Schmusebär und auch als Entsager zur Verfügung stellen, die sich Zeit nehmen, um sie mit ihren Töchtern und Söhnen zu verbringen. Es macht nicht nur Spaß, mit Kindern zusammenzusein. Wir hoffen auf Väter, die nicht nur die Sahne ihrer Kinder abschöpfen wollen und die Drecksarbeit ihren Frauen überlassen, weil die Arbeit ihnen schon Saures genug gibt. Fähigkeiten im Haushalt – kochen, waschen, putzen – sind integrale Bestandteile von Lebenstüchtigkeit. Was soll aus einem Jungen einmal werden, der zusammenzubrechen droht, nur weil er mal den Flurteppich saugen soll? Väter müssen ihren Söhnen soziales Verhalten beibringen, und dazu gehören auch das Sorgen für andere und der Verzicht auf Bevorzugungen. Väter können ihren Söhnen zeigen, wie man sich als Mann einer Situation hingibt, ohne gleich unterzugehen – auch im Spiel: Der Kumpelvater, der *nur* als großzügiger Bestimmer auftritt, wenn er mit seinem Jungen auf Abenteuerfahrt geht, sollte abdanken. Männliche Illusion besteht ja gerade darin, immer und überall bestimmen zu müssen. Daß der «Chef» kocht, wenn Papi mal kocht, ist ein Ausdruck davon.

Starke Männer erkennen, wieviel verdrängte Angst in männlichen Lebensentwürfen steckt. Sie haben nicht vergessen, daß es Gründe gibt, sich zu fürchten, und lassen sich nicht von modernen Heldenformeln hinters Licht führen: Daß es nämlich besonders männlich sei zuzugeben, sich vor Angst in die Hosen zu machen, die Sache aber trotzdem bis zum bitteren Ende durchzuziehen. Was bleibt einem im Heldenstück auch anderes übrig! Natürlich halten wir es nicht für sonderlich erwachsen, bei jeder Gelegenheit vor lauter (Lebens-)Angst zu kneifen. Angst gehört aber zum Leben dazu, und die halbe Miete wäre schon beisammen, wenn Jungen wirklich Angst haben und sie auch zeigen dürften. Die Angst müßte nicht ständig vermieden, verdrängt und blindlings übergangen werden. Wer sich partout nicht von der Gleichung Angst = Nicht-Mann (oder: Mann = Nicht-Angsthaben) verabschieden will, gehört ins Gruselkabinett von Madame Toussaud. Aber mache sich niemand etwas vor: Die Gleichung ist steinalt und enorm stabil.

Um wieviel glücklicher, friedlicher und stärker wären Jungen und Männer, fühlten sie sich nicht stets in ihrer Männlichkeit bedroht! Wir haben am Beispiel von Vergewaltigern und perversen Männern gezeigt, wohin der Mangel an identitätsstiftenden Alternativen zum Gebot des Homo erectus oder die dauerhafte Beschädigung der Geschlechtsidentität im schlimmsten Fall führen kann – besonders was die Opfer anbetrifft. Auf der anderen Seite derselben Medaille stehen gestresste Männer mit Magengeschwüren und Herzattacken bis hin zu Selbstmördern. Kein Junge ließe sich ungeachtet seiner augenblicklichen Potentiale dazu antreiben, immer besser, schneller und überhaupt toller zu sein als jeder andere – und vor allem als jedes Mädchen –, wäre er im tiefen Inneren von seinem eigenen Wert überzeugt. Nicht nur zerstörerische Familienverhältnisse lassen Jungen zu Rächern ihrer selbst werden. Das «Primat des Stärkeren» und die Tatsache, die uns Karl von der TKKG-Bande vor Augen geführt hat, daß nämlich nur «der Chef» ein Gesicht besitzt, schaffen zwangsläufig «Versager» und «Gesichtslose», die entweder alles daransetzen, doch noch die Nummer eins zu werden, oder auf halber Strecke frustriert aufgeben und andere ihre Niederlage fühlen lassen.

Es braucht starke und selbstbewußte Männer, diesen Kreislauf zu durchbrechen, Jungen zu fördern und nicht zu überfordern. Es gibt viel zu wenige im wahren Sinn des Wortes selbstbewußte Männer. Wir halten Erfolg und Leistung nicht für Teufelszeug. Das Übel ist vielmehr das unbedingte und vermeintlich unausweichliche Muß. HeMan sollte lernen, daß er auch dann ein Recht hat zu existieren, wenn er einfach «nur» mal so bei einer Sache dabei ist.
Es ist eine Binsenweisheit, daß nur derjenige anderen Gutes tun kann, der sich selbst nicht wie den letzten Hund behandelt. Männer, die sich wohl in ihrer Haut fühlen, weil sie ihren Körper kennen, und zwar von Kopf bis Fuß und von vorne und hinten –, können sich am ehesten hinge-

ben. Das gilt auch für Dicke und Kleine, die die Möglichkeit hatten, ihr *persönliches* Idealgewicht und ihre *eigene* Idealgröße zu finden. Von solchen Männern sollten sich Jungen viel abgucken können.

Männer müssen anders mit ihrem Körper umgehen. Anders heißt auch gesünder. Männer müssen damit aufhören, sich das Innehalten und das In-sich-Horchen abzutrainieren. Was nützt es Männern, wenn sie nach dreißig Jahren zum erstenmal von einer dicken Erkältung niedergestreckt werden, ansonsten aber schon das Herz, den Magen oder die Knochen zerschunden haben? Solche Männer gibt es reichlich, und das liegt nicht nur am Rauchen und Saufen und den Belastungen der Arbeitswelt. Männer sind viel häufiger krank, als es Gesundheitsstatistiken ausweisen. Im Jungenalter läßt sich ihre Verletzlichkeit noch nicht so blendend kaschieren, und dennoch hat uns die Jungenwendigkeit vieler Krankheiten überrascht. Männer sollten lernen, sich und andere zu pflegen, und diese Fähigkeit an ihre Jungen weitergeben. Jungen- und Männerkörper sind sehr wohl verwüstlich.

Bei der Recherche zu diesem Buch haben wir uns immer wieder darüber geärgert, daß forschende und schreibende Männer ausgesprochen wenig Interesse daran haben, Problemen von sich und von Jungen auf den Grund zu gehen. Und auch in der Praxis engagierten sich in Sachen «Jungenarbeit» bis dato nur wenige Männer. Lehrer, Erzieher, Soziologen, Pädagogen, Psychologen und Mediziner, die sich mit jungenspezifischem Verhalten beschäftigten, konnte man entweder an einer Hand abzählen, oder es gab sie noch gar nicht.

Daß wir mit unserem Buch im Trend lagen, erfuhren wir erst nach der Veröffentlichung. Zeitgleich hatte sich beispielsweise Uwe Sielert (1989) mit der Theorie und Praxis einer «reflektierten Jungenarbeit» beschäftigt und ein bemerkenswertes Buch vorgelegt. In der Folge haben Reinhard Winter/Horst Willems (1991) und Gerd Brenner/Franz Grubauer (1991) sowie Christian Büttner/Marianne Dittmann (1992) weitere empfehlenswerte Aufsatzsammlungen herausgegeben – um nur einige zu nennen.

Im pädagogischen Spannungsfeld zwischen feministischen Ansprüchen und einer (potentiellen) eigenständigen männlichen Position bemühen sich inzwischen viele Männer (und Frauen) nach einem geschlechtsspezifischen Zugang zu Jungen, wobei allerdings keineswegs Einigkeit herrscht. Wir meinen, daß die Jungenarbeit sich an den ureigenen Problemen der Jungen orientieren und an ihren reichen Potentialen anknüpfen muß. «Superfeministen», die lediglich im Auftrag von Kolleginnen handeln und Jungen in erster Linie als «Mängelwesen» betrachten, werden von Jungen schnell durchschaut. Ihre pädagogischen Bemühungen scheitern häufig zu Recht. Wer jedes Leid von Jungen mit ihren Bevorzugungen in der «Männergesellschaft» aufrechnet, im Grunde also stets die Schuldfrage stellt und stereotyp beantwortet, drückt sich vor der Not der kleinen Helden und hat ihnen auf der Suche nach Männlichkeit zuwenig zu bieten.

Konzeptionell steckt die Jungenarbeit immer noch in den Kinderschuhen, und das liegt auch daran, daß man so wenig über Jungen (und Männer) weiß. Wie groß die Wissenslücken sind, kann man am Beispiel der Alkoholismusforschung veranschaulichen: Der informierte Suchtkrankenhelfer von heute kann einem problemlos eine lange Liste von Faktoren nennen, die Alkoholabhängigkeit bei Frauen fördern und begünstigen (die Frauen waren eben fleißig!). Nach einer entsprechenden Liste für Jungen und Männer befragt, muß er jedoch passen – als wären nicht siebzig Prozent aller Alkoholabhängigen Jungen und Männer.
Forscherinnen dagegen haben schon alle möglichen Suchtformen nach frauenspezifischen Aspekten durchforstet: Eßsucht, Magersucht, Tablettensucht und sogar die «Sucht», zu sehr zu lieben. Wir kennen aber keine Untersuchung, die plausibel erklären könnte, aus welchen Gründen beispielsweise die Spielsucht eine fast reine Männerangelegenheit darstellt.
Auf Fachtagungen der «deutschen Hauptstelle gegen die Suchtgefahren» kann man erfahren, daß die meisten Suchttherapeuten überhaupt kein Interesse daran haben, mit Männergruppen zu arbeiten, weil ohne Frauen der erwünschte Gruppenprozeß nicht in Gang kommt und die Atmosphäre schnell unausstehlich aggressiv wird. Ebenso wie Lehrer bauen sie auf die gruppendynamischen Fähigkeiten von Mädchen und Frauen. Insofern unterstützen wir die Forderungen von Frauen, wenigstens punktuell ausschließlich mit ihren Geschlechtsgenossinnen arbeiten zu können, denn dadurch entstehen zwangsläufig Jungen- und Männergruppen, die geschlechtsgemäße Arbeitskonzepte unumgänglich machen.

Also: Wer nimmt Jungen und Männer im Rausch und im Spielsalon im Hinblick auf mögliche Konflikte mit ihrer Männlichkeit unter die Lupe? Wer findet heraus, mit welcher Systematik Jungen psychosomatische Symptome entwickeln? Wer hinterfragt die Psychiatrisierung von verhaltensauffälligen Jungen? Wer beschäftigt sich mit der jungenspezifischen

Problematik von Bindung und Autonomie gegenüber der Mutter? Wer untersucht das Konkurrenzverhalten der Jungen und seine Hintergründe in der Schule? Wer erforscht die Bedeutung des Autos und anderer Fortbewegungsmittel für die Identitätsentwicklung von Jungen? Wer beantwortet die Fragen pubertierender Jungen nach Lust und Sehnsucht? Wer eignet sich Wissen an über die initiierende Bedeutung der Masturbation? Wer führt Untersuchungen über beschnittene Jungen und über ihren Umgang mit Angstzuständen durch? Wer befaßt sich mit den Mutter- und Vaterbildern von Jungen und mit den elterlichen Erwartungen an die modernen Stammhalter? Und: Wer ist engagiert und mutig genug, sexuellen Straftätern therapeutische Hilfen anzubieten?

Her mit den Männern, die vor der Not ihrer Geschlechtsgenossen nicht davonlaufen!

Zum Schluß: Was sagt man Eltern, die sich darüber beklagen, daß sie trotz besten antisexistischen Erziehungsstils eine «typische Tochter» und einen «typischen Sohn» haben? Das Mädchen läßt sich alles gefallen, kann sich nicht richtig durchsetzen und weint bei jeder Gelegenheit. Der Junge verhält sich gelegentlich wie ein Macker, und sein Bewegungsdrang ist kaum zu bändigen. Abgesehen davon, daß Kinder ein seismographisches Gespür für die möglichen Widersprüche ihrer Eltern haben, muß man Verständnis für Kinder aufbringen, die sich zunächst einmal an den klassischen Rollenstereotypen orientieren. Man sollte nicht vergessen, wieviel Sicherheit es einem selbst einflößt, auch im ganz konventionellen Sinn als Frau und Mann angesehen zu werden. Eltern sollten sich davor hüten, ihren Kindern idealtypische Lebensentwürfe aufzupropfen, mit denen sie selber mehr Schwierigkeiten haben, als ihnen lieb ist. Veränderung ist nämlich vor allem eine Sache der Erwachsenen, und keine noch so aufgeklärten Eltern sind davor gefeit, daß ihnen die Töchter und Söhne was husten. Sie werden und müssen ihren eigenen Weg finden. Wie der Weg von Mädchen verbreitert und abwechslungsreicher aussehen könnte, darüber haben sich schon viele Frauen den Kopf zerbrochen. Für die Jungen steht das noch aus. Da müssen die Männer ran, und in erster Linie bedeutet das: Erinnerungsarbeit!

Männer müssen sich etwas Gutes tun. Männer brauchen spannende und lebbare Gegenentwürfe zum Konkurrenzprinzip, Männer, die in ihrer Haut stecken, stellen weniger Unfug an. Männer und Jungen brauchen Freunde. Und sie brauchen männliche Solidarität. So einfach ist das – und so verdammt schwierig.

Nachwort zur 8. Auflage

Das Buch «Kleine Helden in Not – Jungen auf der Suche nach Männlichkeit» hat seit seinem Erscheinen im Sommer 1990 viel Beachtung gefunden. Wir freuen uns darüber, daß unser Buch mit dazu beigetragen hat, daß Eltern, Pädagoginnen und Pädagogen sich mit ihrem Bild von Jungen und Männern auseinandersetzen und daß in vielen Institutionen neu über Konzepte von Jungenpädagogik nachgedacht wird.

An den «Kleinen Helden» wird immer wieder gelobt, daß es uns gelungen sei, einen solidarischen und liebevollen Blick auf Jungen, ja überhaupt auf das männliche Geschlecht zu lenken. Inzwischen fällt einem der «liebevolle Blick» jedoch noch schwerer als vor einigen Jahren. Gewalt gegen Ausländer, gegen Schwächere, gegen Behinderte, gegen Außenseiter prägt längst nicht mehr nur die Schlagzeilen in den Medien, sondern den ganz normalen Alltag. Und natürlich sind es Jungen und Männer, die das Faustrecht auf Schulhöfen einführen oder Brandsätze in Wohnhäuser werfen.

Dieses Buch und andere Arbeiten zur männlichen Sozialisation können dabei helfen zu verstehen, warum Jungen und junge Männer gewalttätig werden. Jeder, der gewalttätig wird, hat subjektive Gründe, die ihm keine andere Handlungsmöglichkeit zu lassen scheinen. So wichtig es jedoch ist, jedes Einzelschicksal in seiner biografischen Entwicklung zu begreifen, so sehr sollte man sich davor hüten, soziale Probleme zu individualisieren. Solange die Gesellschaft weiterhin die Lebensräume und -perspektiven von Kindern und Jugendlichen und ihren Eltern zerstört, sie gleichgültig den zunehmend brutaler werdenden Medien aussetzt und das Leben im Alltag immer mehr verrohen läßt, solange wird sie auch an gewalttätigen Jungen ablesen können, wie es um sie steht.

Dieter Schnack / Rainer Neutzling, im Januar 1993

Danksagung

Wir möchten allen, die uns mit Rat und Tat bei der Arbeit
an diesem Buch geholfen und unterstützt haben,
von Herzen danken.

Literatur

Amendt, Günter: Das Sexbuch. Dortmund 1979

Bader, Birgit/Lang, Ellinor (Hrsg.): Stricherleben. Hamburg 1991

Bange, Dirk: «Es hätte mir ja sowieso keiner geglaubt!» In: Päd.extra & demokratische erziehung. 10/1989

Bange, Dirk: Jungen werden nicht mißbraucht – oder? In: Psychologie Heute 1/1990

Bange, Dirk: Sexuell mißbrauchte Jungen. In: Bader, Birgit/Lang, Ellinor (Hrsg.): Stricherleben. Hamburg 1991

Baurmann, Michael C.: Sexuelle Gewalt gegen Kinder. In: Frauenministerium des Landes Schleswig-Holstein/Kinderschutzzentrum Kiel (Hrsg.): Sexuelle Mißhandlung von Kindern. Dokumentation der Fachtagung 1989. Kiel 1990

Beauvoir, Simone de: Das andere Geschlecht – Sitte und Sexus der Frau. Reinbek 1968

Belotti, Elena: Was geschieht mit kleinen Mädchen? München 1975

Bell, Alan P./Weinberg, Martin S.: Der Kinsey Institut-Report über sexuelle Orientierung und Partnerwahl. München 1980

Benard, Cheryl: Alles Gute zum Muttertag. In: Dunde, Sigfried Rudolf (Hrsg.): Geschlechterneid – Geschlechterfreundschaft. Frankfurt 1987

Bönner, Karl-Heinz/Kraus, Gertrude: Geschlecht, soziale Herkunft, Geschwisterzahl und Geschwisterposition bei Schülern an hessischen Schulen für Sprachbehinderte. In: Heilpädagogische Forschung. Bd. 10, Heft 2, 1983

Brenner, Gerd/Grubauer, Franz: Typisch Mädchen? Typisch Junge? Persönlichkeitsentwicklung und Wandel der Geschlechtsrollen. Weinheim 1991

Büttner, Christian/Dittmann, Marianne (Hrsg.): Brave Mädchen, böse Buben? Zur geschichtlichen Erziehung in Kindergarten und Grundschule. Weinheim 1992

Burgess, Anthony: Uhrwerk Orange. München 1982

Chilla, R./Gabriel, P./Kozielski, P.: Zur sprachlichen Entwicklung des Vorschulkindes. In: Folia phoniat 28/1976

Clement, Ulrich: Sexualität im sozialen Wandel. Stuttgart 1986

Cooper, David: Der Tod der Familie. Reinbek 1972

Davison, Gerald C./Neale, John M.: Klinische Psychologie. München–Weinheim 1988

Degenhardt, Annette: Die Interpretation von Geschlechtsunterschieden im Spontanverhalten Neugeborener. In: Zeitschrift für Entwicklungspsychologie 2/1982

Elkind, David: Wenn Eltern zuviel fordern. Hamburg 1989

Enders, Ursula (Hrsg.): Zart war ich, bitter war's. Sexueller Mißbrauch an Mädchen und Jungen. Köln 1990

Enders, Ursula/Wolters, Dorothee: Schön blöd. Ein Bilderbuch über schöne und blöde Gefühle. Köln 1991

Enders-Dragesser, Uta/Fuchs, Claudia: Jungensozialisation in der Schule. Darmstadt 1988

Eppendorfer, Hans: Barmbeker Kuß. München 1987

Fegert, Jörg: Hörfunkinterviews in: Alltagskonflikte. WDR II, 2.10.1989

Finkelhor, David: Child Sexual Abuse. London 1984

Franke, Ulrike: Geschlechterverhältnis und Geschwisterposition bei sprachauffälligen Kindern. In: Sprachheilarbeit 28/1983

Fromm, Erich: Die Kunst des Liebens. Frankfurt, Berlin, Wien 1956

Fthenakis, Wassilios E.: Väter. München, Wien, Baltimore 1985

Glöer, Nele: Sexueller Mißbrauch von Jungen. In: Pro familia magazin 2/1989

Glöer, Nele/Schmiedeskamp-Böhler: Verlorene Kindheit. Jungen als Opfer sexueller Gewalt. München 1990

Grabrucker, Marianne: Typisch Mädchen. Frankfurt 1985

Grossmann, Thomas: Schwul – na und? Reinbek 1981

Groth, Nicholas/Hobson, William F.: Die Dynamik sexueller Gewalt. In: Heinrichs, Jürgen (Hrsg.): Vergewaltigung. Die Täter und die Opfer. Braunschweig 1986

Günzel, Sigrid: Ava und Edam. In: Psyche 3/1989

Haberkorn, Rita: Prinzessin, Monster, Astronaut. Reinbek 1988

Hagemann-White, Carol: Sozialisation Weiblich-männlich? Opladen 1984

Haland-Wirth, Inge-Maria/Wirth, Hans-Jürgen: Über die familientherapeutische Behandlung eines 13jährigen asthmakranken Jungen in seiner Familie. In. Familiendynamik 3/1981

Hedlund, Eva: Ergebnisse einer Umfrage unter verurteilten Vergewaltigern. In: Heinrichs, Jürgen (Hrsg.): Vergewaltigung. Die Opfer und die Täter. Braunschweig 1986

Henrichs, Benjamin: Lacht kaputt, was euch kaputtmacht. In: Die Zeit 25/1989

Hentig, Hans von: Zur Kriminologie des homophilen Mannes. Stuttgart 1966

Herbertz, Claus-Walter/Salewski, Wolfgang D.: Gewalttätige Jugendliche und soziale Kontrolle. Bundeskriminalamt Wiesbaden 1985

Hermann, Andreas: Zum Vaterbild psychosomatisch kranker Kinder. Frankfurt 1987

Horstkemper, Marianne: Mädchensozialisation – Jungensozialisation. In: Friedrich-Jahresheft 1989

Hurrelmann, Klaus: Die Belastung von Schülern und Eltern durch Schulversagen. Unveröffentlichtes Redemanuskript 1989

Jekir, Peter: (ohne Titel) In: Voß, Ursula (Hrsg.): Kindheiten. Köln 1974

Kaiser, Astrid: Sachunterricht in der Grundschule für Jungen und Mädchen. In: Friedrich-Jahresheft 7/1989

Käfer, Hannelore: Geschlechtsspezifische Unterschiede. In: Schepank, H.: Psychogene Erkrankungen der Stadtbevölkerung. Berlin 1987

Kavemann, Barbara/Lohstöter, Ingrid: Sexualität – Unterdrückung statt Entfaltung. Opladen 1985

Kämpf-Jansen, Helga: HeMan wird Vater. In: Friedrich-Jahrsheft 1989

Keller-Husemann, Ursula: Destruktive Sexualität. München 1983

Kentler, Helmut: Pädophilie – Tabus und Vortabus. In: Sexualität konkret 1980

King, Stephen: Es. München 1986

Kinsey, Alfred C.: Das sexuelle Verhalten des Mannes. Frankfurt 1964

Kinsey, Alfred C.: Das sexuelle Verhalten der Frau. Frankfurt 1963

Kluitmann, Annette: Klageweiber – Klagemänner. In: Psychologie Heute Special. Weinheim 1989

Kölle, Wolfgang: Psychische und soziale Situation jugendlicher und erwachsener Stotterer. In: Hilfe für Behinderte (Hrsg.): Stottern. Düsseldorf 1987

Kopp, Sheldon B.: Kopfunterhängend sehe ich alles anders. Köln 1984

Ladewig, D./Graw, P.: Neue Entscheidungsformen und theoretische Aspekte der Sucht aus der Sicht des Klinikers. In: Feuerlein, W. (Hrsg.): Theorie der Sucht. Berlin 1986

Langenmeyer, Arnold: Die traditionelle Mädchenrolle als Grund für die seltenere Vorstellung von Mädchen in Erziehungsberatungsstellen? In: Psychologie, Erziehung, Unterricht. München 1987

Leyrer, Katja: Hilfe, mein Sohn wird ein Macker. Hamburg 1988

Lührig, Marion: Lehrerinnenfortbildung – Schulleitung als Frauenberuf. In: Friedrich-Jahresheft 1989

Mahler, M.: Die psychische Geburt des Menschen. Frankfurt 1978

Meyer, Adolf-Ernst: Perversionen, was ist das? In: Konkret Sexualität 1979

Miller, Stuart: Männerfreundschaften. München 1988

Mitscherlich-Nielsen, Margarete: Patriarchalische Strukturen in einer ‹vaterlosen Gesellschaft›. In: Schulz, Hans-Jürgen (Hrsg.): Vatersein. München 1984

Metz-Goeckel, Sigrid: Wenn zwei dasselbe tun, ist es noch lange nicht dasselbe. In: Friedrich-Jahresheft 1989

Metz-Goeckel, Sigrid/Müller, Ursula: Der Mann. Hamburg 1985

Moeller, Michael Lukas: Sprachlos und beziehungsarm: Die große Einsamkeit zu zweit. In: Psychologie heute 7/1989

Moser, Tilmann: Grammatik der Gefühle. Frankfurt 1979

Motsch, Hans-Joachim: Theorien des Stotterns am Ende? In: Sprachheilarbeit 26/1981

Nitzschke, Bernd: Der Mann als Frau. In: Die Zeit 6/1984

Oertle, Horst: Was ist Stottern? In: Hilfe für Behinderte (Hrsg.): Stottern. Düsseldorf 1987

Olivier, Christiane: Jokastes Kinder. Düsseldorf 1988

Overbeck, Gerd/Bauers, Walter (Hrsg.): Die Bedeutung familiendynamischer Prozesse für die psychosomatische Krankheitsentstehung. In: Klinische Psychosomatik von Kindern und Jugendlichen. München 1986

Overbeck, Gerd: Asthma bronchiale – Eine familiendynamische Betrachtung. In: Kind und Umwelt. 10/1988

Overbeck, Gerd: Familien mit psychosomatisch kranken Kindern. Göttingen 1985

Porter, Eugene: Treating the young male victim of sexual assault: Issues and intervention strategies. New York 1986

Pross, Helge: Die Männer. Reinbek 1978

Remschmidt, Helmut/Schmidt, Martin H.: Kinder- und Jugendpsychiatrie in Klinik und Praxis. Bd. III, Stuttgart 1985

Riemann, Fritz: Grundformen der Angst. München, Basel 1979

Rotmann, Michael: Die Rolle des Vaters im Leben des kleinen Kindes. In: Schultz, Hans-Jürgen: Vatersein. München 1984

Sachs, Wolfgang: Die Liebe zum Automobil. Reinbek 1984

Sachs, Wolfgang: Das Auto als Ich-Prothese. Interview in: die tageszeitung, Berlin 21.6.1989

Satir, Virginia: Familienbehandlung. Freiburg 1979

Satir, Virginia: Selbstwert und Kommunikation. München 1975

Scheffel, Heidi/Wäschle, Gisela: Körperraum für Jungen und Mädchen. In: Friedrich-Jahresheft 1989

Scheu, Ursula: Wir werden nicht als Mädchen geboren – wir werden dazu gemacht. Frankfurt/M. 1977

Schmauch, Ulrike: Anatomie und Schicksal – Zur Psychoanalyse der frühen Geschlechtersozialisation. Frankfurt/M. 1987

Schmidt, Gunter: Das große DERDIEDAS. Herbstein 1986

Schnack, Dieter: Halben Himmel umständehalber abzugeben. In: Mama. Hamburg 1989

Schorsch, Eberhard: Gewalt in der Beziehung der Geschlechter. In: Sexualpädagogik und Familienplanung 2/1983

Schorsch, Eberhard/Galedary, G./Haag, A./Lohse, H.: Perversion als Straftat. Berlin 1985

Sharpe, Tom: Puppenmord. Frankfurt/M. 1982

Sigusch, Volkmar: Ergebnisse zur Sexualmedizin. Basel, Paris, New York 1973

Skinningsrud, Tone: Mädchen im Klassenzimmer; warum sie nicht sprechen. In: Frauen und Schule 8/1984

Speichert, Horst: Schulangst. Reinbek 1979

Stabenow, Ingeborg: Hals-Nasen-Ohren-Heilkunde. In: Kindlers Psychologie des 20. Jahrhunderts. Bd. 2, Weinheim 1983

Starke, Andreas: Neuromotorische Aspekte zum Verständnis des Stotterns. In: Hilfe für Behinderte (Hrsg.): Stottern. Düsseldorf 1987

Statistisches Bundesamt: Fachserie 10, Reihe 4. Wiesbaden 1986

Statistisches Bundesamt: Fachserie 13, Reihe 5.1. Wiesbaden 1985

Statistisches Bundesamt: Fachserie 12, Reihe 4. Wiesbaden 1986

Statistisches Bundesamt: Fachserie 11, Reihe 1. Wiesbaden 1986

Stecker, Hans-Werner: Aufgaben, Möglichkeiten und Grenzen des Selbsthilfegedankens in der Therapie des Stotterns. In: Hilfe für Behinderte (Hrsg.): Stottern. Düsseldorf 1987

Stierlin, Helm/Simon, F.B.: Familientherapie. In: Psychiatrie der Gegenwart. Bd. 1, Berlin 1986

Stierlin, Helm: Über die Familie als Ort psychosomatischer Erkrankungen. In: Familiendynamik 4/1988

Utschick, Wolfgang: Die Angst vor dem Körper der Mutter. In: Müller-Schwefe, Hans-Ulrich: Männersachen. Verständigungstexte. Frankfurt/M. 1979

Villon, François: Ballade und Gebet für Jean Cotard. In: Das Große Testament. Winkler Verlag München

Vogt, Irmgard: Weibliches Leiden – Männliche Lösungen. In: Franke, A./Jost, I.: Das Gleiche ist nicht immer dasselbe. Forum für Verhaltenstherapie und psychosoziale Praxis. Bd. 10, Tübingen 1985

Vogt-Heyder, Barbara: Jugendlichentherapie. In: Kindlers Psychologie des 20. Jahrhunderts. Bd. 2, Weinheim 1983

Walter, Otto F.: Der Mann als Held. In: Die Zeit 6/1984

Walter, Reinhard/Remschmidt, Helmut: Untersuchungen zur Prävalenz psychischer Auffälligkeiten bei Schulkindern. Eine epidemilogische Untersuchung. Abschlußbericht an das BMJFG. Marburg 1989

Wanke, K.: Zur Psychologie der Sucht. In: Psychiatrie der Gegenwart 3/1987

Weber, Wolfgang: Gefährdung durch Alkohol bei 10- bis 14jährigen Jungen. In: Suchtgefahren 2/1979

Wieczerkowski, Wilhelm/Oeveste, Hans zur (Hrsg.): Lehrbuch der Entwicklungspsychologie. Düsseldorf 1982

Wille, Andreas: Psychosomatische Krankheiten bei Kindern. In: Familiendynamik 1/1981

Winnicott, Donald W.: Von der Kinderheilkunde zur Psychoanalyse. München 1976

Winter, Reinhard/Willems, Horst: Was fehlt, sind Männer! Ansätze praktischer Jungen- und Männerarbeit. Tübingen 1991

Wirsching, Michael: Familiendynamik und Familientherapie in der Psychosomatik. In: Psychosomatische Medizin. München 1986

Zentralinstitut für die kassenärztliche Versorgung in der Bundesrepublik Deutschland: Aufbereitung und Interpretation der Untersuchungsergebnisse aus den gesetzlichen Früherkennungsmaßnahmen 1978–1985. Köln 1988

Zilbergeld, Bernie: Männliche Sexualität. Tübingen 1983

Zollinger, Barbara: Spracherwerbsstörungen. Stuttgart 1987

Bildnachweise

Christoph Busch: S. 8, 55, 173
Günter Beer: S. 79, 89, 124
Chu–Ha Chung: S. 103
Dietmar Gust: S. 28, 47, 83, 99, 129, 178, 190, 211,
    218, 245, 253
Thomas Benedict Hebler: S. 20, 39 (5 Abb.), 42, 68,
    71, 111, 141, 187
Wolfgang Schmidt: S. 23, 65, 183, 195, 223, 225, 249
Irma Schreiber: S. 11, 16, 19
Cornelia Benninghoven: S. 272

Wir sind an Anregungen und Kritik interessiert. Wir möchten die Meinung der Leserinnen und Leser über unser Buch kennenlernen. Darüber hinaus freuen wir uns über Geschichten und Erfahrungen von Eltern über sich und ihre «kleinen Helden» und über Erinnerungen von Vätern und Nicht-Vätern an ihre Kindheit und Jugend.

Dieter Schnack / Rainer Neutzling
Sachsenring 2–4
5000 Köln 1

Die Autoren

Rainer Neutzling, Jahrgang
1959, studierte in Münster Sozio-
logie, Pädagogik und Publizistik,
lebt in Köln und arbeitet als
freier Journalist für Presse, Hörfunk und Fernsehen.

Dieter Schnack, Jahrgang 1953,
ist Diplompädagoge und arbeitet
als freier Journalist für Presse,
Hörfunk und Fernsehen. Er lebt
mit seiner Frau und seinen drei
Kindern in Köln.